Formação de preço

JOSÉ CARLOS SARDINHA

Formação de preço

Uma abordagem prática por meio da análise custo-volume-lucro

SÃO PAULO
EDITORA ATLAS S.A. – 2013

© 2013 by Editora Atlas S.A.

Capa: Nilton Masoni
Projeto gráfico e composição: Set-up Time Artes Gráficas

Dados Internacionais de Catalogação na Publicação (CIP)
(Câmara Brasileira do Livro, SP, Brasil)

Sardinha, José Carlos
Formação de preço: uma abordagem prática por meio da análise custo-volume-lucro / José Carlos Sardinha. -- São Paulo: Atlas, 2013.

Bibliografia.
ISBN 978-85-224-7960-3
eISBN 978-85-224-7961-0

1. Custos – Administração 2. Lucros – Empresas
3. Política de preços 4. Preços – Determinação I. Título.

13-04775
CDD-658.816

Índice para catálogo sistemático:

1. Determinação de preços : Abordagem prática por meio da análise custo-volume-lucro : Administração de vendas   658.816

TODOS OS DIREITOS RESERVADOS – É proibida a reprodução total ou parcial, de qualquer forma ou por qualquer meio. A violação dos direitos de autor (Lei nº 9.610/98) é crime estabelecido pelo artigo 184 do Código Penal.

Depósito legal na Biblioteca Nacional conforme Lei nº 10.994, de 14 de dezembro de 2004.

Impresso no Brasil/*Printed in Brazil*

Editora Atlas S.A.
Rua Conselheiro Nébias, 1384
Campos Elísios
01203 904 São Paulo SP
011 3357 9144
atlas.com.br

Sumário

Apresentação, xi

PARTE I – Custos e suas diferentes abordagens: custeio por absorção *versus* custeio por contribuição, 1

1 **Custo e suas diferentes abordagens, 3**
    1.1   Introdução, 3
    1.2   Objetivos da Parte 1, 4

2 **Custeio por absorção, 5**
    2.1   Objetivos, 5
    2.2   Introdução, 5
    2.3   A estrutura de informação do custeio por absorção no demonstrativo de resultado, 6
    2.4   Custeio por absorção na empresa comercial, 7
        2.4.1   Um exemplo de empresa comercial, 10
    2.5   A empresa industrial, 13
        2.5.1   Um exemplo de empresa industrial, 20

3 **Custeio por contribuição, 25**
    3.1   Objetivos, 25
    3.2   Introdução, 25
    3.3   A estrutura de informação do custeio por contribuição no demonstrativo de resultado, 26

3.4 A empresa comercial, 27
    3.4.1 Um exemplo de empresa comercial, 28
3.5 A empresa industrial, 32
    3.5.1 Um exemplo de empresa industrial, 32

4 Duas vantagens do custeio por contribuição, 37
4.1 Objetivos, 37
4.2 Introdução, 37
4.3 A relação custo variável/receita se mantém constante, 37
4.4 Cada unidade adicional irá contribuir ao lucro com sua margem de contribuição unitária (MC), 42

Epílogo Parte I, 48

PARTE II – Decisões de preços empregando análise de custo-volume-lucro e sua aplicação ao comércio, 53

5 Análise custo-volume-lucro para um produto, 55
5.1 Objetivos, 55
5.2 Introdução, 55
5.3 Cálculo do volume da atividade tanto em valores quanto em unidades, para atingir o ponto de equilíbrio, 56
    5.3.1 Exercício de autoavaliação, 61
5.4 Aplicando a análise custo-volume-lucro para determinar um volume de vendas com objetivo em um lucro predeterminado, 63
    5.4.1 Exercício de autoavaliação, 70
5.5 Empregando o conceito de ponto de equilíbrio para determinar preço, 73
    5.5.1 Exercício de autoavaliação, 76
5.6 O uso da planilha, 81
    5.6.1 Determinando a quantidade, 82
    5.6.2 Determinando o preço, 83

6 Análise custo-volume-lucro para vários produtos com a mesma política de preço e *mark-up*: as ferramentas para o comércio, 85
6.1 Objetivos, 85
6.2 Introdução, 85
6.3 Determinando o valor da receita quando se comercializam vários produtos com a mesma política de preço ou com o mesmo índice de margem de contribuição, 87
    6.3.1 Análise custo-volume-lucro através de um exemplo, 89
6.4 *Mark-up*, 95
    6.4.1 *Mark-up* multiplicador: algoritmo, 101
        6.4.1.1 Determinando o *mark-up* multiplicador através de um exemplo, 102
    6.4.2 *Mark-up* divisor, 103
        6.4.2.1 Determinando o *Mark-Up* Divisor através de um exemplo, 104

6.4.3 Estudo de caso para determinação do *Mark-up*: abrindo uma loja no Rio-Sul, 105
6.4.4 Exercício de autoavaliação, 109
6.5 O uso da planilha, 111
6.5.1 Determinando a receita através da planilha, 113
6.5.2 Determinando o *mark-up* através da planilha, 114

7 Determinando o volume a ser vendido com objetivo de lucro para vários produtos com política de preço diferenciada e a decisão de preço para produtos com custos comuns, 117

7.1 Objetivos, 117
7.2 Determinando o volume a ser vendido com objetivo de lucro para vários produtos com política de preço diferenciada e o *mix* de vendas forem as unidades a serem vendidas, 117
  7.2.1 A empresa *Infoshow*: exemplo de uso do *mix* de vendas para determinar a meta de vendas de uma empresa, quando seus produtos possuem política de preço diferenciada, e o *mix* de vendas é definido em unidades a serem vendidas, 120
  7.2.2 Exemplo para reforço do conhecimento: a fábrica do titio com vários produtos, 123
  7.2.3 Exercício de autoavaliação: Ind. Fon Fon, 130
7.3 Quando o *mix* é calculado através da receita, 137
  7.3.1 Reforço do conhecimento: Cia. Seguros Contra Todos, 140
  7.3.2 Exercício de autoavaliação: a Loja H2R, 144
7.4 Decisões de preço para produtos com custos comuns, 150
  7.4.1 Política: manter a relação margem operacional sobre receita de cada produto igual à relação margem operacional total com a receita total, 152
    7.4.1.1 Reforço do conhecimento: a empresa Infoshow: determinando o preço para vários produtos com custos comuns e com a política que todos possuam a mesma relação margem operacional com a receita, 157
    7.4.1.2 Autoaprendizado: Muy Amigo e a decisão de preço com política que todos os produtos mantenham a mesma margem operacional, 162
  7.4.2 Política: manter uma relação predefinida entre os preços dos produtos, considerando que o *mix* desses produtos se mantenha constante, 166
    7.4.2.1 Reforço do conhecimento: Muy Amigo e a decisão de preço com política de manter uma relação predefinida entre os preços dos produtos, considerando o *mix* desses produtos, 168
    7.4.2.2 Autoavaliação: a fábrica do titio e a decisão de preço com política de manter uma relação predefinida entre os preços dos produtos, considerando o *mix* desses produtos, 173

Epílogo, 176

PARTE III – Exemplos de decisão de preço por meio da abordagem por contribuição, 179

8 Decisão de preço quando ocorre variação no preço do insumo, 181
    8.1   Objetivos, 181
    8.2   Introdução, 181
    8.3   O exemplo da fábrica do Titio Luiz, 182
    8.4   A política de manter o mesmo índice de margem de contribuição, 183
    8.5   A política de manter o mesmo lucro, 184
    8.6   Considerações, 185
    8.7   Exercício de autoavaliação do Capítulo 8: A Barroso Ltda., 186
          8.7.1   Resposta do exercício de autoavaliação do Capítulo 8, 187

9 Decisão de aceitar ou rejeitar uma proposta, 193
    9.1   Objetivos, 193
    9.2   Introdução, 193
    9.3   O exemplo: a empresa João Lima Ltda., 195
          9.3.1   Resposta ao exemplo: empresa João Lima Ltda., 196
    9.4   Considerações, 198
    9.5   Boca Junior Ltda., 199
          9.5.1   Estrutura de custo da empresa para sua operação normal (sem a venda para Legal S.A.), 200
          9.5.2   Resposta ao problema da Boca Junior Ltda., 202
    9.6   Exercício de autoavaliação do Capítulo 9, 202
          9.6.1   Resposta do exercício de autoavaliação do Capítulo 9, 203

10 Decisão de preço para uma encomenda especial com base no lucro predefinido, 207
    10.1   Objetivos, 207
    10.2   Introdução, 207
    10.3   O exemplo: a empresa João Lima Ltda., 208
          10.3.1 Resposta ao exemplo: empresa João Lima Ltda., 209
    10.4   Considerações, 212
    10.5   Boca Junior Ltda., 212
          10.5.1 Estrutura de custo da empresa para sua operação normal (sem a venda para Legal S.A.), 213
          10.5.2 Resposta ao problema da Boca Junior Ltda., 215
    10.6   Exercício de autoavaliação do Capítulo 10, 215
          10.6.1 Resposta do exercício de autoavaliação do Capítulo 10, 216

11 Decisão de preço para uma encomenda especial, com base na recuperação de um lucro que não será obtido, 219
    11.1   Objetivos, 219
    11.2   Introdução, 219
    11.3   O exemplo: a empresa João Lima Ltda., 220
          11.3.1 Resposta ao exemplo: empresa João Lima Ltda., 221
    11.4   Considerações, 223
    11.5   Boca Junior Ltda., 223

11.5.1 Estrutura de custo da empresa para sua operação normal (sem a venda para Legal S.A.), 224
11.5.2 Resposta ao problema da Boca Junior Ltda., 226
11.6 Exercício de autoavaliação do Capítulo 11, 227
11.6.1 Resposta do exercício de autoavaliação do Capítulo 11, 227

12 Decisão de preço com objetivo em volume de negócio, 231
12.1 Objetivos, 231
12.2 Introdução, 231
12.3 O exemplo: a empresa João Lima Ltda., 232
12.3.1 Resposta ao exemplo: empresa João Lima Ltda., 233
12.4 Considerações, 234
12.5 A Loja Sardinha Revelações – 1 Hora, 235
12.5.1 Estrutura de custos da empresa, 236
12.5.2 Resolva, 237
12.5.3 Solução, 237
12.5.4 Considerações, 238
12.6 Exercício de autoavaliação do Capítulo 12, 238
12.6.1 Resposta do exercício de autoavaliação do Capítulo 12, 239

13 Decisão de preço considerando a contribuição para o lucro por unidade do fator limitativo, 241
13.1 Objetivos, 241
13.2 Introdução, 241
13.3 O exemplo: a empresa Lu Ltda., 242
13.3.1 Resposta ao exemplo: empresa Lu Ltda., 244
13.4 Considerações, 246
13.5 A Empresa Limitada S.A., 246
13.5.1 Resposta ao exemplo: Empresa Limitada S.A., 249
13.6 Considerações finais, 251

14 Decisão de considerar-se o retorno sobre investimento (modelo General Motors), 253
14.1 Objetivos, 253
14.2 Introdução, 254
14.3 O modelo da General Motors (GM), 255
14.4 Conceito de ativo, 260
14.4.1 Ativo permanente, 261
14.4.2 Ativo circulante, 263
14.5 Conceito das contas do passivo, 271
14.5.1 *EVA: Economic Value Added* (ou Valor Econômico Adicionado), 272
14.5.2 *RONA: Return on Asset* (ou Retorno sobre Ativo), 276
14.6 Determinação do preço do carro, 279
14.7 Considerações sobre a formulação da General Motors, 284
14.8 Aplicação do modelo à empresa de varejo, 286
14.9 Empregando o modelo da General Motors para determinar *Mark-Up*, 288
14.9.1 Reforço do conhecimento, 291

15 Decisão de retirar ou adicionar produtos ou departamentos, 295
    15.1 Objetivos, 295
    15.2 Introdução, 295
    15.3 O exemplo do Supermercado Aki-Pod, 296
        15.3.1 Resposta ao exemplo: Supermercado Aki-Pod, 297
    15.4 Reforço do conhecimento: a Empresa 3R S.A., 299
        15.4.1 Solução, 300
    15.5 Exercício de autoavaliação, 303
        15.5.1 Resposta, 306

16 Decisão de comprar ou fazer, 309
    16.1 Objetivos, 309
    16.2 Introdução, 309
    16.3 O exemplo da empresa JCS Ltda., 311
        16.3.1 Resposta ao exemplo: JCS Ltda., 311
    16.4 Reforço do conhecimento: a Fábrica do Vovô e o dilema de comprar ou fazer, 312
        16.4.1 Resposta, 315
    16.5 Exercício de autoavaliação, 315
        16.5.1 Resposta, 317

17 Determinar a estrutura do comportamento de custos, partindo de informações do demonstrativo de resultados, 319
    17.1 Objetivos, 319
    17.2 Introdução, 320
    17.3 O exemplo da empresa Fernandes Produção e Comércio de HD Ltda., 321
        17.3.1 Resposta ao exemplo da empresa Fernandes Produção e Comércio de HD Ltda., 322
    17.4 Reforço do conhecimento: a Cia. LL Vidros, 324
        17.4.1 Resposta, 326
    17.5 Exercício de autoavaliação, 327
        17.5.1 Resposta, 329
    17.6 Quando não há quantidade e o objetivo é determinar a receita, 331
    17.7 O exemplo da Loja do Vovô, 333
    17.8 Reforço do conhecimento, 335
    17.9 Analisando a concorrência ou o investimento, 338

Bibliografia, 345

Apresentação

Este livro é o resultado de um trabalho que iniciou com minha tese de doutorado, em 1980, segundo a qual a variável preço tinha a maior influência na variável que descrevia a *performance* gerencial: a taxa FMRR (Financial Management Rate of Return). Durante esses anos dediquei parte de meus estudos a entender o processo gerencial na decisão de preço. A literatura, principalmente a de Contabilidade Gerencial, apresenta vários modelos matemáticos na determinação do valor a ser cobrado aos clientes. Mas sua preocupação é em apresentar a teoria numa linguagem acadêmica. Neste livro, procuramos apresentar a matéria de custos, explicando-a através de exemplos, de forma a estimular o estudante a aprender por conta própria, isto é, poder usar os conceitos de uma linguagem de educação a distância para aprender de forma prática, sem traumas com os conceitos contábeis.

Assim sendo, este livro foi dividido em três partes: a primeira ensina as diferentes abordagens de custos a serem empregadas em decisões: custeio por absorção e custeio por contribuição. Nessa mesma seção mostra duas vantagens do custeio por contribuição.

A segunda parte ensina os conceitos de ponto de equilíbrio para um produto e para vários produtos com a mesma política de preço, e emprega o uso desses conceitos para a decisão de preço. Essas decisões são simples e ajudam o aluno a iniciar o processo de decisão. Na decisão de preço para vários produtos com a mesma política de preço é apresentado o conceito de "Mark-Up" Multiplicador e Divisor.

A terceira e última parte mostra vários exemplos que elucidam a vantagem da abordagem por contribuição na decisão do preço. Primeiramente, duas estratégias são discutidas quanto à decisão de preço quando ocorre variação no preço do insumo. O segundo exemplo versa sobre a decisão de preço para uma encomenda especial com base no lucro predefinido. O terceiro exemplo é sobre a decisão de preço para uma encomenda especial com base na recuperação de um lucro que não será obtido. A seguir, determina-se o preço com o objetivo em volume de negócio. O quinto exemplo é a decisão de preço para produtos com custos comuns. O sexto é a decisão de preço considerando a contribuição para o lucro por unidade do fator limitativo.

Por último, quanto à decisão de preço, apresenta o modelo empregado pela General Motors (GM). Esse modelo explicita o retorno sobre investimento no cálculo do preço. Dessa forma, antes de apresentar o modelo é discutido o cálculo dos valores objetivados do capital de giro, isto é, os valores desejados de: Caixa, Contas a Receber e Estoques. Mostra como se determina o retorno sobre o ativo de forma que o Valor Econômico Adicionado – EVA (ou, Economic Value Added) – seja zero. Explica o significado de o EVA ser zero. Finalmente, calcula-se o preço do produto atendendo às demandas mencionadas. Aproveitamos para ensinar como se pode utilizar o conceito de "Mark-Up" empregando o modelo da GM.

Os três últimos capítulos são dedicados a decisões especiais, tais como: (1) adicionar ou retirar produtos de linha; (2) comprar ou fazer; e, (3) determinar a estrutura do comportamento de custos partindo de informações do demonstrativo de resultado.

O Autor

Agradecimentos

Duas pessoas foram fundamentais na produção desta obra: minha esposa, Regina Lúcia, e minha mãe, Edelvira. Ambas, de formas diferentes, mostraram que eu deveria ter perseverança e nunca desistir, pois os problemas são parte de nossa vida.

PARTE I

Custos e suas diferentes abordagens: custeio por absorção *versus* custeio por contribuição

Custo e suas diferentes abordagens

1.1 Introdução

O custo é uma das principais informações na moderna Contabilidade Administrativa, Gerencial ou Analítica. Passaremos a expor alguns conceitos que nos auxiliarão a desenvolver a tese de que compreender esses conceitos constitui um poderoso instrumento nas mãos do administrador para o eficiente desempenho de suas funções.

Importante notar que durante muito tempo pensou-se que a informação de custos se referia apenas ao custeio dos produtos e, portanto, somente se aplicaria às empresas industriais, pois elas tirariam proveito da mesma. Todavia, na acirrada competição em que se encontra o mundo moderno, o **Custo** passou a ser uma das vantagens estratégicas para as empresas. Adquirir um produto pelo valor inferior aos concorrentes e repassar ao consumidor o conceito de produto com preço inferior aos demais significa sobrevivência. Assim sendo, a aplicação desse conceito se estendeu ao comércio e ao serviço, como é o caso da indústria bancária, dos supermercados etc.

A ideia básica de um sistema de custo tem por fim atingir três objetivos: a determinação do lucro, o controle das operações e a tomada de decisões. Na determinação do lucro, o sistema objetiva valorar os produtos a estoque e, depois, no ato da venda, apropriá-los ao Demonstrativo de Resultado. Já no controle das operações, a meta é conhecer como os custos das partes são agregados até que o produto esteja disponível para venda, isto é, esteja em estoque. Duas razões estão implícitas no controle das operações: (1) saber de antemão se há como reduzir os custos dessas operações, procurando aumentar a eficiência; e (2) gerar um elemento motivador para que cada subunidade (ou centro de responsabilidade) que compõe as operações produza de acordo com o custo projetado. Finalmente, (3) ajudar nas decisões, como: determinar o ponto de equilíbrio, definir preço do produto, comprar ou fazer, eliminar ou adicionar um produto, aceitar ou rejeitar propostas etc.

Neste trabalho iremos apresentar modelos de custos aplicados à decisão de preço. Mas antes discutiremos a diferença entre custeio por absorção *versus* custeio por contribuição. O objetivo dessa discussão é ajudar a compreender as informações apresentadas no Demonstrativo de Resultado, bem como incorporar no leitor o espírito analítico que facilita a escolha e o uso dos modelos de preço apresentados posteriormente.

1.2   Objetivos da Parte I

Nesta seção, denominada **Parte I**, objetivamos fazer compreender a diferença entre custeio por absorção e custeio por contribuição. É importante que, ao possuir as informações de custos, o leitor saiba estruturá-las no Demonstrativo de Resultado. Principalmente na vida real, para implementar uma ação, estudamos várias alternativas e como essas irão afetar a principal informação da empresa: o **Lucro**. Essas informações permitirão mais adiante compreender vários modelos que nos ajudam nas decisões de preço.

Outro ponto que objetivamos elucidar é o custo unitário, como este é estruturado, e alertar sobre suas armadilhas. Essa informação, apesar de ser muito importante, pois mostra se estamos vendendo a unidade com lucro, se não for empregada com certa astúcia, pode nos levar a cometer erros incríveis.

Custeio por absorção

2.1 Objetivos

- Conhecer a estrutura de informação do custeio por absorção no Demonstrativo de Resultado.
- Saber diferenciar a estrutura da informação no Demonstrativo de Resultado do custeio por absorção para empresas comerciais e industriais.
- Saber computar o Custo das Mercadorias Vendidas e as Despesas Operacionais para as empresas comerciais.
- Saber computar o Custo dos Produtos Vendidos e as Despesas Operacionais para as empresas industriais.

2.2 Introdução

A complicação quanto a custear um produto se baseia na discussão quanto ao método empregado, isto é, qual método é superior. Basicamente, há dois métodos a discutir: absorção e contribuição.

O custeio por absorção, como o nome induz, tem por fim **Absorver** todos os custos pelo produto, seja diretamente ou indiretamente. Por exemplo: na fabricação do produto XYZ são necessárias operações que empregam ferramentas e máquinas operatrizes, a fim de transformar matérias-primas em produtos acabados. O custo de depreciação dessas máquinas, assim como da mão de obra direta, do salário do gerente da fábrica, dos engenheiros, da manutenção, do aluguel do prédio da fábrica etc. são incorporados ao produto. Independentemente se o método de rateio empregou bases de alocação ou vetores sustentados por atividades, ou pelo conceito tradicional.

A abordagem por absorção é a estrutura de informação que encontramos nos Demonstrativos Financeiros exigida pela Receita Federal e, também, apresentada por companhias com capital na Bolsa de Valores, como a **Bovespa**. Essa estrutura de informação se diferencia principalmente em empresa industrial. Pois todos os custos de produção, sejam eles fixos ou variáveis, são alocados ao produto.

Por exemplo, a Fábrica LLL produz 20 unidades do produto X. Os custos variáveis do produto X montam $ 10 e os custos indiretos da fábrica totalizam $ 100. Assim sendo, o custo de X será $ 15; $ 10 dos custos variáveis e $ 5 dos custos indiretos alocados ao produto X (lembre-se: a empresa incorreu em custos indiretos de $ 100 para produzir 20 unidades; donde o custo indireto por unidade será $ 100/20).

O preço de X será definido atribuindo-se uma margem de lucro a esse valor $ 15. Subjacente a esse valor de $ 15 está a percepção de que *não faz diferença se os custos da produção são fixos ou variáveis. Os custos indiretos fixos, por exemplo, a depreciação, são essenciais ao processo produtivo, assim como são os custos variáveis, tal qual a matéria-prima; portanto, não podem ser ignoradas no custeio unitário do produto.*[1]

Os custos de vendas e administrativos, para qualquer tipo de empresa, são alocados ao Demonstrativo de Resultados sob o título de Despesas Operacionais. Esses custos são definidos como **despesas do período**; pois não estão diretamente relacionados com produto ou serviço oferecido, mas com a unidade de tempo. Em outras palavras: os custos como aluguel da loja, o salário do presidente, os vendedores etc. não são estocáveis, portanto não aumentam o custo do produto ou do serviço se não houver negócio em determinado período. A empresa incorrerá nessas despesas a cada período, sendo esta despesa confrontada na Receita para fins de computar o lucro do período.

2.3 A estrutura de informação do custeio por absorção no demonstrativo de resultado

A estrutura do Demonstrativo de Resultado pelo custeio por absorção considera a função da empresa. Portanto, a **Receita** obtida é subtraída do custo da atividade

---

[1] GARRISON, R. H. **Managerial accounting**: concepts for planning, control, decision making. 5. ed. BPI, 1988, p. 278.

básica do negócio, que é denominada **Custo das Mercadorias Vendidas**, no caso do comércio, ou **Custo dos Produtos Vendidos**, no caso da indústria. Essa subtração gera o **Lucro Bruto**, ou a **Margem Bruta**, que é o resultado com a atividade básica.

Sabemos que para operar há de se incorrer em custos operacionais, como propaganda, salários de vendedores, aluguel da loja para *show room* etc. Essas despesas estão vinculadas às áreas administrativas e de vendas e são denominadas **Despesas Operacionais**. Portanto, ao se subtrair o **Lucro Bruto** das **Despesas Operacionais**, teremos o lucro com a operação, isto é, o **Lucro Operacional**. No mundo dos negócios esse **Lucro Operacional** é conhecido como EBIT (Earning Before Interest and Taxes; traduzindo: Lucro Antes dos Juros e Impostos).

Dessa forma, a estrutura de informação do **Demonstrativo de Resultado**, tanto para empresa comercial como industrial, será apresentada a seguir:

Demonstrativo de resultado para empresas comerciais	
	Receita
Menos:	Custo das Mercadorias Vendidas
Igual:	Lucro Bruto ou Margem Bruta
Menos:	Despesas Operacionais
Igual:	Lucro Operacional

Demonstrativo de resultado para empresas industriais	
	Receita
Menos:	Custo dos Produtos Vendidos
Igual:	Lucro Bruto ou Margem Bruta
Menos:	Despesas Operacionais
Igual:	Lucro Operacional

A diferença entre as duas estruturas de informações apresentadas está na **denominação** e na **obtenção** dos valores do custo da atividade básica, que serão elucidadas nos próximos tópicos.

2.4 Custeio por absorção na empresa comercial

O comércio tem como característica a compra e a venda da mercadoria, não havendo modificação ou transformação. Ele é um canal que distribui o produto ao consumidor. Nesse tipo de negócio, o fluxo de informação quanto à compra e venda de unidades a serem vendidas pode ser expresso conforme a Figura 2.1, a seguir:

Figura 2.1 – *Fluxo das informações de estoque*

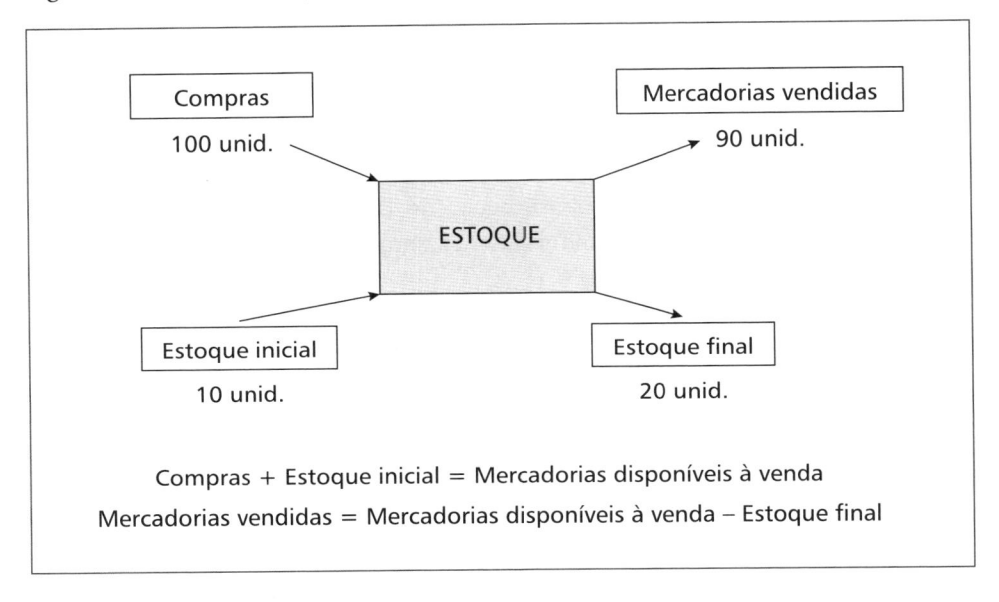

```
        Compras                              Mercadorias vendidas
       100 unid.                                  90 unid.
              ╲                             ╱
                        ┌──────────┐
                        │ ESTOQUE  │
                        └──────────┘
              ╱                             ╲
      Estoque inicial                       Estoque final
        10 unid.                              20 unid.

    Compras + Estoque inicial = Mercadorias disponíveis à venda
    Mercadorias vendidas = Mercadorias disponíveis à venda − Estoque final
```

Na Figura 2.1, 100 unidades de mercadorias são adquiridas para serem comercializadas. A essas 100 unidades adicionam-se 10 unidades que já estavam em estoque quando o período em consideração iniciou (por exemplo, o mês de setembro). Ao término do período (no fim do mês de setembro), venderam-se 90 unidades, portanto há em estoque 20 unidades; denominam-se essas 20 unidades de estoque final, pois é o fim do período em consideração. Expressamos o período aqui como o mês de setembro, mas poderia ser o ano de 2001 ou o ano de 2020 ou o mês de dezembro de 2015. O importante é haver um lapso de tempo entre o início e o fim do período.

Nossa preocupação está em apresentar como é a estrutura de informação do Demonstrativo de Resultado pelos métodos de custeio já elucidados. Portanto, para facilitar a compreensão por parte dos leitores, iremos considerar que não haverá mudanças no estoque inicial e final. Em outras palavras, o estoque inicial é igual ao estoque final. Caso contrário, teríamos de adicionar a explicação sobre valoração de estoque, que não é assunto de nosso conteúdo. Assim sendo, a Figura 2.1 anterior será transformada para a Figura 2.2, na qual os estoques permanecem constantes.

Figura 2.2 – *Fluxo das informações de estoque*

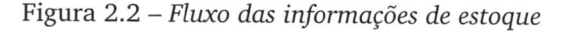

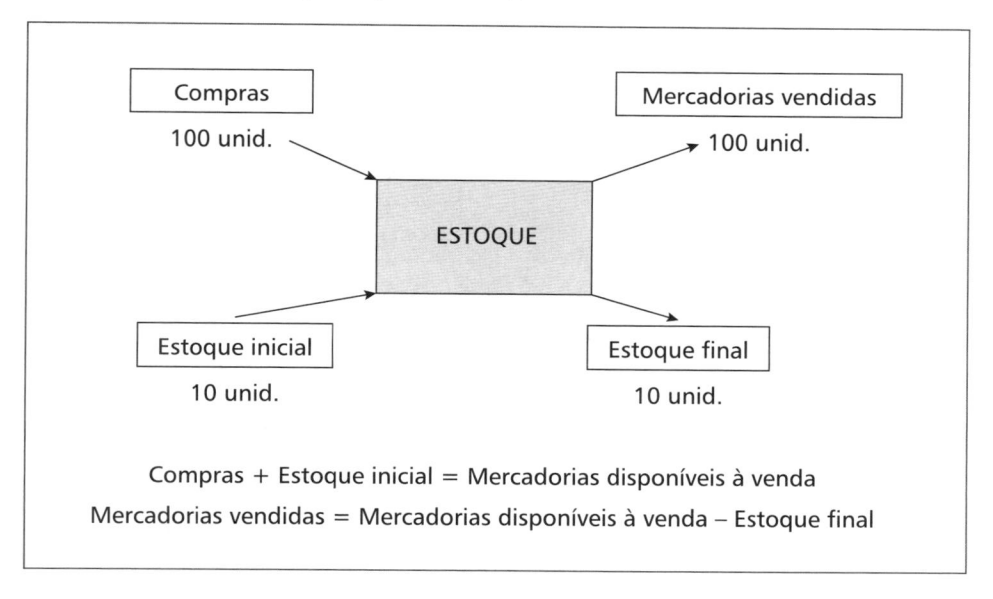

```
         Compras                          Mercadorias vendidas
         100 unid.                               100 unid.

                         ┌─────────────┐
                         │   ESTOQUE   │
                         └─────────────┘

      Estoque inicial                         Estoque final
         10 unid.                               10 unid.

      Compras + Estoque inicial = Mercadorias disponíveis à venda
      Mercadorias vendidas = Mercadorias disponíveis à venda – Estoque final
```

As unidades apresentadas anteriormente podem ser substituídas por valores monetários. Neste caso, em vez de expressarmos que adquirimos 100 unidades, podemos dizer que compramos R$ 100,00, e que há no estoque produtos valorados em R$ 10,00. Em outras palavras, que durante o período em consideração, há mercadorias disponíveis para venda no valor de R$ 110,00.

Ao fim do período restam no estoque mercadorias valoradas em R$ 10,00. Em outras palavras, o estoque final é valorado em R$ 10,00. Assim sendo, o custo das mercadorias que foram vendidas será de R$ 100,00 (que é a subtração de R$ 10,00, valor do estoque final, a R$ 110,00, valor referente às mercadorias disponíveis para vendas).

Se obtivermos uma receita com a venda de R$ 200,00, a empresa terá gerado um lucro bruto de R$ 100,00. Contudo, há outras despesas necessárias à operação da empresa. Para vender essas mercadorias, a empresa tem de incorrer em outras despesas, como salários dos vendedores, do gerente, comissões, aluguel da loja e outras despesas dos setores de vendas e da administração. Essas despesas montam ao valor de R$ 40,00 e são denominadas despesas operacionais. Ao subtrair do lucro bruto, R$ 100,00, as despesas operacionais, R$ 40,00, obteremos o lucro operacional, R$ 60,00. Esse fluxo de informação é apresentado na Figura 2.3 a seguir:

Figura 2.3 – *O fluxo da informação de custos no demonstrativo de resultado de uma empresa comercial*

```
Compras
$ 100,00
         ↓
      ESTOQUE  →  DEMONSTRATIVO DE RESULTADO
      ↑    ↓
Estoque inicial   Estoque final
$ 10,00           $ 10,00
         ↓
    Setores de
      vendas
         ↓
    Setores da
   administração
```

DEMONSTRATIVO DE RESULTADO	
Receita	$ 200,00
(–) CMV	$ 100,00
(=) Lucro bruto	$ 100,00
(–) Despesas operacionais	$ 40,00
(=) Lucro operacional	$ 60,00
Obs.: CMV é Custo das Mercadorias Vendidas	

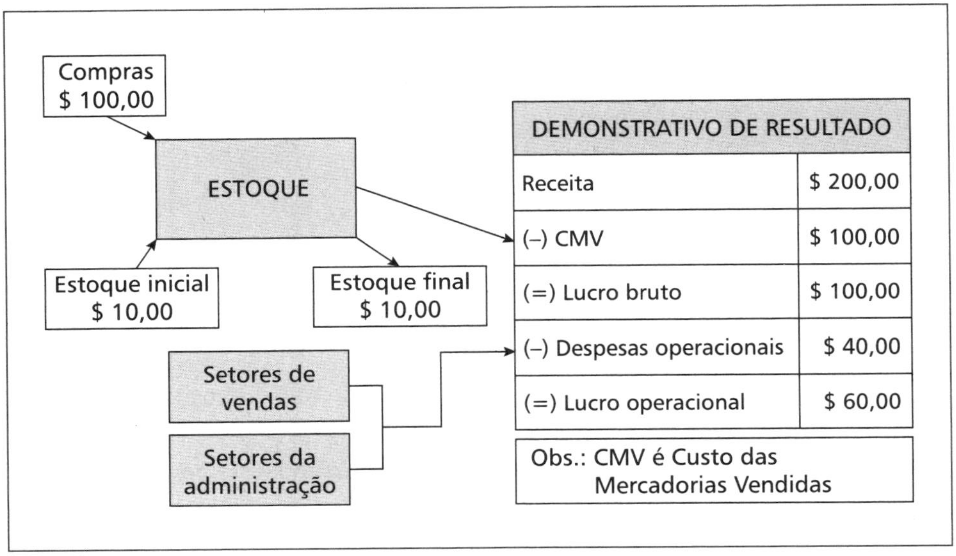

Para fixarmos o conceito apresentado, vamos reforçar como a estrutura de informações de uma empresa comercial é organizada sob o custeio por absorção através de um exemplo.

2.4.1 Um exemplo de empresa comercial

A empresa Barroso é uma distribuidora de camisas. Sua projeção de vendas é de 400.000 camisas no ano. O preço de venda de cada camisa é R$ 4,00 e seus custos são apresentados na tabela a seguir:

ESTRUTURA DE CUSTO DA BARROSO LTDA.	
Camisa (custo de uma unidade)	R$ 2,00/unid.
SETOR DE VENDAS	
Comissão (10% sobre o valor da receita)	R$ 0,40/unid.
Aluguel da Loja	R$ 100.000,00/ano
Salário do Pessoal do Setor de Vendas	R$ 80.000,00/ano
Outras Despesas com o Setor de Vendas	R$ 40.000,00/ano
SETOR ADMINISTRATIVO	
Salário do Pessoal da Administração	R$ 160.000,00/ano
Outras Despesas com o Setor Administrativo	R$ 20.000,00/ano

O valor da comissão para cada camisa vendida será o preço de venda da unidade (p), isto é R$ 4,00, multiplicado pelo valor da comissão, que é 10%; portanto, a cada camisa vendida se paga R$ 0,40 de comissão (que é, R$ 4,00 × 0,10). O valor total da comissão é este valor de R$ 0,40 multiplicado pela quantidade (Q). Assim sendo, podemos expressar matematicamente por:

$$\text{Valor da Comissão Total} = p \times \text{percentual da comissão} \times Q =$$
$$\text{R\$ } 4{,}00 \times 0{,}10 \times 400.000 \text{ camisas} = \text{R\$ } 160.000{,}00$$

Assim sendo, o valor das Despesas Operacionais pode ser computado da seguinte forma:

Despesas Operacionais = Valor da Comissão Total + Aluguel da Loja + Salário do Pessoal do Setor de Vendas + Outras Despesas com o Setor de Vendas + Salário do Pessoal da Administração + Outras Despesas com o Setor Administrativo = R$ 160.000,00 + R$ 100.000,00 + R$ 80.000,00 + R$ 40.000,00 + R$ 160.000,00 + R$ 20.000,00 = R$ 560.000,00

Como a receita é determinada pela multiplicação do preço pela quantidade, essa será R$ 1.600.000,00 (R$ 4,00 × 400.000 camisas). Já o custo das mercadorias vendidas é computado pela multiplicação do custo de uma camisa (R$ 2,00) pelo número de camisas vendidas (400.000 camisas), que será: R$ 800.000,00.

Como consequência, o Demonstrativo de Resultado para essa operação será:

DEMONSTRATIVO DE RESULTADO		
– Projeção anual –		
	Fórmula	
Receita	p × Q	R$ 1.600.000,00
(menos) Custo das Mercadorias Vendidas	camisa × Q	R$ 800.000,00
(igual) Lucro Bruto ou Margem Bruta		R$ 800.000,00
(menos) Despesas Operacionais		R$ 560.000,00
(igual) Lucro Operacional		R$ 240.000,00

A **Receita**, acima apresentada, é subtraída do **Custo das Mercadorias Vendidas** (que é o custo da atividade básica), gerando o **Lucro Bruto** (que é o resultado da operação básica do negócio, a diferença entre venda e a aquisição da mercadoria). Desse valor são deduzidos as despesas com setores de vendas e administração, também, denominadas **Despesas Operacionais**, para chegar ao **Lucro Operacional** (que é o lucro com a operação).

Para confirmar seu aprendizado, faça o exercício a seguir.

A empresa H2R possui um comércio que representa um equipamento eletrônico importado da China, útil para verificar pressão arterial de pessoas leigas no assunto. Esse produto é adquirido a R$ 20,00 e vendido a R$ 80,00. A empresa espera comercializar 100.000 unidades no ano e possui a seguinte estrutura de custos:

ESTRUTURA DE CUSTO DA EMPRESA H2R	
SETOR DE VENDAS	
Comissão (10% sobre o valor da receita)	R$ 8,00/unid.
Aluguel dos Ponto de Vendas	R$ 240.000,00/ano
Outras Despesas com o Setor de Vendas	R$ 180.000,00/ano
SETOR ADMINISTRATIVO	
Salário do Pessoal da Administração	R$ 360.000,00/ano
Outras Despesas com o Setor Administrativo	R$ 220.000,00/ano

Pede-se: o Demonstrativo de Resultado pelo Custeio por Absorção.

Resposta:

O Demonstrativo de Resultado para essa operação será:

DEMONSTRATIVO DE RESULTADO		
– Projeção anual –		
	FÓRMULA	
Receita	p × Q	
(menos) Custo das Mercadorias Vendidas	Custo do produto × Q	
(igual) Lucro Bruto ou Margem Bruta		
(menos) Despesas Operacionais		
(igual) Lucro Operacional		

A resposta encontra-se na página seguinte. Se você cometeu algum erro, retorne aos conceitos antes de continuar. Utilize o espaço abaixo para rascunho.

Resposta:

O Demonstrativo de Resultado para essa operação será:

DEMONSTRATIVO DE RESULTADO		
– Projeção anual –		
	FÓRMULA	
Receita	p × Q	R$ 8.000.000,00
(menos) Custo das Mercadorias Vendidas	Custo do produto × Q	R$ 2.000.000,00
(igual) Lucro Bruto ou Margem Bruta		R$ 6.000.000,00
(menos) Despesas Operacionais		R$ 1.800.000,00
(igual) Lucro Operacional		R$ 4.200.000,00

2.5 A empresa industrial

A principal função de uma empresa industrial é transformar matéria-prima em produtos acabados ou produtos disponíveis à venda. Ela adquire a matéria-prima e, para transformá-la em produto acabado, incorre em custos de conversão. Os custos de conversão, como o nome sinaliza, são custos empregados no processo de produção que não sejam os de matérias-primas, pois esses é que serão transformados (ou convertidos) em produtos acabados. Normalmente, esses custos são expressos pela Mão de Obra Direta e Custos Indiretos de Fabricação. Um fluxo simplório do custo de produção é apresentado na Figura 2.4 a seguir.

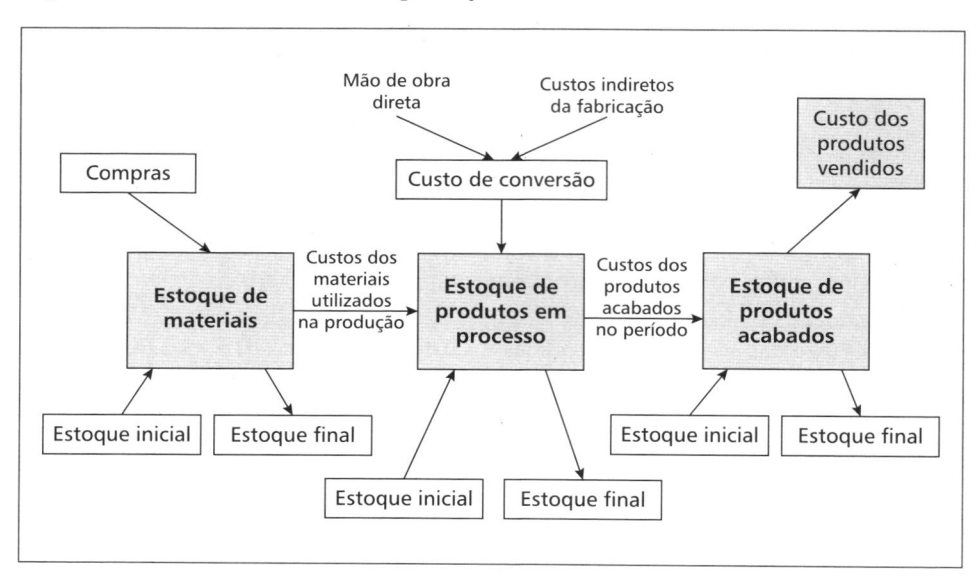

Figura 2.4 – *Fluxos dos custos na produção*

```
                    Mão de obra      Custos indiretos
                      direta          da fabricação                Custo dos
                         │                  │                       produtos
    Compras              ▼                  ▼                       vendidos
       │            Custo de conversão                                 ▲
       │                     │                                         │
       ▼      Custos dos     ▼        Custos dos
   Estoque de  materiais  Estoque de   produtos     Estoque de
   materiais  utilizados  produtos em  acabados     produtos
              na produção  processo    no período   acabados
     ▲   │                    ▲                      ▲    │
     │   │                    │                      │    │
  Estoque  Estoque        Estoque    Estoque     Estoque  Estoque
  inicial  final          inicial    final       inicial  final
```

Ao adquirir, ou comprar, as **Matérias-primas**, estas irão para o **Estoque de Matérias-primas**, adicionando as que já estão em estoque, isto é o **Estoque Inicial**. Assim, teremos as matérias-primas disponíveis à produção (ou, custo dos materiais disponíveis à produção). Ao término do período, as matérias-primas utilizadas na produção têm seus custos denominados de **Custos dos Materiais utilizados na Produção**; outros nomes podem, também, ser empregados, como Custos dos Materiais Empregados na Produção. O importante é correlacionar a este nome o significado de uso de materiais na produção durante o período. Seu custo, o dos materiais empregados na produção, é determinado subtraindo do custo dos materiais disponíveis à produção (que é a soma das compras com o estoque inicial) o estoque final (que é o valor dos materiais que continuam em estoque ao fim do período).

O processo de produção ou "chão de fábrica" é denominado de **Estoque de Produto em Processo**. Durante o período, os produtos que ficam prontos são enviados para o estoque de produtos acabados. Assim sendo, ao término de um período teremos de valorar: (1) esses produtos que ficaram prontos e foram enviados para o estoque de produtos acabados; e (2) os produtos semiacabados que continuam no chão de fábrica.

Para valorar esses dois itens há de se determinar o custo de produção do período, que é o somatório dos materiais utilizados na produção com a mão de obra direta (ou, os custos diretos ao produto) e com os custos indiretos de fabricação alocados ao produto. O custo de produção do período adicionado ao estoque inicial de produto em processo é o custo total de produção incorrido no período. Este valor, o custo total de produção incorrido no período, tem de ser igual ao custo dos produtos acabados no período mais o estoque final de produto em processo.

O **Custo de Produção do Período**, como apresentado anteriormente, é a soma do **Custo dos Materiais Empregados na Produção** com o **Custo de Conversão**. Esse valor mostra quanto foi consumido na produção durante aquele período. Já o **Estoque Inicial de Produto em Processo** refere-se a custo incorrido em período anterior.

O próximo passo é determinar o valor do estoque final de produto em processo. Em outras palavras, os produtos semiacabados. Esses valores são computados considerando-se os seguintes itens: (1) custos dos materiais empregados até a data em questão, que, normalmente, é o fim do período; e (2) **Custo de Conversão** proporcional ao que foi realizado. Essa proporção é um percentual do estágio em que o produto se encontra quando confrontado com os recursos empregados para deixar o produto pronto para a venda. O valor do estoque final de produto em processo de um período será o valor do **Estoque Inicial de Produto em Processo** do período subsequente.

Portanto, ao subtrair do custo total de produção incorrido no período o estoque final de produto em processo resultará o custo dos produtos acabados no período. Lembre-se de que o custo total de produção incorrido no período é o somatório do custo de produção do período mais o estoque inicial de produto em processo.

Os custos indiretos de fabricação compreendem a depreciação dos equipamentos, a energia, os salários dos engenheiros da fábrica e dos gerentes, o aluguel do galpão etc.; custos que, em sua grande maioria, não possuem correlação direta com o volume de produção, isto é, não variam mês a mês. Em outras palavras, é custo que se mantém constante, qualquer que seja o volume de produção. Por definição, o custo indireto de fabricação é todo custo fabril que não é direto. O que quer dizer: excluindo os custos diretos, são os fatores tecnológicos que a gestão supõe serem importantes no processo produtivo. Como já mencionamos, o custo da mão de obra direta e dos custos indiretos de fabricação é conhecido como **Custo de Conversão**.

Finalmente, o **Custo dos Produtos Vendidos** é soma do **Estoque Inicial de Produtos Acabados** com o **Custo dos Produtos Acabados no Período** menos o **Estoque Final de Produtos Acabados**. A soma do **Estoque Inicial de Produtos Acabados** com o **Custo dos Produtos Acabados no Período** é o valor dos **Produtos Disponíveis Para Venda no Período**. É fácil compreender que se temos em estoque, quando se inicia o período, produtos acabados (ou, produtos prontos para venda) no valor de $ 100, e durante o período ingressaram do "chão de fábrica" produtos que também estão prontos para venda no valor de $ 1.500, teremos ao fim do período produtos disponíveis para vendas no valor de $ 1.600. Se ao fim do período não houver produtos disponíveis para venda, o custo dos produtos vendidos será de $ 1.600 ($ 1.600 menos zero). Mas, se ao fim do período houver estoque valorado em $ 200, o custo dos produtos vendidos será de $ 1.400 ($ 1.600 menos $ 200).

Exemplificando o que foi expresso, imaginemos a Cia. Manufatura Ltda. com os seguintes saldos nas contas em 31/12/2005:

Vendas	$ 1.500
Setor de Produção	
Compras de Materiais	$ 400
Mão de Obra Direta	300
Salários de Engenheiros, Supervisores e Pessoal de Apoio	150
Materiais Indiretos	50
Depreciação da Fábrica	90
Horas Extras – Produção	20
Outras Despesas de Produção	10
Estoque de Materiais em 31/12/2004	40
Estoque de Materiais em 31/12/2005	50
Estoque de Produtos em Processo em 31/12/2004	20
Estoque de Produtos em Processo em 31/12/2005	20
Estoque de Produtos Acabados em 31/12/2004	100
Estoque de Produtos Acabados em 31/12/2005	100
Setor de Vendas	
Comissão de Vendas	$ 150
Salário – Pessoal de Vendas	50
Aluguel – Escritório para Vendas	30
Seguro – Escritório para Vendas	5
Setor Administrativo	
Salário – Pessoal Administrativo	$ 100
Seguro do Escritório Administrativo	3
Depreciação do Escritório Administrativo	12

Pede-se: o Demonstrativo de Resultado durante o ano de 2005.

O primeiro item a ser computado é o Custo dos Materiais Utilizados na Produção que é apresentado na Figura 2.5, a seguir:

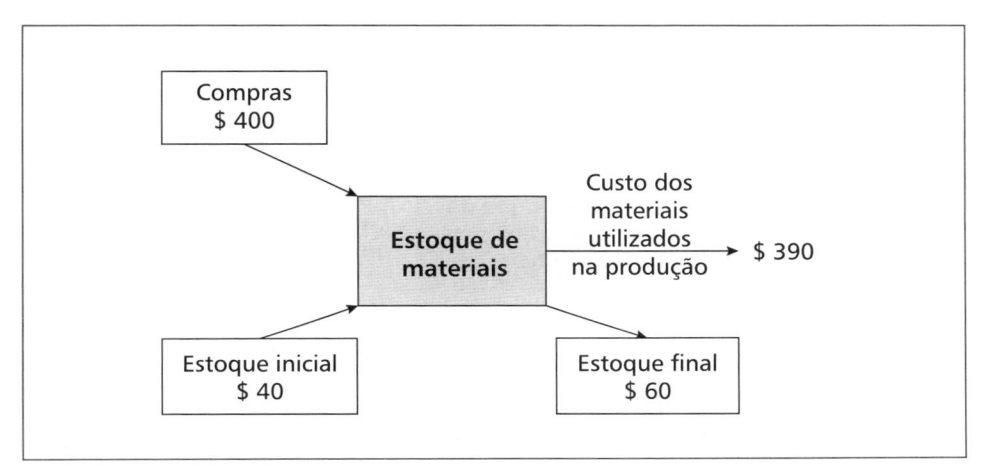

Figura 2.5 – *Custos dos materiais utilizados na produção*

```
         Compras
         $ 400
            ↓
                          Custo dos
                          materiais
         Estoque de       utilizados   → $ 390
         materiais        na produção
            ↑                ↓
      Estoque inicial   Estoque final
         $ 40              $ 60
```

O próximo passo é calcular o Custo dos Produtos Acabados no Período. Para tanto, precisamos do Custo dos Materiais Utilizados na Produção, do Custo da Mão de Obra Direta e do Custo Indireto de Fabricação. O Custo da Mão de Obra Direta é $ 300 e o Custo Indireto de Fabricação pode ser computado pela tabela abaixo:

Salários de Engenheiros, Supervisores e Pessoal de Apoio	$ 150	
Materiais Indiretos	50	
Depreciação da Fábrica	90	
Horas Extra – Produção	20	
Outras Despesas de Produção	10	
CUSTOS INDIRETOS DE FABRICAÇÃO		$ 320

Dessa forma, o Custo dos Produtos Acabados no Período é calculado conforme a Figura 2.6 a seguir:

Figura 2.6 – *Custos dos produtos acabados no período*

```
        Mão de obra direta      Custos indiretos de fabricação
             $ 300                         $ 320
                  ↘                     ↙
                    ┌─────────────────────┐
                    │ Custo de conversão  │
                    │       $ 620         │
                    └─────────────────────┘
                              ↓
         Custo dos                      Custo dos
         materiais      ┌──────────┐    produtos
$ 390 ←  utilizados  →  │Estoque de│ →  acabados   → $ 1.010
         na produção    │produtos em│   no período
                        │ processo │
                        └──────────┘
                         ↗        ↘
              ┌──────────────┐   ┌──────────────┐
              │Estoque inicial│   │ Estoque final│
              │    $ 20      │   │    $ 20      │
              └──────────────┘   └──────────────┘

    Custo de produção no período = 390 + 620 = $ 1.010
```

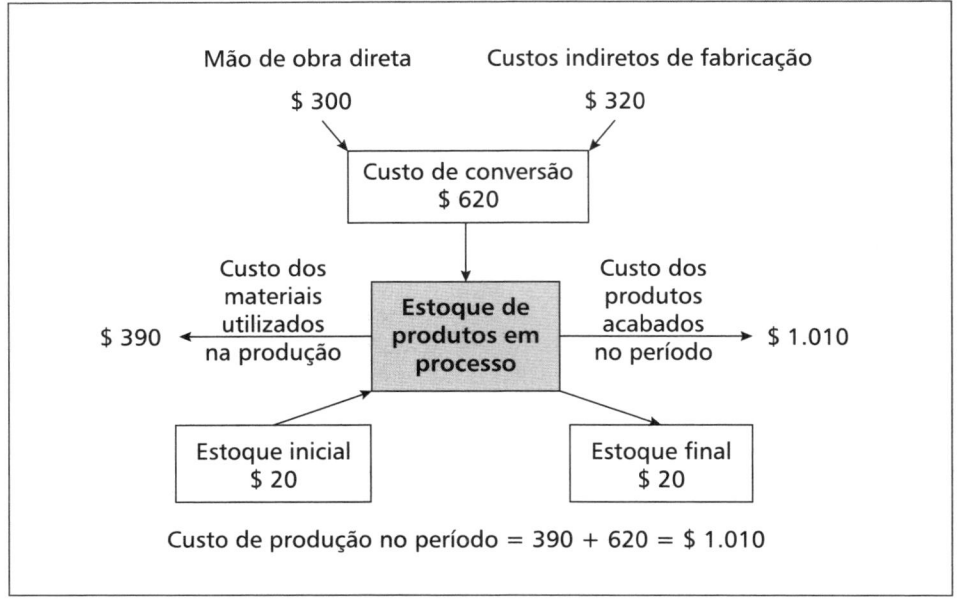

Por fim, o Custo dos Produtos Vendidos é determinado de acordo com a Figura 2.7, a seguir.

Figura 2.7 – *Custos dos produtos vendidos*

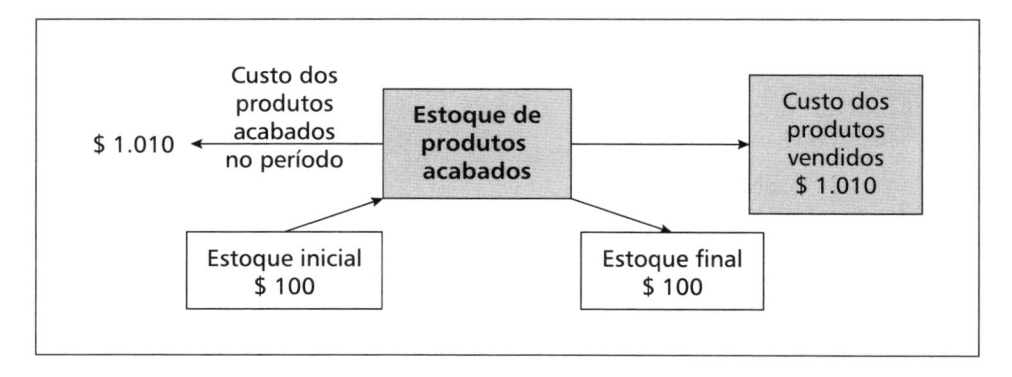

```
              Custo dos
              produtos     ┌──────────┐                  ┌──────────┐
              acabados     │Estoque de│                  │ Custo dos│
  $ 1.010  ←  no período ← │ produtos │  →               │ produtos │
                           │ acabados │                  │ vendidos │
                           └──────────┘                  │  $ 1.010 │
                            ↗        ↘                   └──────────┘
                 ┌──────────────┐  ┌──────────────┐
                 │Estoque inicial│  │ Estoque final│
                 │    $ 100     │  │    $ 100     │
                 └──────────────┘  └──────────────┘
```

A informação sobre o Custo dos Produtos Vendidos, $ 1.010,00, deduzido da Receita, $ 1.500,00, permite obter o Lucro Bruto. Para se obter o Lucro Operacional temos ainda de determinar a Despesa Operacional, conforme apresentada no quadro a seguir:

CÁLCULO DA DESPESA OPERACIONAL		
Setor de Vendas		
Comissão de Vendas	$ 150	
Salário – Pessoal de Vendas	$ 50	
Aluguel – Escritório para Vendas	$ 30	
Seguro – Escritório para Vendas	$ 5	
Despesa com o Setor de Vendas		$ 235
Setor Administrativo		
Salário – Pessoal Administrativo	$ 100	
Seguro do Escritório Administrativo	$ 3	
Depreciação do Escritório Administrativo	$ 12	
Despesa com o Setor Administrativo		$ 115
DESPESA OPERACIONAL – Total		$ 350

Portanto, o Demonstrativo de Resultado para o ano de 2005 será:

DEMONSTRATIVO DE RESULTADO	
– Ano de 2005 –	
Receita	$ 1.500
(menos) Custo dos Produtos Vendidos	$ 1.010
(igual) Lucro Bruto ou Margem Bruta	$ 490
(menos) Despesas Operacionais	$ 350
(igual) Lucro Operacional	$ 140

É comum denominar os custos dos produtos acabados no período de **custos do produto**, pois, uma vez que o produto esteja pronto (ou, acabado), seu valor é levado à conta Estoque de Produtos Acabados para, posteriormente, ser confrontado à Receita, através da conta de Custos dos Produtos Vendidos, quando ocorrer a venda. Deve-se notar que esse valor (dito custo do produto) varia de acordo com o nível de produção. Imaginemos, pelo exemplo acima, que os custos indiretos de fabricação totalizando $ 320 sejam fixos, isto é, não variam conforme o volume de produção. Os outros, mão de obra direta e materiais empregados na produção, variam de acordo com o volume. Se os valores apresentados refletem uma produção e venda de 100 unidades, podemos dizer que cada unidade custa $ 10,10 [($ 390 + $ 300 + $ 320)/100 unid. = $ 3,90 + $ 3,00 + $ 3,20]. Se a produção e a venda caírem para 80 unidades, o custo de uma unidade será de $ 10,90. Os materiais custam $ 3,90 por unidade; a mão de obra direta, $ 3,00; e, os custos indiretos de fabricação, $ 4,00 ($ 320,00/80 unid.). Essa questão não é discutida aqui, porque o objetivo deste tópico é fazer entender o efeito dos custos de uma empresa industrial no Demonstrativo de Resultado. Portanto, a seguir apresentaremos mais um exemplo desse tipo de indústria e como seus custos refletem no cálculo do lucro.

2.5.1 Um exemplo de empresa industrial

A empresa RLLLS projeta produzir e comercializar 200.000 unidades do produto KIGOSTO ao preço de $ 3,00. Os custos de fabricação são projetados em: custo variável por unidade $ 1,05; e, custos fixos de produção $ 100.000,00. A política no setor de vendas é que a comissão seja 5% da receita; e, os custos fixos do setor de vendas deverão totalizar $ 50.000,00. A administração não possui custos variáveis, os custos fixos do setor de administração estão planejados em $ 100.000,00. Pede-se a projeção do Demonstrativo de Resultado pelo custeio por absorção.

Os custos de fabricação para as 200.000 unidades deverão alcançar o valor de $ 310.000,00. Sendo: custos variáveis de produção, $ 210.000,00 (200.000 unid. × $ 1,05/unid.); e, os custos fixos, $ 100.000,00.

As despesas de vendas serão compostas do custo variável de uma unidade igual a $ 0,15 (que é a comissão, isto é, 5% do preço) multiplicado por 200.000 unidades, mais a projeção dos custos fixos do setor de vendas, que é de $ 50.000,00. Dessa forma, a projeção dos custos de venda para 200.000 unidades totaliza $ 80.000,00. Como as despesas com o setor de administração deverão ser de $ 100.000,00, as Despesas Operacionais serão: $ 180.000,00 ($ 80.000 do setor de vendas mais $ 100.000,00 do setor da administração).

Portanto, a projeção de Demonstrativo de Resultado será:

DEMONSTRATIVO DE RESULTADO	
– Projeção –	
Receita	$ 600.000,00
(menos) Custo dos Produtos Vendidos	$ 310.000,00
(igual) Lucro Bruto ou Margem Bruta	$ 290.000,00
(menos) Despesas Operacionais	$ 180.000,00
(igual) Lucro Operacional	$ 110.000,00

Para confirmar seu aprendizado, faça o exercício a seguir.

A empresa H3R é uma indústria que produz um equipamento eletrônico para verificar pressão arterial de pessoas leigas no assunto. Esse produto é vendido a R$ 100,00. A empresa espera produzir e comercializar 100.000 unidades no ano e possui a seguinte estrutura de custos:

ESTRUTURA DE CUSTO DA EMPRESA H3R	
SETOR DE PRODUÇÃO	
Custo variável para produzir uma unidade	$ 30,00/unid.
Custos Fixos do setor de produção	$ 2.000.000,00/ano
SETOR DE VENDAS	
Comissão (5% sobre o valor da receita)	$ 5,00/unid.
Despesas fixas do setor de vendas	$ 1.500.000,00/ano
SETOR ADMINISTRATIVO	
Despesas fixas do setor administrativo	$ 500.000,00/ano

O Demonstrativo de Resultado para essa operação será:

DEMONSTRATIVO DE RESULTADO	
– Projeção anual –	
Receita	
(menos) Custo das Mercadorias Vendidas	
(igual) Lucro Bruto ou Margem Bruta	
(menos) Despesas Operacionais	
(igual) Lucro Operacional	

A resposta encontra-se na página seguinte. Se você cometeu algum erro, retorne aos conceitos antes de continuar. Utilize o espaço abaixo para rascunho.

Resposta:

O Demonstrativo de Resultado para essa operação será:

DEMONSTRATIVO DE RESULTADO	
– Projeção anual –	
Receita	$ 10.000.000,00
(menos) Custo das Mercadorias Vendidas	$ 5.000.000,00
(igual) Lucro Bruto ou Margem Bruta	$ 5.000.000,00
(menos) Despesas Operacionais	$ 2.500.000,00
(igual) Lucro Operacional	$ 2.500.000,00

Empresas que possuem, proporcionalmente, um alto percentual de custos fixos em seus custos totais, assim como empresas que comercializam seus produtos através de contratos (como, por exemplo, empreiteiras), têm um grande apelo em empregar a abordagem por absorção para tomada de decisão de preço. E uma das razões para a decisão de preço ser comumente baseada na abordagem por absorção é a crença de que o valor definido *salvaguardará* a empresa de um possível prejuízo, isto é, os custos serão cobertos pelo preço que, ainda, contribuirá com uma margem de lucro.

No entanto, esse argumento é ilusório, porque pode ocorrer prejuízo se as vendas não atingirem o volume empregado no cálculo do custo unitário. Mais convincente é o argumento de que esse custo unitário pode ser utilizado para ser comparado com o custo unitário do produto concorrente, além de ser uma estimativa razoável da relação entre custos e preços dos competidores.

A despeito de sua simplicidade uma série de argumentos contra o método é apresentada na literatura:[2]

- O método não considera a demanda pelo produto; é possível que não existam consumidores dispostos a pagar o preço computado pela firma.
- O método não considera a competição. Se seu emprego for irracional e rígido, a empresa pode perder oportunidades de negócios, como no

---

[2] BOONE, L. E.; KURTZ, D. L. **Contemporary marketing**. 6. ed. Dryden, 1989, p. 359-360 e ATKIN, B., editado por POCOCK, M. A. e TAYLOR, A. H. Financial planning and control, **Pricing policy**, Gower, 2. ed. 1988, p. 69.

exemplo da empresa de telecomunicação. Se a empresa não aceita a proposta, que irá gerar um aumento em seus lucros, pode ficar vulnerável perante os concorrentes.
- Qualquer método empregado para alocar os custos indiretos de fabricação é arbitrário e pode ser irrealista; é difícil mostrar as relações de causa e efeito entre os custos alocados e a maioria dos produtos.

O principal problema com o método de absorção é que a utilização indiscriminada dos custos unitários pode resultar em premissas erradas na previsão de como os custos totais comportar-se-ão. Uma interpretação errada dos custos fixos unitários (isto é, o eventual desconhecimento sobre a função de formação de custo do produto) irá gerar uma análise de custo errada. O assunto sobre custo unitário será discutido no último tópico do Capítulo 4. Antes, porém, apresentaremos a abordagem através do custeio por contribuição.

3

Custeio por contribuição

3.1 Objetivos

- Conhecer a estrutura de informação do custeio por contribuição no Demonstrativo de Resultado.
- Saber diferenciar a estrutura da informação no Demonstrativo de Resultado do custeio por contribuição para empresas comerciais e industriais.
- Saber computar o Custo/Despesas Variáveis e os Custos/Despesas Fixas para as empresas comerciais.
- Saber computar o Custo/Despesas Variáveis e os Custos/Despesas Fixas para as empresas industriais.

3.2 Introdução

Os que propõem a abordagem por contribuição utilizam as críticas apresentadas à técnica da absorção para enfatizar a flexibilidade desse método como um meio de resposta às condições de demanda e de competição. Por exemplo, há uma oportunidade de exportar 1.000 unidades do produto X pelo preço de $ 14 a unidade. Seu custo, de acordo com a abordagem por absorção, foi computado em $ 15, mas para a abordagem por contribuição o que conta é o custo marginal – que é o aumento do custo devido ao pedido. Nesse caso, o valor incremental é igual ao unitário, que é o mesmo do custo variável – imaginemos que este seja de $ 10. Então, qualquer preço acima de $ 10 irá aumentar o lucro da empresa. No exemplo, se a empresa aceitar esse negócio, cada unidade exportada **contribuirá** com $ 4 para o lucro da empresa, e o lucro final terá seu valor majorado em $ 4.000 (obtido pela razão de 1.000 unidades com a contribuição de $ 4 por unidade). O método se baseia na contribuição de cada produto.

3.3 A estrutura de informação do custeio por contribuição no demonstrativo de resultado

A estrutura do Demonstrativo de Resultado pelo custeio por contribuição considera o comportamento dos custos, indiferentemente donde estes ocorrem na empresa. A Receita obtida é subtraída dos **Custos Variáveis**, determinando a **Margem de Contribuição**. A **Receita** é determinada pelo produto do preço pela quantidade. Assim sendo, se o produto é precificado em $ 10,00 e o volume de venda é de 1.000 unidades, a **Receita** será de $ 10.000 ($ 10/unid. × 1.000 unid.).

Os Custos Variáveis são a resultante da multiplicação do somatório dos custos variáveis para uma unidade pelo número de unidades. Por exemplo, uma atacadista, distribuidora de camisas, compra esse produto a $ 5 e vende a $ 10. Os vendedores recebem uma comissão de vendas de 10% da receita. Portanto, o custo de uma camisa será $ 6 – $ 5 da camisa e $ 1 da comissão. A cada camisa vendida por $ 10, a empresa pagará ao vendedor 10% de seu valor, $ 1. Os custos variáveis para 1.000 unidades serão $ 6.000 ($ 6/unid. × 1.000 unid.).

Subtraindo-se do **Preço** os **Custos Variáveis** temos a **Margem de Contribuição**. Como o nome expressa, representa a contribuição que irá ajudar inicialmente pagar os custos fixos e, posteriormente, gerar o lucro. A margem de contribuição unitária é, também, expressa como a diferença entre o preço e os custos variáveis unitários. No exemplo acima, a margem de contribuição unitária será de $ 4 ($ 10 menos $ 6). Já a **Margem de Contribuição** para 1.000 unidades será de $ 4.000 ($ 10.000 menos $ 6.000).

A margem de contribuição unitária, $ 4, informa com quanto cada produto comercializado irá contribuir para o pagamento dos custos fixos e para a geração do lucro. Por exemplo, no caso anterior, que a empresa vende a $ 10,00 e tem os custos variáveis: (1) custo de aquisição, $ 5,00; e, (2) comissão de venda, 10% da receita (significa que, para cada unidade vendida, irá incorrer um custo com comissão de $ 1,00), a margem de contribuição unitária será de $ 4,00. Portanto, cada unidade irá contribuir com $ 4,00 para inicialmente pagar os custos fixos e, posteriormente, gerar o lucro. Assim sendo, se a empresa projeta um custo fixo de $ 100,00, as primeiras 25 unidades pagarão os custos fixos, e a cada unidade adicional vendida irá contribuir com $ 4,00 para o lucro. No caso de comercializar 35 unidades, o lucro será de $ 40,00 ($ 4,00/unid. × 10 unidades). Lembre-se que após 25 unidades vendidas, cada unidade irá gerar um lucro de $ 4,00; 35 unidades são 10 a mais que 25.

Os custos fixos não variam com o volume operacional. Naturalmente, eles são determinados para uma faixa relevante. Essa faixa define a capacidade que a empresa irá trabalhar. E esses custos são determinados *a priori*. Por exemplo, para podermos ter uma loja temos de projetar o número de clientes que pretendemos atender. Com base nessa previsão iremos definir o tamanho da loja, o número de empregados etc. O mesmo ocorre numa indústria, a capacidade de produção é uma função da projeção de venda. Assim sendo, antes de abrir a loja ou de produzir o bem a empresa terá de alugar espaço, contratar funcionários e treiná-los, e realizar outras tantas despesas que antecedem a venda. Por exemplo, essas despesas serão independentes se o volume de vendas for de 100 ou 120. Ela simplesmente limitará o volume máximo operacional.

Dessa forma, a estrutura de informação do **Demonstrativo de Resultado**, tanto para empresa comercial como industrial, será apresentada a seguir:

	DEMONSTRATIVO DE RESULTADO
	Receita
Menos:	Custos Variáveis
Igual:	Margem de Contribuição
Menos:	Despesas Fixas
Igual:	Lucro Operacional

As estruturas de informações apresentadas serão elucidadas nos próximos tópicos, tanto para empresa comercial como para empresa industrial. Posteriormente, discutiremos as vantagens do emprego do custeio por contribuição.

3.4 A empresa comercial

Lembre-se: no comércio a atividade básica é comprar e vender mercadoria. Em outras palavras, é a forma de distribuição da indústria ao consumidor. Dessa forma, o **Custo das Mercadorias Vendidas** representa quanto se pagou pelas mercadorias vendidas. Mesmo assim, as pessoas às vezes se enganam entre **Custo Variável**, que é conceito do **Custeio por Contribuição**, com **Custo das Mercadorias Vendidas**, conceito do **Custeio por Absorção**. Essa confusão origina-se porque o **Custo das Mercadorias Vendidas** é um dos itens do custo variável, mas há outros, como: Comissão, Impostos Indiretos etc.

Para fixarmos o conceito apresentado vamos reforçar como a estrutura de informações de uma empresa comercial é organizada sob o custeio por meio de um exemplo.

3.4.1 Um exemplo de empresa comercial

A empresa Barroso é uma distribuidora de camisas. Sua projeção de vendas é de 400.000 camisas ao ano. O preço de venda de cada camisa é de R$ 4,00 e seus custos são apresentados na tabela abaixo:

ESTRUTURA DE CUSTO DA BARROSO LTDA.	
Camisa (custo de uma unidade)	R$ 2,00/unid.
SETOR DE VENDAS	
Comissão (10% sobre o valor da receita)	R$ 0,40/unid.
Aluguel da Loja	R$ 100.000,00/ano
Salário do Pessoal do Setor de Vendas	R$ 80.000,00/ano
Outras Despesas com o Setor de Vendas	R$ 40.000,00/ano
SETOR ADMINISTRATIVO	
Salário do Pessoal da Administração	R$ 160.000,00/ano
Outras Despesas com o Setor Administrativo	R$ 20.000,00/ano

O valor da comissão para cada camisa vendida será de $ 0,40, que é o preço de venda da unidade (p), isto é, R$ 4,00, multiplicado pelo valor da comissão, que é de 10%. O custo variável de adquirir e vender uma camisa será de $ 2,40 ($ 2,00 da camisa mais $ 0,40 da comissão). O conceito de custo variável é que este varia em função do volume. Por exemplo, para 400.000 camisas vendidas, o custo variável será de $ 960.000,00 (400.000 camisas × $ 2,40/camisa). Contudo, se em vez de 400.000 unidades forem vendidas 380.000, o custo variável será de $ 912.000,00 (380.000 camisas × $ 2,40/camisa). A margem de contribuição unitária é de $ 1,60 ($ 4,00 – $ 2,40); para 400.000 camisas será: $ 640.000,00. Esses conceitos podem ser facilmente compreendidos pela tabela a seguir, que informa o valor da receita (R), do custo variável (CV) e da margem de contribuição (MC) para vários níveis de atividade (isto é, quantidade, que será representada por Q). Para facilitar utilizaremos baixos níveis de atividades, como: 1, 2, 3, 5, 10 e 20.

Q	1	2	3	5	10	20
R	$ 4,00	$ 8,00	$ 12,00	$ 20,00	$ 40,00	$ 80,00
CV	$ 2,40	$ 4,80	$ 7,20	$ 12,00	$ 24,00	$ 48,00
MC	$ 1,60	$ 3,20	$ 4,80	$ 8,00	$ 16,00	$ 32,00

Obs.: Os valores da R, CV e da MC são obtidos multiplicando seus valores unitários pela quantidade (Q). A MC pode, também, ser obtida pela subtração de R por CV.

A despesa fixa, no exemplo, será $ 400.000,00; que é o somatório do aluguel da loja, $ 100.000,00, salário do pessoal do setor de vendas, $ 80.000,00, outras despesas com o setor de vendas, $ 40.000,00, salário do pessoal da administração, $ 160.000,00 e outras despesas com o setor administrativo, $ 20.000,00. Sua característica é que se mantém constante, isto é, ele não varia enquanto o volume de negócio o faz.

O Demonstrativo de Resultado para essa operação será:

DEMONSTRATIVO DE RESULTADO		
– Projeção anual –		
	FÓRMULA	
Receita	p × Q	R$ 1.600.000,00
(menos) Custos Variáveis	custo variável de uma unid. × Q	R$ 960.000,00
(igual) Margem de Contribuição		R$ 640.000,00
(menos) Despesas Fixas		R$ 400.000,00
(igual) Lucro Operacional		R$ 240.000,00

Lembre que, por definição, **Margem de Contribuição** é a diferença entre **Receita** e **Custos Variáveis**: $ 640.000 = $ 1.600.000 – $ 960.000. Naturalmente, **Margem de Contribuição** pode ser computada pelo produto da **Margem de Contribuição Unitária** pela **Quantidade**: $ 1,60 × 400.000 unidades. A **Margem de Contribuição Unitária**, por sua vez, é a subtração do preço pelos custos variáveis de uma unidade: $ 4,00 – $ 2,40 = $ 1,60. O **Lucro Operacional** é determinado pela diferença entre a **Margem de Contribuição** e as **Despesas Fixas**: $ 240.000 = $ 640.000 – $ 400.000.

Para confirmar seu aprendizado, faça o exercício a seguir.

A empresa H2R possui um comércio que representa um equipamento eletrônico importado da China, útil para verificar pressão arterial de pessoas leigas no assunto. Esse produto é adquirido a R$ 20,00 e vendido a R$ 80,00. A empresa espera comercializar 100.000 unidades no ano e possui a seguinte estrutura de custos:

ESTRUTURA DE CUSTO DA EMPRESA H2R	
SETOR DE VENDAS	
Comissão (10% sobre o valor da receita)	R$ 8,00/unid.
Aluguel do Ponto de Vendas	R$ 240.000,00/ano
Outras Despesas com o Setor de Vendas	R$ 180.000,00/ano
SETOR ADMINISTRATIVO	
Salário do Pessoal da Administração	R$ 360.000,00/ano
Outras Despesas com o Setor Administrativo	R$ 220.000,00/ano

Pede-se: o Demonstrativo de Resultado pelo Custeio por Contribuição.

Resposta:

O Demonstrativo de Resultado para essa operação será:

DEMONSTRATIVO DE RESULTADO		
– Projeção anual –		
	FÓRMULA	
Receita	p × Q	
(menos) Custos Variáveis	cv × Q	
(igual) Margem de Contribuição		
(menos) Despesas Fixas		
(igual) Lucro Operacional		

A resposta encontra-se a seguir. Se você cometeu algum erro, retorne aos conceitos antes de continuar. Utilize o espaço abaixo para rascunho.

Dados do problema:
- $p = \$ 80,00$
- $Q = 100.000$ unidades
- $cv = \$ 20,00 + \$ 8,00 = \$ 28,00$
- Despesas Fixas $= \$ 240.000 + \$ 180.000 + \$ 360.000 + \$ 220.000 = \$ 1.000.000,00$

Resposta:

O Demonstrativo de Resultado para essa operação será:

Demonstrativo de Resultado		
– Projeção anual –		
	FÓRMULA	
Receita	p × Q	R$ 8.000.000,00
(menos) Custos Variáveis	cv × Q	R$ 2.800.000,00
(igual) Margem de Contribuição		R$ 5.200.000,00
(menos) Despesas Fixas		R$ 1.000.000,00
(igual) Lucro Operacional		R$ 4.200.000,00

3.5 A empresa industrial

Na empresa industrial há custos variáveis e fixos na produção, que no custeio por absorção são apresentados no Custo dos Produtos Vendidos. Da mesma forma, as informações da Despesa Operacional possuem itens cujas despesas são variáveis e fixas. Por exemplo, a despesa com comissão de vendas é um item de despesa variável, quanto mais se vende maior é esse valor. No custeio por contribuição juntam-se todos os itens, pois seu comportamento de custo é variável em um único item. Assim sendo, ao custo da matéria-prima, item de produção variável, é adicionada a despesa de comissão de vendas formando um valor único, chamado custo/despesa variável do produto. Da mesma forma, aos itens de custos fixos de fabricação são agregadas as despesas fixas de vendas e de administração (ou itens da despesa operacional), formando um valor chamado custos/despesas fixas.

3.5.1 Um exemplo de empresa industrial

A empresa RLLLS projeta produzir e comercializar 200.000 unidades do produto KIGOSTO ao preço de $ 3,00. Os custos de fabricação são projetados em: custo variável por unidade de $ 1,05; e, custos fixos de produção de $ 100.000,00. A política no setor de vendas é que a comissão seja 5% da receita; e os custos fixos do setor de vendas deverão totalizar $ 50.000,00. A administração não possui custos variáveis, os custos fixos do setor de administração estão planejados em

$ 100.000,00. Pede-se a projeção do Demonstrativo de Resultado pelo custeio por contribuição.

Os custos de fabricação são divididos em: custos variáveis para produzir uma unidade, $ 1,05/unid.; e, os custos fixos, $ 100.000,00.

As despesas de vendas serão compostas do custo variável de uma unidade igual a $ 0,15 (que é a comissão, isto é, 5% do preço) mais a projeção dos custos fixos do setor de vendas, que é de $ 50.000,00. As despesas com o setor de administração serão somente fixas, projetadas em $ 100.000,00. Dessa forma, as despesas variáveis desses setores para comercializar e administrar uma unidade serão de $ 0,15; e as despesas fixas irão totalizar: $ 150.000,00 ($ 50.000 do setor de vendas mais $ 100.000,00 do setor da administração).

Portanto, o comportamento dos custos para produzir e comercializar são: custos variáveis para produzir e comercializar uma unidade, $ 1,20/unid. (sendo, $ 1,05/unid. do setor de produção e $ 0,15/unid. do setor de vendas); despesas fixas, $ 250.000,00 (sendo, $ 100.000,00 do setor de produção, $ 50.000,00 do setor de vendas e $ 100.000,00 do setor de administração). O valor da receita, bem como dos custos variáveis, será determinado pela multiplicação de seus valores unitários pela quantidade.

Para facilitar a compreensão de como esses valores variam, apresentaremos tabela a seguir, informando os valores das receitas (R), dos custos variáveis (CV) e das margens de contribuição (MC) para vários níveis de atividade (isto é, quantidade, que será representada por Q). Para facilitar, utilizaremos baixos níveis de atividades, como: 1, 2, 3, 5, 10 e 20.

Q	1	2	3	5	10	20
R	$ 3,00	$ 6,00	$ 9,00	$ 15,00	$ 30,00	$ 60,00
CV	$ 1,20	$ 2,40	$ 3,60	$ 6,00	$ 12,00	$ 24,00
MC	$ 1,80	$ 3,60	$ 5,40	$ 9,00	$ 18,00	$ 36,00

Obs.: Os valores da R, CV e da MC são obtidos multiplicando seus valores unitários pela quantidade (Q). A MC pode, também, ser obtida pela subtração de CV a R.

Portanto, a projeção de Demonstrativo de Resultado para 200.000 unidades, será:

Demonstrativo de Resultado	
– Projeção –	
Receita	$ 600.000,00
(menos) Custos Variáveis	$ 240.000,00
(igual) Margem de Contribuição	$ 360.000,00
(menos) Despesas Fixas	$ 250.000,00
(igual) Lucro Operacional	$ 110.000,00

Para confirmar seu aprendizado, faça o exercício a seguir.

A empresa H3R é uma indústria que produz um equipamento eletrônico para verificar pressão arterial de pessoas leigas no assunto. Esse produto é vendido a R$ 100,00. A empresa espera produzir e comercializar 100.000 unidades no ano e possui a seguinte estrutura de custos:

ESTRUTURA DE CUSTO DA EMPRESA H3R	
SETOR DE PRODUÇÃO	
Custo variável para produzir uma unidade	$ 30,00/unid.
Custos Fixos do setor de produção	$ 2.000.000,00/ano
SETOR DE VENDAS	
Comissão (5% sobre o valor da receita)	$ 5,00/unid.
Despesas fixas do setor de vendas	$ 1.500.000,00/ano
SETOR ADMINISTRATIVO	
Despesas fixas do setor administrativo	$ 500.000,00/ano

O Demonstrativo de Resultado para essa operação será:

Demonstrativo de Resultado – Projeção anual –	
Receita	
(menos) Custos Variáveis	
(igual) Margem de Contribuição	
(menos) Despesas Fixas	
(igual) Lucro Operacional	

A resposta encontra-se na página seguinte. Se você cometeu algum erro, retorne aos conceitos antes de continuar. Utilize o espaço abaixo para rascunho.

Resposta:

O Demonstrativo de Resultado para essa operação será:

Demonstrativo de Resultado – Projeção anual –	
Receita	$ 10.000.000,00
(menos) Custos Variáveis	$ 3.500.000,00
(igual) Margem de Contribuição	$ 6.500.000,00
(menos) Despesas Fixas	$ 4.000.000,00
(igual) Lucro Operacional	$ 2.500.000,00

4

Duas vantagens do custeio por contribuição

4.1 Objetivos

- Saber que a relação Custo Variável sobre Receita se mantém constante e saber empregar esse índice para computar o lucro quando o volume varia.
- Saber que cada unidade adicional irá contribuir ao lucro com sua Margem de Contribuição Unitária (MC) e saber empregar esse conceito e valor para calcular o efeito no lucro quando o volume varia.

4.2 Introdução

Como os custos fixos se mantêm constantes, o uso do Custeio por Contribuição gera duas vantagens para se empregarem em análise: (1) a relação custos variáveis sobre receita (CV/R) se mantém constante; e, (2) cada unidade adicional irá contribuir ao lucro com sua Margem de Contribuição Unitária (MC). Empreguemos o exemplo utilizado anteriormente (item 3.5.1) para apresentar essas duas vantagens.

4.3 A relação custo variável/receita se mantém constante

Voltemos ao exemplo da empresa RLLLS, que produziu e comercializou, no último período, 200.000 unidades do produto KIGOSTO ao preço de $ 3,00. A empresa tem capacidade de produzir até 300.000 unidades sem necessitar aumentar seu parque industrial e contratar funcionários. No próximo ano, pretende aumentar em 20% seus negócios. Qual deverá ser o lucro, se a estrutura de preço e custos se mantém constante?

LEMBRE-SE:

Os custos de fabricação são: custo variável por unidade = $ 1,05; e, custos fixos de produção = $ 100.000,00. A política no setor de vendas é que a comissão seja 5% da receita; e, os custos fixos do setor de vendas deverão totalizar $ 50.000,00. A administração não possui custos variáveis, os custos fixos do setor de administração são de $ 100.000,00.

Portanto, o preço é de $ 3,00; os custos variáveis para produzir e comercializar uma unidade são $ 1,20/unid. (sendo, $ 1,05/unid. do setor de produção e $ 0,15/unid. do setor de vendas); despesas fixas = $ 250.000,00 (sendo, $ 100.000,00 do setor de produção, $ 50.000,00 do setor de vendas e $ 100.000,00 do setor de administração). O valor da receita, bem como dos custos variáveis, será determinado pela multiplicação de seus valores unitários pela quantidade.

Dessa forma, a receita (R) é determinada pela fórmula: $ 3,00 × Q, sendo Q a quantidade. Já os custos variáveis (CV) são computados multiplicando $ 1,20 × Q. Ao dividir o custo variável pela receita, qualquer que seja Q, o resultado será igual à divisão do custo variável de uma unidade pelo preço (CV/p); visto que Q no numerador e no denominador se anulam. O mesmo argumento é válido para a relação margem de contribuição sobre receita (MC/R). Veja o quadro a seguir:

Q	1	2	3	5	10	20
R	$ 3,00	$ 6,00	$ 9,00	$ 15,00	$ 30,00	$ 60,00
CV	$ 1,20	$ 2,40	$ 3,60	$ 6,00	$ 12,00	$ 24,00
MC	$ 1,80	$ 3,60	$ 5,40	$ 9,00	$ 18,00	$ 36,00
CV/R	0,40	0,40	0,40	0,40	0,40	0,40
MC/R	0,60	0,60	0,60	0,60	0,60	0,60

Obs.: Os valores da R, CV e da MC são obtidos multiplicando seus valores unitários pela quantidade (Q). A MC pode, também, ser obtida pela subtração de CV a R.

Portanto, o Demonstrativo de Resultado para 200.000 unidades foi apresentado anteriormente da seguinte forma:

Demonstrativo de Resultado	
– Projeção –	
Quantidade	200.000 unid.
Receita	$ 600.000,00
(menos) Custos Variáveis	$ 240.000,00
(igual) Margem de Contribuição	$ 360.000,00
(menos) Despesas Fixas	$ 250.000,00
(igual) Lucro Operacional	$ 110.000,00

Se projetarmos um incremento nos negócios de 20% a receita estará aumentando em $ 120.000,00. Como o custo variável representa 40% da receita, seu valor irá aumentar em $ 48.000,00 e a margem de contribuição em $ 72.000,00 (60% de $ 120.000,00). O Lucro Operacional, por sua vez, irá aumentar em $ 72.000,00, visto não haver mudanças nas Despesas Fixas. Dessa forma, o Demonstrativo de Resultado pode ser apresentado da seguinte maneira:

Demonstrativo de Resultado			
– Projeção –			
	ANTERIOR	ADICIONAL	TOTAL
Quantidade	200.000 unid.	40.000 unid.	240.000 unid.
Receita	$ 600.000,00	$ 120.000,00	$ 720.000,00
(menos) Custos Variáveis	$ 240.000,00	$ 48.000,00	$ 288.000,00
(igual) Margem de Contribuição	$ 360.000,00	$ 72.000,00	$ 432.000,00
(menos) Despesas Fixas	$ 250.000,00	$ 0,00	$ 250.000,00
(igual) Lucro Operacional	$ 110.000,00	$ 72.000,00	$ 182.000,00

Para confirmar seu aprendizado, faça o exercício a seguir.

A empresa H3R é uma indústria que produz um equipamento eletrônico para verificar pressão arterial de pessoas leigas no assunto. Esse produto é vendido a R$ 100,00. A empresa espera produzir e comercializar 100.000 unidades no ano, apesar de ter capacidade para produzir e comercializar 180.000 unidades sem alterar sua estrutura de custos. Ela possui a seguinte estrutura de custos:

ESTRUTURA DE CUSTO DA EMPRESA H3R	
SETOR DE PRODUÇÃO	
Custo variável para produzir uma unidade	$ 30,00/unid.
Custos Fixos do setor de produção	$ 2.000.000,00/ano
SETOR DE VENDAS	
Comissão (5% sobre o valor da receita)	$ 5,00/unid.
Despesas fixas do setor de vendas	$ 1.500.000,00/ano
SETOR ADMINISTRATIVO	
Despesas fixas do setor administrativo	$ 500.000,00/ano

O Demonstrativo de Resultado para a operação com 100.000 unidades será:

Demonstrativo de Resultado – Projeção anual –	
Quantidade	100.000 unid.
Receita	$ 10.000.000,00
(menos) Custos Variáveis	$ 3.500.000,00
(igual) Margem de Contribuição	$ 6.500.000,00
(menos) Despesas Fixas	$ 4.000.000,00
(igual) Lucro Operacional	$ 2.500.000,00

Pede-se:

Qual será o lucro se os negócios tiverem um incremento de 20%? Lembre-se de que a estrutura de custos se mantém constante.

Os valores do Demonstrativo de Resultado para esse incremento serão:

Demonstrativo de Resultado			
– Projeção anual –			
	ANTERIOR	ADICIONAL	TOTAL
	100.000 unid.		
Receita			
(menos) Custos Variáveis			
(igual) Margem de Contribuição			
(menos) Despesas Fixas			
(igual) Lucro Operacional			

A resposta encontra-se na página seguinte. Se você cometeu algum erro, retorne aos conceitos antes de continuar. Utilize o espaço abaixo para rascunho.

Resposta:

Os valores do Demonstrativo de Resultado para esse incremento serão:

	Demonstrativo de Resultado		
	– Projeção anual –		
	ANTERIOR	ADICIONAL	TOTAL
	100.000 unid.	20.000 unid.	120.000 unid.
Receita	$ 10.000.000,00	$ 2.000.000,00	$ 12.000.000,00
(menos) Custos Variáveis	$ 3.500.000,00	$ 700.000,00	$ 4.200.000,00
(igual) Margem de Contribuição	$ 6.500.000,00	$ 1.300.000,00	$ 7.800.000,00
(menos) Despesas Fixas	$ 4.000.000,00	$ 0,00	$ 4.000.000,00
(igual) Lucro Operacional	$ 2.500.000,00	$ 1.300.000,00	$ 3.800.000,00

4.4 Cada unidade adicional irá contribuir ao lucro com sua margem de contribuição unitária (MC)

Mais uma vez voltemos ao exemplo da empresa RLLLS que produziu e comercializou, no último período, 200.000 unidades do produto KIGOSTO ao preço de $ 3,00. A empresa tem capacidade de produzir até 300.000 unidades sem necessitar aumentar seu parque industrial e contratar funcionários.

LEMBRE-SE:

Os custos de fabricação são: custo variável por unidade $ 1,05; e custos fixos de produção $ 100.000,00. A política no setor de vendas é que a comissão seja de 5% da receita; e os custos fixos do setor de vendas deverão totalizar $ 50.000,00. A administração não possui custos variáveis, os custos fixos do setor de administração são de $ 100.000,00.

Portanto, o preço é de $ 3,00; os custos variáveis para produzir e comercializar uma unidade, $ 1,20/unid. (sendo, $ 1,05/unid. do setor de produção e $ 0,15/unid. do setor de vendas); despesas fixas, $ 250.000,00 (sendo $ 100.000,00 do setor de produção, $ 50.000,00 do setor de vendas e $ 100.000,00 do setor de administração). O valor da receita, bem como dos custos variáveis, será determinado pela multiplicação de seus valores unitários pela quantidade.

Cada unidade que a empresa produz e comercializa obtém uma receita de $ 3,00, e ela terá um custo variável, para cada unidade, de $ 1,20. Significa que cada unidade marginal irá contribuir com $ 1,80. Se utilizarmos o Demonstrativo de Resultado para 200.000 unidades, como já mostramos:

Demonstrativo de Resultado	
– Projeção –	
Quantidade	200.000 unid.
Receita	$ 600.000,00
(menos) Custos Variáveis	$ 240.000,00
(igual) Margem de Contribuição	$ 360.000,00
(menos) Despesas Fixas	$ 250.000,00
(igual) Lucro Operacional	$ 110.000,00

Se a empresa produzir e comercializar mais uma unidade, seu lucro irá ser incrementado pelo valor da margem de contribuição de uma unidade. O Demonstrativo a seguir apresenta o incremento no lucro por termos uma venda marginal de uma unidade.

Demonstrativo de Resultado			
– Projeção –			
	ANTERIOR	ADICIONAL	TOTAL
Quantidade	200.000 unid.	1 unid.	200.001 unid.
Receita	$ 600.000,00	$ 3,00	$ 600.003,00
(menos) Custos Variáveis	$ 240.000,00	$ 1,20	$ 240.001,20
(igual) Margem de Contribuição	$ 360.000,00	$ 1,80	$ 360.001,80
(menos) Despesas Fixas	$ 250.000,00	$ 0,00	$ 250.000,00
(igual) Lucro Operacional	$ 110.000,00	$ 1,80	$ 110.001,80

A cada unidade adicional o lucro será incrementado em $ 1,80. Portanto, se tivermos um aumento de vendas de 20%, isto é, 40.000 unidades, o lucro irá aumentar em $ 72.000,00 (que são 40.000 unidades multiplicadas por $ 1,80). Voltando ao quadro apresentado anteriormente, podemos confirmar que a receita adicional (40.000 unid.) é computada pelo produto do preço ($ 3,00) pela quantidade marginal (40.000 unid.); o custo variável adicional pela multiplicação do custo variável de uma unidade ($ 1,20) pela quantidade adicional (40.000 unid.). Como a margem de contribuição é por definição a diferença entre receita e custo variável, podemos dizer que é também determinada pelo produto da margem de contribuição unitária ($ 1,80) pela quantidade marginal (40.000 unid.). Lembre-se: a margem de contribuição unitária ($ 1,80) é determinada pela diferença do preço ($ 3,00) pelo custo variável de uma unidade ($ 1,20).

Demonstrativo de Resultado			
– Projeção –			
	ANTERIOR	ADICIONAL	TOTAL
Quantidade	200.000 unid.	40.000 unid.	240.000 unid.
Receita	$ 600.000,00	$ 120.000,00	$ 720.000,00
(menos) Custos Variáveis	$ 240.000,00	$ 48.000,00	$ 288.000,00
(igual) Margem de Contribuição	$ 360.000,00	$ 72.000,00	$ 432.000,00
(menos) Despesas Fixas	$ 250.000,00	$ 0,00	$ 250.000,00
(igual) Lucro Operacional	$ 110.000,00	$ 72.000,00	$ 182.000,00

Imagine que, por problema de mercado, a empresa não consegue vender mais de 200.000 unidades. Uma empresa exportadora vê uma possibilidade de vender 50.000 unidades desse produto para a China. Só que para haver negócio o preço será de $ 2,00. Por motivos contratuais, a empresa terá de pagar para o pessoal de vendas a comissão de $ 0,15 por unidade. Deve-se ou não aceitar o negócio?

Se observarmos a estrutura de informação para 200.000 unidades, o custo total será de $ 490.000,00 (a soma de $ 240.000,00 do custo variável mais $ 250.000,00 do custo fixo). Se o tomador de decisão utilizar o custo unitário de $ 2,45 ($ 490.000,00/200.000 unid.) dirá que ao preço de $ 2,00 a empresa terá prejuízo. Acontece que, como os custos fixos já estão cobertos pelas vendas das 200.000 unidades, cada unidade adicional irá contribuir para o lucro pela diferença do preço com o custo variável de uma unidade, que neste caso será: $ 0,80 ($ 2,00 menos $ 1,20). Como são 50.000 unidades, a empresa irá incrementar o lucro em $ 40.000,00 (que é a multiplicação de 50.000 unidades pela margem de contribuição de uma unidade para essa operação, que é de $ 0,80/unid.). O demonstrativo de resultado poderá ser apresentado da seguinte forma:

Demonstrativo de Resultado			
– Projeção –			
	ANTERIOR	ADICIONAL	TOTAL
Quantidade	200.000 unid.	50.000 unid.	250.000 unid.
Receita	$ 600.000,00	$ 100.000,00	$ 700.000,00
(menos) Custos Variáveis	$ 240.000,00	$ 60.000,00	$ 300.000,00
(igual) Margem de Contribuição	$ 360.000,00	$ 40.000,00	$ 400.000,00
(menos) Despesas Fixas	$ 250.000,00	$ 0,00	$ 250.000,00
(igual) Lucro Operacional	$ 110.000,00	$ 40.000,00	$ 150.000,00

Para confirmar seu aprendizado, faça o exercício a seguir.

A empresa H3R é uma indústria que produz um equipamento eletrônico para verificar pressão arterial de pessoas leigas no assunto. Esse produto é vendido a R$ 100,00. A empresa produziu e comercializou 100.000 unidades no ano, apesar de ter capacidade para produzir e comercializar 180.000 unidades sem alterar sua estrutura de custos. Ela possui a seguinte estrutura de custos:

ESTRUTURA DE CUSTO DA EMPRESA H3R	
SETOR DE PRODUÇÃO	
Custo variável para produzir uma unidade	$ 30,00/unid.
Custos Fixos do setor de produção	$ 2.000.000,00/ano
SETOR DE VENDAS	
Comissão (5% sobre o valor da receita)	$ 5,00/unid.
Despesas fixas do setor de vendas	$ 1.500.000,00/ano
SETOR ADMINISTRATIVO	
Despesas fixas do setor administrativo	$ 500.000,00/ano

O Demonstrativo de Resultado para a operação com 100.000 unidades foi:

Demonstrativo de Resultado	
– Projeção anual –	
Quantidade	100.000 unid.
Receita	$ 10.000.000,00
(menos) Custos Variáveis	$ 3.500.000,00
(igual) Margem de Contribuição	$ 6.500.000,00
(menos) Despesas Fixas	$ 4.000.000,00
(igual) Lucro Operacional	$ 2.500.000,00

Pede-se:

A empresa conseguiu um pedido de 20.000 unidades de uma firma no Japão, só que o valor a ser pago a cada unidade será de $ 50,00. Para exportar esse produto, a firma terá um custo adicional de transporte de $ 2,50 por unidade. A empresa deve ou não aceitar esse pedido?

Antes de transcrever os valores no quadro a seguir, faça a estrutura de custos e preços em que a empresa incorrerá nessa operação marginal. Em outras palavras, quais são os custos variáveis e fixos em que empresa irá incorrer adicionalmente nesse pedido?

Os valores do Demonstrativo de Resultado em caso de aceitar esse pedido serão:

Demonstrativo de Resultado			
– Projeção anual –			
	ANTERIOR	ADICIONAL	TOTAL
	100.000 unid.	20.000 unid.	
Receita			
(menos) Custos Variáveis			
(igual) Margem de Contribuição			
(menos) Despesas Fixas			
(igual) Lucro Operacional			

A resposta encontra-se na página seguinte. Se você cometeu algum erro, retorne aos conceitos antes de continuar. Utilize o espaço abaixo para rascunho.

Resposta:

A estrutura de custo para a venda desse produto para o Japão será:

ESTRUTURA DE PREÇO E CUSTO DA EMPRESA H3R PARA OPERAÇÃO COM O JAPÃO	
Preço	$ 50,00/unid.
SETOR DE PRODUÇÃO	
Custo variável para produzir uma unidade	$ 30,00/unid.
SETOR DE VENDAS	
Comissão (5% sobre o valor do preço)	$ 2,50/unid.
Despesas com transporte	$ 2,50/unid.

Cada unidade nessa operação irá contribuir com $ 15,00 para o lucro. Vinte mil unidades irão contribuir com $ 300.000,00 (20.000 unid. × $ 15,00/unid.).

Os valores do Demonstrativo de Resultado no caso de aceitar o pedido serão:

	Demonstrativo de Resultado		
	– Projeção anual –		
	ANTERIOR	ADICIONAL	TOTAL
	100.000 unid.	20.000 unid.	120.000 unid.
Receita	$ 10.000.000,00	$ 1.000.000,00	$ 11.000.000,00
(menos) Custos Variáveis	$ 3.500.000,00	$ 700.000,00	$ 4.200.000,00
(igual) Margem de Contribuição	$ 6.500.000,00	$ 300.000,00	$ 6.800.000,00
(menos) Despesas Fixas	$ 4.000.000,00	$ 0,00	$ 4.000.000,00
(igual) Lucro Operacional	$ 2.500.000,00	$ 300.000,00	$ 2.800.000,00

EPÍLOGO: PARTE I

A utilização da abordagem por contribuição permite que a empresa, em circunstância específica, considere e responda os pedidos individuais de maneira apropriada. Em períodos em que a demanda é alta, a decisão quanto à produção e à comercialização deverá recair sobre os produtos que trazem uma margem maior de contribuição; para os períodos de baixa demanda, a informação por contribuição permite que se saiba o limite máximo a que a firma pode reduzir o preço do produto, a fim de conseguir qualquer contribuição para o negócio.[1]

No exemplo anterior, se a demanda sobre o produto de linha for grande, isto é, se o mercado absorver sua capacidade, a administração da empresa deverá direcionar sua atenção para este produto, em detrimento do pedido especial (de exportação para o Japão). A margem de contribuição da empresa H3R será de $ 65,00, em vez de $ 15,00.

Na opinião de alguns contadores, as informações oriundas da abordagem por contribuição são superiores e deveriam ser utilizadas nos relatórios contábeis, ao invés da abordagem por absorção.[2] Entre os argumentos favoráveis à abordagem por contribuição encontram-se:

1. Os custos indiretos fixos estão relacionados com a capacidade de produção instalada e projetada ao invés do número de unidades efetivamente produzido em um respectivo período. Em outras palavras, os custos para criar a *disponibilidade*, isto é, os equipamentos, o seguro, os salários dos gerentes e supervisores etc., representam custos relacionados a estar pronto para produzir e, como consequências, seriam incorridos independentemente de a produção real ser o volume **A** ou **B**.[3]

2. Os custos dos ativos fixos, como as depreciações de prédios e equipamentos, são funções do tempo. Em outras palavras, estão relacionados com a passagem do tempo e não com a produção de uma unidade e, portanto, deveriam ser tratados como custos do período. Independentemente da produção realizada, os custos fixos seriam alocados à despesa do período. Os custos variáveis seriam atrelados aos produtos e seriam os únicos custos considerados para efeito de registrá-los como estoque.[4]

3. Os lucros aumentam ou diminuem em função das vendas e a abordagem por contribuição apresenta claramente essa variação, já que existe uma proporcionalidade constante entre o valor das vendas e dos custos variáveis. As informações explícitas da relação entre as vendas e os custos variáveis facilitam a utilização da **análise do ponto de equilíbrio**.[5]

---

[1] ATKIN, B., editado por Pocock, M. A.; TAYLOR, A. H. Financial planning and control, **Pricing policy**, 2. ed. Gower, 1988, p. 70.
[2] DECOSTER, D. T.; SCHAFER, E. L. **Management accounting**: a decision emphasis, Wiley/Hamilton, 1976, p. 196.
[3] GARRISON, R. H. **Managerial accounting**: concepts for planning, control, decision making, 5. ed. BPI, 1988, p. 277.
[4] DECOSTER, D. T.; SCHAFER, E. L. **Management accounting**: a decision emphasis, Wiley/Hamilton, 1976, p. 196-198.
[5] DECOSTER, D. T.; SCHAFER, E. L. **Management accounting**: a decision emphasis, Wiley/Hamilton, 1976, p. 198.

Não obstante o aparente pragmatismo em se empregar o método por contribuição, há restrições e perigos em sua utilização:[6]

1. Para sobreviver em longo prazo a empresa tem de conseguir uma receita que cubra os custos variáveis, os custos fixos e um lucro que satisfaça os investidores. Portanto, esse método não deve ser aplicado sem se verificarem essas restrições.
2. O emprego de custos variáveis para a decisão de preço de pedidos marginais pode trazer problemas com consumidores tradicionais e/ou com esse mesmo cliente no futuro. Os consumidores tradicionais podem se sentir ludibriados por estarem pagando mais caro pelo mesmo produto. Por outro lado, o cliente que adquiriu o produto mais barato poderá querer o mesmo tratamento no futuro. Como consequência, a firma poderá não cobrir seus custos fixos e/ou obter o lucro requerido pelos investidores.
3. Há sempre o risco de, ao empregar preço menor para pedidos marginais, provocar retaliação de competidores, resultando em uma margem de lucro baixa por produto. Pior, os consumidores podem se acostumar com o preço baixo do produto e não o adquirir, no futuro, a preço superior, afetando o retorno desejado pelos investidores,
4. Nem sempre é fácil associar custos incrementais a produtos relacionados aos pedidos especiais. Nem sempre os custos variáveis são os custos marginais ou incrementais; podem existir, também, custos fixos, assim como em algumas situações pode ser difícil atribuir custos variáveis ao produto.
5. Pode haver restrições legais por praticar preços diferentes em relação ao mesmo produto.

Apesar das restrições e dos perigos, apresentados acima, quando se emprega o método por contribuição para apreçar produto, este fornece informações mais detalhadas que a abordagem por absorção, pois os padrões de comportamento de custos variáveis e fixos são delineados explicitamente. O método de abordagem por contribuição é sensível às relações de custo-volume-lucro, sendo, portanto, uma base mais fácil e melhor para o estabelecimento de fórmulas de fixação de preço. Uma forma de mostrar o fluxo dessas informações com o Demonstrativo de Resultado é apresentada a seguir. Os custos variáveis são provenientes, nesse quadro, dos setores de produção e de vendas. Assim como os Custos Fixos de Produção são agregados às Despesas Fixas de Vendas e Administrativas passando a ser denominados Custos Fixos e Despesas Fixas. A diferença entre a Receita e

---

[6] ATKIN, B., editado por POCOCK, M. A.; TAYLOR A. H. Financial planning and control. 2. ed. **Pricing policy**, Gower, 1988, p. 70 e BOONE, L. E.; KURTZ, D. L. **Contemporary marketing**. 6. ed. Dryden, 1989, p. 360.

os Custos Variáveis gera a Margem de Contribuição. A diferença entre a Margem de Contribuição e as Despesas Fixas apresenta o **Resultado Final** (ou **Resultado Operacional**).

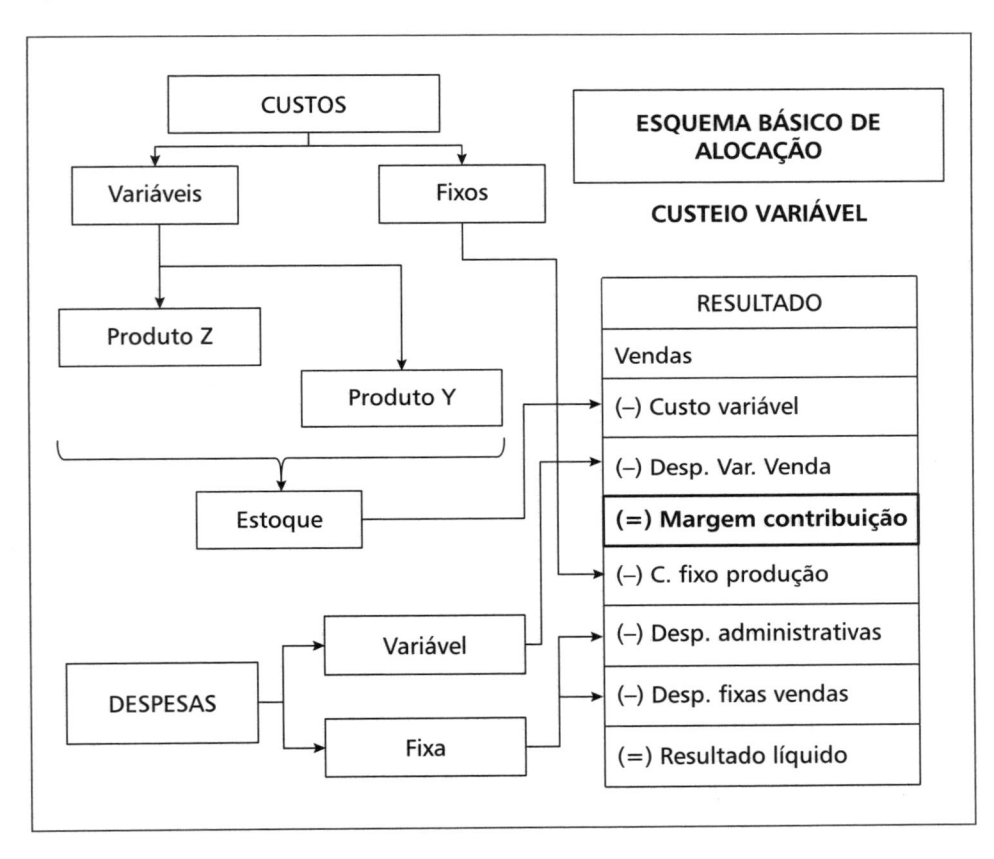

```
                    CUSTOS                      ESQUEMA BÁSICO DE
                   ╱      ╲                         ALOCAÇÃO
              Variáveis   Fixos
                                                 CUSTEIO VARIÁVEL
                │           │
                ▼           ▼                    ┌──────────────────────────┐
           Produto Z                             │        RESULTADO         │
                            ▼                    ├──────────────────────────┤
                        Produto Y                │ Vendas                   │
                                                 │ (−) Custo variável       │
                     │                           │ (−) Desp. Var. Venda     │
                     ▼                           │ (=) Margem contribuição  │
                  Estoque                        │ (−) C. fixo produção     │
                                                 │ (−) Desp. administrativas│
                     Variável                    │ (−) Desp. fixas vendas   │
         DESPESAS                                │ (=) Resultado líquido    │
                      Fixa                       └──────────────────────────┘
```

PARTE II

Decisões de preços empregando análise de custo-volume-lucro e sua aplicação ao comércio

Análise custo-volume-lucro para um produto

5.1 Objetivos

- Saber predizer o resultado no lucro partindo de premissas de custos, preço e volume de venda de um produto.
- Estabelecer o volume que deve ter como meta de vendas, conhecendo-se o lucro objetivado, o preço, os custos de um produto.
- Conhecer o que é ponto de equilíbrio.
- Determinar o preço de um produto, utilizando as informações de lucro objetivado, volume de venda e custos variáveis e fixos.
- Partindo do volume que é o ponto de equilíbrio e dos custos variável e fixo, determinar o preço do produto.

5.2 Introdução

Uma das análises mais relevantes em negócio é a de **custo-volume-lucro**. Conhecendo-se o comportamento dos custos do produto, essa análise permite estudar o efeito no lucro se ocorrer variação no volume de vendas. Ou prever qual será o volume de vendas necessário para que o lucro do negócio seja $ X. Ou, o preço que deve ter o produto, dados o volume de operação em unidades e o lucro desejado. Essas relações entre receita, despesas e lucro são estudadas a fim de responderem questionamentos similares aos apresentados.

Para utilizar essa análise é importante que os custos da empresa sejam divididos em **fixos e variáveis**. Os custos fixos e variáveis são definidos em termos da variação de um custo total em relação às variações de quantidade de uma atividade escolhida.

Ao descrever a diferença entre esses dois tipos de custos, encontram-se os seguintes pontos relevantes:

1. Qualquer negócio pode classificar seus custos em fixos e variáveis; o importante é conhecer o intervalo operacional (também conhecido como intervalo de confiança) no qual os valores estabelecidos para os custos fixos e variáveis são constantes; por exemplo, entre 300 a 600 unidades, o somatório dos custos fixos é de $ 1.000 e o somatório dos custos variáveis por unidade é de $ 5,00;
2. Os custos fixos por unidade são variáveis e os custos variáveis por unidade são fixos; contudo, quando estamos descrevendo para um nível de operação, como os custos para 400, 450 e 500 unidades, o somatório dos custos fixos é $ 1.000, não variando, enquanto o somatório dos custos variáveis para 400 unidades é de $ 2.000, para 450 é de $ 2.250 e para 500 é de $ 2.500, sendo diferentes para cada um desses níveis; e,
3. O custo unitário médio compreende o custo total (somatório dos custos fixos e dos custos variáveis) para o nível de operação dividido por esse nível de operação. Assim sendo, o custo unitário médio para o nível de operação em:
    – 400 unidades será de $ 7,50 ([$ 1.000 + $ 2.000]/400),
    – 450 unidades será de $ 7,22 ([$ 1.000 + $ 2.250]/450),
    – 500 unidades será de $ 7,00 ([$ 1.000 + $ 2.500]/500).

A parcela relativa aos custos variáveis por unidade será constante ($ 5,00 por unidade), mas a dos custos fixos por unidade irá variar (para 400 unidades é de $ 2,50 por unidade, para 450 é de $ 2,22 e para 500 é de $ 2,00). Razão por que temos de ser cuidadosos quando utilizamos a informação do custo unitário médio em tomadas de decisão.

5.3 Cálculo do volume da atividade tanto em valores quanto em unidades, para atingir o ponto de equilíbrio

A análise do custo-volume-lucro baseia-se na fórmula:

Receita = Custos Totais + Lucro

O ponto de equilíbrio expressa o volume a ser comercializado a fim de que o *Lucro* seja 0 (zero), isto é, que os custos sejam iguais à receita. Por exemplo, o Hotel Savoy possui 200 quartos e opera 365 dias ao ano. Se operar a 100% de capacidade durante todo o ano terá 73.000 diárias (200 diárias por dia × 365 dias ao ano). A diária do hotel é de $ 55. O custo variável por diária é de $ 5 e os custos fixos no ano totalizam $ 1.000.000,00. Pergunta-se:

- Qual é o número de diárias a se obter no ano, de forma que o Hotel Savoy atinja o ponto de equilíbrio? Em outras palavras, quantas diárias têm de se vender no ano para que a receita seja igual ao custo do hotel?

O objetivo é obter uma receita em que, subtraindo-se os custos, encontre-se um lucro igual a zero. Os custos, por sua vez, são divididos em variáveis e fixos; e, em cada diária que se obtém incorre-se num custo variável de $ 5. Assim sendo, os custos variáveis durante um ano podem ser expressos de uma forma geral como:

Custos Variáveis = custos variáveis por diária × número de diárias no ano

Como o objetivo é saber o número de diárias no ano que fornecerá o ponto de equilíbrio, este será definido como Q e a fórmula acima toma a forma:

Custos Variáveis = $ 5 × Q

A receita anual com diárias pode ser definida como:

Receita = preço por diária × número de diárias no ano

Considerando que o valor da diária é de $ 55, pode-se, portanto, expressar que a receita no ponto de equilíbrio será:

Receita = $ 55 × Q

Como os custos fixos anuais totalizam $ 1.000.000,00, podem-se estruturar essas informações do Demonstrativo de Resultado da seguinte forma:

	DEMONSTRATIVO DE RESULTADO	
	Receita	*55 × Q*
Menos:	Custos Variáveis	*5 × Q*
Igual:	Margem de Contribuição	*50 × Q*

Menos:	Custos Fixos	1.000.000
Igual:	Lucro	0

O Demonstrativo de Resultado acima pode ser dividido em duas equações. A primeira: Receita (55 × Q) menos Custos Variáveis (5 × Q) é igual à Margem de Contribuição (50 × Q). A segunda: Margem de Contribuição (50 × Q) menos Custos Fixos ($ 1.000.000) é igual ao Lucro ($ 0), assim sendo:

Primeira Equação: $(55 \times Q) - (5 \times Q) = 50 \times Q$

Segunda Equação: $(50 \times Q) - 1.000.000 = 0$

Donde:

$Q = 1.000.000/50 = 20.000$ diárias no ano

Se o hotel comercializar 20.000 diárias no ano atingirá o ponto de equilíbrio; a sua taxa de ocupação no ponto de equilíbrio será de aproximadamente 27,4% (20.000/73.000). Em outras palavras, em média o hotel deverá ter 55 quartos ocupados por dia (200 quartos/dia × [20.000/73.000]). A receita anual no ponto de equilíbrio será de $ 1.100.000,00 (20.000 diárias no ano × $ 55 por diária).

DEFINIÇÃO: No ponto de equilíbrio o <u>LUCRO</u> é <u>ZERO</u>

Para confirmar seu aprendizado, faça o exercício a seguir.

A empresa RLLS Ltda. comercializa um produto, ÉBOM, cujo custo de aquisição é de $ 40,00, e o vende ao preço de $ 100,00. Sua estrutura de custo é: (1) comissão e impostos de 20% do valor da receita; e, (2) custos fixos anuais – como aluguel, salários etc. de $ 200.000,00. Pede-se:

- Quantas unidades há de comercializar no ano para atingir o ponto de equilíbrio?

A resposta encontra-se na página seguinte. Se você cometeu algum erro, retorne aos conceitos antes de continuar. Utilize o espaço abaixo para rascunho.

DEMONSTRATIVO DE RESULTADO		
	Receita	
Menos:	Custos Variáveis	
Igual:	Margem de Contribuição	
Menos:	Custos Fixos	
Igual:	Lucro	

Resposta:

A estrutura de custo para o problema é:

CUSTOS VARIÁVEIS: compostos pelo valor da compra e pela comissão, mais impostos.

1. Custo da aquisição de uma unidade do produto ÉBOM = $ 40,00.
2. Comissão e Impostos sobre a venda de uma unidade = 0,20 × $ 100,00 = $ 20,00.

Custo variável de uma unidade do produto ÉBOM = $ 40 + $ 20 = $ 60,00.

CUSTOS FIXOS: dados no problema como $ 200.000,00 por ano.

Os valores do Demonstrativo de Resultado, no caso de se aceitar o pedido, serão:

	DEMONSTRATIVO DE RESULTADO	
	Receita	100 × Q
Menos:	Custos Variáveis	60 × Q
Igual:	Margem de Contribuição	40 × Q
Menos:	Custos Fixos	200.000
Igual:	Lucro	0

Como o Demonstrativo de Resultado acima pode ser dividido em duas equações, temos:

Primeira Equação: $(100 \times Q) - (60 \times Q) = 40 \times Q$
Segunda Equação: $(40 \times Q) - 200.000 = 0$

Donde:

$$Q = 200.000/40 = 5.000 \text{ unidades}$$

Os exemplos acima objetivam atingir o ponto de equilíbrio, ou seja, que o lucro seja zero. Podemos empregar essa mesma análise, mas objetivando um lucro. Ninguém, logicamente, entra num negócio para não ter lucro. Uma das vantagens do ponto de equilíbrio é obter sensibilidade ao risco. Se o gestor percebe que o volume a ser comercializado é obtido facilmente ele dará procedimento na sua realização. Vejamos os dois exemplos, agora com objetivo de lucro.

5.3.1 Exercício de autoavaliação

A empresa Lilly de Vassa, do ramo farmacêutico, pretende lançar no mercado um produto que acredita ser o futuro sucesso da companhia. O produto tem por fim eliminar a calvície e será denominado DES-TROY. O frasco que permite 10 aplicações deverá ser vendido ao preço de $ 100. Seu custo de produção é de $ 50. A empresa terá, também, de incorrer num custo de 10% sobre o valor de venda para o canal de distribuição. Os custos fixos deverão atingir o valor de $ 100.000.

Pede-se:

- Quantas unidades há de comercializar no ano para atingir o ponto de equilíbrio?

ESTRUTURA DE PREÇO E CUSTOS: podem ser expressas da seguinte forma:

Preço de um frasco (p) = $ 100

Custos variáveis de um frasco = $ 50 + (0,10 × p)

> Além do custo de produção, $ 50, há o custo da distribuição, 10% (0,10) da receita. Como a receita para uma unidade é igual ao preço (p), o custo da distribuição para uma unidade será: 0,10 × p

Custos variáveis de um frasco = $ 50 + (0,10 × $ 100) = $ 50 + $ 10 = $ 60

Custos fixos = $ 100.000

A resposta encontra-se na página seguinte. Se você cometeu algum erro, retorne aos conceitos antes de continuar. Utilize o espaço abaixo para rascunho.

	DEMONSTRATIVO DE RESULTADO	
	Receita	
Menos:	Custos Variáveis	
Igual:	Margem de Contribuição	
Menos:	Custos Fixos	
Igual:	Lucro	

Resposta:

DEMONSTRATIVO DE RESULTADO		
	Receita	$100 \times Q$
Menos:	Custos Variáveis	$\underline{60 \times Q}$
Igual:	Margem de Contribuição	$40 \times Q$
Menos:	Custos Fixos	$\underline{100.000}$
Igual:	Lucro	0

Como o Demonstrativo de Resultado acima pode ser dividido em duas equações, temos:

Primeira Equação: $(100 \times Q) - (60 \times Q) = 40 \times Q$
Segunda Equação: $(40 \times Q) - 100.000 = 0$

Donde:

$Q = 100.000/40 = 2.500$ unidades

5.4 Aplicando a análise custo-volume-lucro para determinar um volume de vendas com objetivo em um lucro predeterminado

O Hotel Savoy possui 200 quartos e opera 365 dias ao ano. Se operar a 100% de capacidade durante todo o ano terá 73.000 diárias (200 diárias por dia × 365 dias ao ano). A diária do hotel é de $ 55. O custo variável por diária é de $ 5 e os custos fixos no ano totalizam $ 1.000.000,00. Pergunta-se:

1. Qual é o número de diárias a se obter no ano de forma que o Hotel Savoy apure um lucro anual de $ 1.000.000?
2. Qual é o número de diárias a comercializar no ano a fim de se obter um Lucro Líquido de $ 840.000, sendo a taxa do Imposto de Renda igual a 30% do Lucro Antes do Imposto de Renda?

ITEM 1:

O objetivo é obter uma receita em que, subtraindo os custos, encontre um lucro igual a $ 1.000.000,00. Os custos, como já exposto, são divididos em variáveis e fixos; e, em cada diária que se obtém incorre-se num custo variável de $ 5.

Assim sendo, os custos variáveis durante um ano podem ser expressos de uma forma geral, como:

Custos Variáveis = custos variáveis por diária × número de diárias no ano

Lembre-se: esse número de diárias no ano deverá fornecer um lucro de $ 1.000.000,00; esse número será definido como Q, e a fórmula acima toma a seguinte forma:

Custos Variáveis = $ 5 × Q

A receita anual com diárias pode ser definida como:

Receita = preço por diária × número de diárias no ano

Considerando que o valor da diária é de $ 55, pode-se, portanto, expressar a receita, como:

Receita = $ 55 × Q

Os custos fixos anuais totalizam $ 1.000.000,00, podendo se estruturar essas informações do Demonstrativo de Resultado da seguinte forma:

	DEMONSTRATIVO DE RESULTADO	
	Receita	55 × Q
Menos:	Custos Variáveis	5 × Q
Igual:	Margem de Contribuição	50 × Q
Menos:	Custos Fixos	1.000.000
Igual:	Lucro	1.000.000

O Demonstrativo de Resultado demonstrado pode ser dividido em duas equações. A primeira: Receita (55 × Q) menos Custos Variáveis (5 × Q) é igual à Margem de Contribuição (50 × Q). A segunda: Margem de Contribuição (50 × Q) menos Custos Fixos ($ 1.000.000) é igual ao Lucro ($ 1.000.000), assim sendo:

Primeira Equação: $(55 \times Q) - (5 \times Q) = 50 \times Q$

Segunda Equação: $(50 \times Q) - 1.000.000 = 1.000.000$

Donde:

$Q = 2.000.000/50 = 40.000$ diárias no ano

Se o hotel comercializar 40.000 diárias no ano, obterá um lucro de $ 1.000.000,00 e a sua taxa de ocupação no ponto de equilíbrio será de aproximadamente 54,8% (40.000/73.000). Em outras palavras, em média, o hotel deverá ter 110 quartos ocupados por dia (400 quartos/dia × [20.000/73.000]). A receita anual no ponto de equilíbrio será de $ 2.200.000,00 (20.000 diárias no ano × $ 55 por diária).

ITEM 2:

Imagine que os acionistas do hotel desejam um Lucro Líquido (LL) de $ 840.000,00. A taxa do Imposto de Renda (IR) é de 30% sobre o Lucro Antes do Imposto de Renda (LAIR). Quantas diárias no ano há de se comercializar para atender a demanda dos acionistas?

A melhor maneira de resolver o problema é inicialmente calcular o Lucro Antes do Imposto de Renda (LAIR). Sabemos que: LAIR − IR = LL. E, que: IR = Taxa do IR × LAIR; como a Taxa do IR é 0,3 (ou, 30%). Temos: IR = 0,3 × LAIR. Assim sendo,

$$LAIR - IR = LL$$

$$LAIR - (0{,}3 \times LAIR) = 840.000$$

$$LAIR\,(1 - 0{,}3) = 840.000$$

$$Lair = \frac{840.000}{(1 - 0{,}3)} = \frac{840.000}{0{,}7} = \$\,1.200.000{,}00$$

Em outras palavras, a equação genérica para calcular o Lucro Antes do Imposto de Renda (LAIR) é:

$$Lair = \frac{LL}{(1 - Taxa\ do\ IR)}$$

Agora, podemos retornar aos conceitos já apresentados:

	DEMONSTRATIVO DE RESULTADO	
	Receita	55 × Q
Menos:	Custos Variáveis	5 × Q
Igual:	Margem de Contribuição	50 × Q
Menos:	Custos Fixos	1.000.000
Igual:	Lucro Antes do Imposto de Renda	1.200.000

Donde a primeira equação é: Receita (55 × Q) menos Custos Variáveis (5 × Q) é igual à Margem de Contribuição (50 × Q). E, a segunda equação acima, diz que Margem de Contribuição (50 × Q) menos Custos Fixos ($ 1.000.000) é igual ao Lucro Antes do Imposto de Renda ($ 1.200.000). Assim sendo:

Primeira Equação: (55 × Q) − (5 × Q) = 50 × Q
Segunda Equação: (50 × Q) − 1.000.000 = 1.200.000

Portanto:

Q = 2.200.000/50 = 44.000 diárias no ano

A taxa de ocupação nesse caso (44.000 diárias no ano) será de 60% (44.000/73.000). Lembre-se de que 73.000 diárias representam a taxa de ocupação de 100%.

Para confirmar seu aprendizado, faça o exercício a seguir.

A empresa RLLS Ltda. comercializa um produto, ÉBOM, cujo custo de aquisição é de $ 40,00 e o vende ao preço de $ 100,00. Sua estrutura de custo é: (1) comissão e impostos, 20% do valor da receita; e, (2) custos fixos anual, como aluguel, salários etc., $ 200.000,00. Pede-se:

1. Quantas unidades há de comercializar no ano para atingir o lucro no ano de $ 200.000?
2. Quantas unidades há de comercializar no ano para que o Lucro Líquido seja de $ 240.000,00, sendo que a taxa do Imposto de Renda é igual 40% do Lucro Antes do Imposto de Renda?

A resposta encontra-se na página seguinte. Se você cometeu algum erro, retorne aos conceitos antes de continuar. Utilize o espaço abaixo para rascunho.

ITEM 1:

	DEMONSTRATIVO DE RESULTADO	
	Receita	
Menos:	Custos Variáveis	
Igual:	Margem de Contribuição	
Menos:	Custos Fixos	
Igual:	Lucro	

ITEM 2:

	DEMONSTRATIVO DE RESULTADO	
	Receita	
Menos:	Custos Variáveis	
Igual:	Margem de Contribuição	
Menos:	Custos Fixos	
Igual:	Lucro Antes do Imposto de Renda	
Menos:	Imposto de Renda	
Igual	Lucro Líquido	

Lembre-se:

Igual:	Lucro Antes do Imposto de Renda	
Menos:	Imposto de Renda	
Igual	Lucro Líquido	

$$LAIR - IR = LL$$
$$R - CV = MC$$
$$MC - CF = LAIR$$

A estrutura de custo para o problema é:

CUSTOS VARIÁVEIS: compostos do valor da compra e da comissão mais impostos.

1. Custo da aquisição de uma unidade do produto ÉBOM = $ 40,00.
2. Comissão e Impostos sobre a venda de uma unidade = 0,20 × $ 100,00 = $ 20,00.

Custo variável de uma unidade do produto ÉBOM = $ 40 + $ 20 = $ 60,00.

CUSTOS FIXOS: dados no problema como $ 200.000,00 por ano.

ITEM 1:

OBJETIVO: obter um lucro de $ 200.000,00 no ano.

Os valores do Demonstrativo de Resultado, no caso de aceitar-se o pedido serão:

		DEMONSTRATIVO DE RESULTADO	
		Receita	100 × Q
Menos:		Custos Variáveis	60 × Q
Igual:		Margem de Contribuição	40 × Q
Menos:		Custos Fixos	200.000
Igual:		Lucro	200.000

Como o Demonstrativo de Resultado acima pode ser dividido em duas equações, temos:

Primeira Equação: $(100 \times Q) - (60 \times Q) = 40 \times Q$
Segunda Equação: $(40 \times Q) - 200.000 = 200.000$

Donde:

$Q = 400.000/40 = 10.000$ unidades

ITEM 2

OBJETIVO: obter um Lucro Líquido de $ 240.000 no ano, com uma taxa do IR igual a 40%.

DEMONSTRATIVO DE RESULTADO		
	Receita	$100 \times Q$
Menos:	Custos Variáveis	$\underline{60 \times Q}$
Igual:	Margem de Contribuição	$40 \times Q$
Menos:	Custos Fixos	$\underline{200.000}$
Igual:	Lucro Antes do Imposto de Renda	LAIR
Menos:	Imposto de Renda	$0,4 \times LAIR$
Igual	Lucro Líquido	240.000

$$LAIR - (0,4 \times LAIR) = 240.000$$

$$0,6 \times LAIR = 240.000$$

$$Lair = \frac{240.000}{0,6} = \$\ 400.000$$

Agora o Demonstrativo de Resultado acima pode ser dividido em duas equações. Temos:

$$\text{Primeira Equação: } (100 \times Q) - (60 \times Q) = 40 \times Q$$
$$\text{Segunda Equação: } (40 \times Q) - 200.000 = 400.000$$

Donde:

$Q = 600.000/40 = 15.000$ unidades

O exemplo dado permite que o gestor parta de um objetivo financeiro, que é o lucro, e gere uma meta operacional que será a cota de vendas. Se a empresa RLLS Ltda. possui dois vendedores, cada um deles terá uma cota de vendas de 5.000 unidades. Essa "ferramenta" permite que o administrador teste o volume a ser comercializado para vários níveis de atividade. Outra forma de empregar a análise custo-volume-lucro é determinar o nível de atividade considerada de baixo risco, e a partir de sua estrutura de custo determinar o preço que se irá comercializar. Esse procedimento tem por fim estabelecer a precificação do produto com baixo nível operacional, assunto do próximo tópico.

5.4.1 Exercício de autoavaliação

A empresa Lilly de Vassa, do ramo farmacêutico, pretende lançar no mercado um produto que acredita ser o futuro sucesso da companhia. O produto tem por fim eliminar a calvície e será denominado DES-TROY. O frasco que permite 10 aplicações deverá ser vendido ao preço de $ 100. Seu custo de produção é de $ 50. A empresa terá, também, de incorrer num custo de 10% sobre o valor de venda para o canal de distribuição. Os custos fixos deverão atingir o valor de $ 100.000.

Pede-se:

1. Quantas unidades há de comercializar no ano para atingir o lucro no ano de $ 140.000?
2. Quantas unidades há de comercializar no ano para que o Lucro Líquido seja $ 154.000,00, sendo que a taxa do Imposto de Renda é igual 30% do Lucro Antes do Imposto de Renda?

ESTRUTURA DE PREÇO E CUSTOS: pode ser expressa da seguinte forma:

Preço de um frasco (p) =

Custos variáveis de um frasco =

Além do custo de produção, há o custo da distribuição.

Custos fixos =

ITEM 1:

	DEMONSTRATIVO DE RESULTADO	
	Receita	
Menos:	Custos Variáveis	
Igual:	Margem de Contribuição	
Menos:	Custos Fixos	
Igual:	Lucro	

ITEM 2:

	DEMONSTRATIVO DE RESULTADO	
	Receita	
Menos:	Custos Variáveis	
Igual:	Margem de Contribuição	
Menos:	Custos Fixos	
Igual:	Lucro Antes do Imposto de Renda	
Menos:	Imposto de Renda	
Igual	Lucro Líquido	

Lembre:

Igual:	Lucro Antes do Imposto de Renda	
Menos:	Imposto de Renda	
Igual	Lucro Líquido	

$$LAIR - IR = LL$$
$$R - CV = MC$$
$$MC - CF = LAIR$$

A resposta encontra-se na página seguinte. Se você cometeu algum erro, retorne aos conceitos antes de continuar. Utilize o espaço abaixo para rascunho.

Resposta:

ESTRUTURA DE PREÇO E CUSTOS: pode ser expressa da seguinte forma:

Preço de um frasco (p) = $ 100

Custos variáveis de um frasco = $ 50 + (0,10 × p)

> *Além do custo de produção, $ 50, há o custo da distribuição, 10% (0,10) da receita. Como a receita para uma unidade é igual ao preço (p), o custo da distribuição para uma unidade será:* 0,10 × p

Custos variáveis de um frasco = $ 50 + (0,10 × $ 100) = $ 50 + $ 10 = $ 60

Custos fixos = $ 100.000

ITEM 1:

OBJETIVO: obter um lucro de $ 140.000,00 no ano.

Os valores do Demonstrativo de Resultado, no caso de aceitar-se o pedido, serão:

	DEMONSTRATIVO DE RESULTADO	
	Receita	100 × Q
Menos:	Custos Variáveis	60 × Q
Igual:	Margem de Contribuição	40 × Q
Menos:	Custos Fixos	100.000
Igual:	Lucro	140.000

Como o Demonstrativo de Resultado acima pode ser dividido em duas equações, temos:

Primeira Equação: (100 × Q) – (60 × Q) = 40 × Q
Segunda Equação: (40 × Q) – 100.000 = 140.000

Donde:

Q = 240.000/40 = 6.000 unidades

ITEM 2

OBJETIVO: obter um Lucro Líquido de $ 154.000 no ano, com uma taxa do IR igual a 30%.

DEMONSTRATIVO DE RESULTADO		
	Receita	100 × Q
Menos:	Custos Variáveis	60 × Q
Igual:	Margem de Contribuição	40 × Q
Menos:	Custos Fixos	100.000
Igual:	Lucro Antes do Imposto de Renda	LAIR
Menos:	Imposto de Renda	0,3 × LAIR
Igual	Lucro Líquido	154.000

$$LAIR - (0,3 \times LAIR) = 154.000$$
$$0,7 \times LAIR = 154.000$$

$$Lair = \frac{154.000}{0,7} = \$ 220.000$$

Agora o Demonstrativo de Resultado acima pode ser dividido em duas equações, temos:

Primeira Equação: $(100 \times Q) - (60 \times Q) = 40 \times Q$
Segunda Equação: $(40 \times Q) - 100.000 = 220.000$

Donde:

$$Q = 320.000/40 = 8.000 \text{ unidades}$$

5.5 Empregando o conceito de ponto de equilíbrio para determinar preço

Uma das vantagens em usar o ponto de equilíbrio é gerar sensibilidade ao risco. Dessa forma, o gestor, conhecendo sua estrutura de custo, poderá partir de uma previsão de vendas que, em sua opinião, será facilmente atingida, e calcular o preço do produto. Utilizemos o exemplo do Hotel Savoy. O hotel possui 200 quartos e opera

365 dias ao ano. Se operar a 100% de capacidade durante todo o ano terá 73.000 diárias (200 diárias por dia × 365 dias ao ano). O custo variável por diária é de $ 5 e os custos fixos no ano totalizam $ 1.000.000,00. Pergunta-se: no ponto de equilíbrio com uma taxa de ocupação de 25%, qual deverá ser o preço da diária?

Resposta:

Sabemos que receita é igual a preço (p) vezes quantidade de diária no ano. O número de diárias com a taxa de 25% de ocupação será a taxa de ocupação de 100%, que é de 73.000 diárias ao ano vezes 0,25, resultando em 18.250 diárias ao ano. Dessa forma:

$$\text{Receita} = p \times 18.250$$

A estrutura de custos nos informa que:

$$CV \text{ (Custos Variáveis)} = \$ 5/\text{diária} \times 18.250 \text{ diárias/ano} = \$ 91.250/\text{ano}$$

$$CF \text{ (Custos Fixos)} = \$ 1.000.000/\text{ano}$$

No ponto de equilíbrio, por definição, o lucro é zero.

Aplicando essas informações ao Demonstrativo de Resultado, teremos:

	DEMONSTRATIVO DE RESULTADO	
	Receita (R)	p × 18.250
Menos:	Custos Variáveis (CV)	5 × 18.250
Igual:	Margem de Contribuição (MC)	
Menos:	Custos Fixos (CF)	1.000.000
Igual:	Lucro (L)	0

Sabemos que Margem de Contribuição menos Custos Fixos é igual a Lucro. Assim sendo:

$$MC - CF = L \Rightarrow MC - \$ 1.000.000 = \$ 0 \Rightarrow MC = \$ 1.000.000$$

Também já é do nosso conhecimento que Receita menos Custos Variáveis é igual à Margem de Contribuição, que pode ser expressa por:

$$R - CV = MC \Rightarrow (p \times 18.250) - (\$ 5 \times 18.250) = \$ 1.000.000 \Rightarrow$$

$$p = (\$ 1.000.000 + \$ 91.250)/18.250 = \$ 59,7945...$$

O preço a ser estabelecido da diária deverá ser de $ 60,00. O próximo passo é avaliar a possibilidade de cobrar $ 60,00. Esse valor estará vinculado primordialmente à concorrência e à capacidade do Hotel Savoy se diferenciar dos demais.

Para confirmar seu aprendizado, faça o exercício a seguir:

A empresa RLLS Ltda. comercializa um produto, ÉBOM, cujo custo de aquisição é de $ 40,00. Sua estrutura de custo é: (1) comissão e impostos = 20% do valor da receita; e, (2) custos fixos anual, como aluguel, salários etc. = $ 200.000,00. O presidente da empresa deseja saber qual seria o preço (p) do produto para que o ponto de equilíbrio seja obtido com a comercialização de 4.000 unidades no ano.

A resposta encontra-se na página seguinte. Se você cometeu algum erro, retorne aos conceitos antes de continuar. Utilize o espaço abaixo para rascunho.

	DEMONSTRATIVO DE RESULTADO	
	Receita	
Menos:	Custos Variáveis	
Igual:	Margem de Contribuição	
Menos:	Custos Fixos	
Igual:	Lucro	

A estrutura de custo para o problema é:

CUSTOS VARIÁVEIS: composto do valor da compra e da comissão mais impostos.

1. Custo da aquisição de uma unidade do produto ÉBOM = $ 40,00.
2. Comissão e Impostos sobre a venda de uma unidade = $0{,}20 \times p$.

Custo variável de uma unidade do produto ÉBOM = $\$ 40 + (0{,}2 \times p)$.

CUSTOS FIXOS: dados no problema como $ 200.000,00 por ano.

OBJETIVO: comercializar 4.000 unidades e obter um lucro $ 0 (zero).

Os valores do Demonstrativo de Resultado, no caso de aceitar-se o pedido, serão:

DEMONSTRATIVO DE RESULTADO		
	Receita	$p \times 4.000$
Menos:	Custos Variáveis	$(40 + [0,2 \times p]) \times 4.000$
Igual:	Margem de Contribuição	$(p \times 4.000) - 160 - (800 \times p)$
Menos:	Custos Fixos	200.000
Igual:	Lucro	0

Como o Demonstrativo de Resultado acima pode ser dividido em duas equações, temos:

Primeira Equação: $(p \times 4.000) - [\{40 + (0,2 \times p)\} \times 4.000] = (p \times 4.000) - (40 \times 4.000) - (p \times 800) = (p \times 3.200) - 160.000$

Segunda Equação: $[(p \times 3.200) - 160.000] - 200.000 = 0$

Donde:

$$Q = 360.000/3.200 = \$ 112,50/unid.$$

Os exemplos acima objetivam determinar um valor para precificar um produto, partindo da premissa de que o volume a comercializar é de baixo risco, e na obtenção do ponto de equilíbrio o negócio pode-se manter até que, por exemplo, uma crise econômica se encerre ou que se ganhe "expertise" para competir com vantagens no futuro. As informações apresentadas até então ajudam a planejar a organização para um único produto. Empresas que trabalham com muitos produtos, como o comércio, são o assunto do próximo tópico.

5.5.1 Exercício de autoavaliação

A empresa Lilly de Vassa, do ramo farmacêutico, pretende lançar no mercado um produto que acredita ser o futuro sucesso da companhia. O produto tem por fim eliminar a calvície e será denominado DES-TROY. O frasco permite 10 aplicações e projeta-se que o mercado é capaz de absorver 20.000 desses frascos. Seu custo de produção por frasco é de $ 50. A empresa terá, também, de incorrer num custo de 10% sobre o valor de venda para o canal de distribuição. Os custos fixos deverão atingir o valor de $ 100.000.

Pede-se:

- Qual é o preço de venda no ponto de equilíbrio se o volume a ser comercializado for de 5.000 frascos?
- Qual é o preço de venda, de forma que o volume comercializado seja de 20.000 frascos e o lucro líquido da empresa possa ser de $ 210.000? A taxa do imposto de renda é de 30%.

ESTRUTURA DE CUSTOS: pode ser expressa da seguinte forma:

Custos variáveis de um frasco =

Além do custo de produção, há o custo da distribuição.

Custos fixos =

Taxa do Imposto de Renda =

ITEM 1:
OBJETIVOS:

Volume de venda = ... frascos

Lucro = $ ....

	DEMONSTRATIVO DE RESULTADO	
	Receita	
Menos:	Custos Variáveis	
Igual:	Margem de Contribuição	
Menos:	Custos Fixos	
Igual:	Lucro	

ITEM 2:

OBJETIVOS:

Volume de venda = ... frascos

Lucro Líquido = $ ....

	DEMONSTRATIVO DE RESULTADO	
	Receita	
Menos:	Custos Variáveis	
Igual:	Margem de Contribuição	
Menos:	Custos Fixos	
Igual:	Lucro Antes do Imposto de Renda	
Menos:	Imposto de Renda	
Igual	Lucro Líquido	

Lembre-se:

Igual:	Lucro Antes do Imposto de Renda	
Menos:	Imposto de Renda	
Igual	Lucro Líquido	

$$LAIR - IR = LL$$
$$R - CV = MC$$
$$MC - CF = LAIR$$

A resposta encontra-se na página seguinte. Se você cometeu algum erro, retorne aos conceitos antes de continuar. Utilize o espaço abaixo para rascunho.

Resposta:

ESTRUTURA DE PREÇO E CUSTOS: pode ser expressa da seguinte forma:

Custos variáveis de um frasco = $ 50 + (0,10 × p)

> Além do custo de produção, $ 50, há o custo da distribuição, 10% (0,10) da receita. Como a receita para uma unidade é igual ao preço (p), o custo da distribuição para uma unidade será: 0,10 × p

Custos variáveis de um frasco = $ 50 + (0,10 × $ 100) = $ 50 + $ 10 = $ 60

Custos fixos = $ 100.000

Taxa do Imposto de Renda = 30%

ITEM 1:

OBJETIVOS:

Volume de venda = 5.000 frascos

Lucro = $ 0 (ZERO)

Os valores do Demonstrativo de Resultado no caso de aceitar o pedido serão:

	DEMONSTRATIVO DE RESULTADO	
	Receita	p × 5.000
Menos:	Custos Variáveis	(50 + [0,1 × p]) × 5.000
Igual:	Margem de Contribuição	(p − 50 [0,1 × p]) × 5.000
Menos:	Custos Fixos	100.000
Igual:	Lucro	0

Como o Demonstrativo de Resultado acima pode ser dividido em duas equações, temos:

Primeira Equação: (p × 5.000) − [{50 + (0,1 × p)} × 5.000] = (p × 5.000) − (50 × 5.000) − (p × 500) = (p × 4.500) − 250.000

Segunda Equação: [(p × 4.500) − 250.000] − 100.000 = 0

Donde:

$$p = 350.000/4.500 = \$ 77,7777 \ldots/\text{frasco ou } \$ 77,78/\text{frasco}.$$

ITEM 2

OBJETIVOS:

Volume de venda = 20.000 frascos

Lucro Líquido = $ 210.000

	DEMONSTRATIVO DE RESULTADO	
	Receita	p × 20.000
Menos:	Custos Variáveis	(50 + [0,1 × p]) × 20.000
Igual:	Margem de Contribuição	(20.000 × p) – 1.000.000 – (2.000 × p)
Menos:	Custos Fixos	100.000
Igual:	Lucro Antes do Imposto de Renda	LAIR
Menos:	Imposto de Renda	0,3 × LAIR
Igual	Lucro Líquido	210.000

$$LAIR - (0,3 \times LAIR) = 210.000$$
$$0,7 \times LAIR = 210.000$$

$$Lair = \frac{210.000}{0,7} = \$ 300.000$$

Agora o Demonstrativo de Resultado acima pode ser dividido em duas equações. Temos:

Primeira Equação: $(p \times 20.000) - \{(50 \times 20.000) + (0,1 \times p \times 20.000) =$
$= (20.000 \times p) - 1.000.000 - (2.000 \times p)$
Segunda Equação: $(20.000 \times p) - 1.000.000 - (2.000 \times p) - 100.000 = 300.000$

Donde:

$$18.000 \times p = 1.400.000$$
$$p = 1.400.000/18.000 = \$ 77,777\ldots/\text{frasco ou } \$ 77,78/\text{frasco}$$

5.6 O uso da planilha

Acompanhando este material, há um arquivo em PowerPoint© que poderá ajudá-lo a tomar decisão de preço ou de volume de vendas para determinado lucro. Seu nome é: **Determinar Preço ou Quantidade**. Nesse arquivo há três (3) planilhas, cujos objetivos são: (1) determinar o **Volume** (ou a **Quantidade**), com metas de lucro e preço do produto; ou (2) determinar o **Preço** do produto com metas de lucro e volume (ou **quantidade**).

Na primeira planilha, cujo nome é **Demonstrativo de Resultado**, você deverá informar:

- a Taxa do Imposto de Renda e a Contribuição Social sobre o Lucro Líquido, que na planilha são apresentadas como Taxa do Imposto de Renda e do CSLL, para as empresas que trabalham com lucro real;
- o Preço do produto;
- a Quantidade a ser comercializada em operação normal; e,
- o Lucro objetivado.

É importante notar que não se podem informar concomitantemente o Preço do produto e a Quantidade a ser comercializada em operação normal. Somente uma dessas duas variáveis deverá ser informada, caso contrário a resposta será: **Erro**.

Se a Quantidade a ser comercializada for informada, o sistema calculará o **Preço**; e, se o Preço for informado, o sistema calculará a **Quantidade a ser Comercializada**. Portanto, é importante definir o que se deseja determinar: **Preço** ou **Quantidade**.

Na segunda planilha, com o nome de **Custos Fixos**, informam-se os itens de custos fixos da organização, como: salários, aluguéis etc. Os valores dessas rubricas serão totalizados e levados para o cálculo do **Preço** ou da **Quantidade**.

Finalmente, a terceira planilha, cujo nome é **Custos Variáveis**, há três informações que podem ser incluídas: (1) os custos variáveis em função à unidade; (2) os custos variáveis cujos valores são definidos em função da receita; e, (3) o percentual da receita do Imposto de Renda e da Contribuição Social sobre o Lucro Líquido, quando a empresa escolher operar sobre o lucro presumido.

No topo dessa planilha há espaço para os itens cujo valor é calculado em função da unidade a ser comercializada (ou **Custos Variáveis dos Insumos**). Por exemplo, nos custos variáveis em função da unidade (ou **Custos Variáveis dos Insumos**), deve-se informar, para a produção de camisas, o valor do tecido para cada camisa como um dos itens, noutro item o valor do aviamento, e assim por diante. Caso estejamos no comércio, informa-se o valor da camisa.

Já para os custos variáveis, que são definidos como percentagem da receita bruta (ou **Custos Variáveis em Função da Receita**) deverão ser descritos separadamente: (1) aqueles que não são impostos, como comissão; e, (2) os que são impostos indiretos, como ICMS, PIS e COFINS. A ideia da separação dos impostos indiretos é permitir apresentar seu valor no Demonstrativo de Resultado, na primeira planilha.

Finalmente, se a empresa trabalhar com lucro presumido, a taxa do Imposto de Renda (IRPJ) e a taxa da Contribuição Social sobre o Lucro Líquido (CSLL) deverão ser as respectivas taxas imputadas a essa planilha. Essa informação tem de se separar das demais, por não ser permitido declarar o IRPJ e a CSLL concomitantemente para o lucro real e para o lucro presumido. Nessas situações, o sistema acusa ERRO, como já comentamos.

É importante notar que se, porventura, lançou a taxa do Imposto de Renda e da CSLL na primeira planilha, não podemos atribuir nenhum percentual a esses itens na planilha de Custos Variáveis, caso contrário o resultado será **Erro**.

Para melhor exemplificar, utilizemos o modelo do **Hotel Savoy** anteriormente apresentado.

5.6.1 Determinando a quantidade

O Hotel Savoy possui 200 quartos e opera 365 dias ao ano. Se operar a 100% de capacidade durante todo o ano, terá 73.000 diárias (200 diárias por dia × 365 dias ao ano). A diária do hotel é de $ 55. O custo variável por diária é de $ 5 e os custos fixos no ano totalizam $ 1.000.000,00. Pergunta-se:

1. Qual é o número de diárias a se obter no ano, de forma que o Hotel Savoy atinja o ponto de equilíbrio? Em outras palavras, quantas diárias têm de se vender no ano para que a receita seja igual ao custo do hotel?
2. Qual é o número de diárias a se obter no ano de forma que o Hotel Savoy obtenha um lucro anual de $ 1.000.000?
3. Qual é o número de diárias a comercializar no ano a fim de obter um Lucro Líquido de $ 840.000, sendo a taxa do Imposto de Renda igual a 30% do Lucro Antes do Imposto de Renda?

Resposta:

No primeiro item, basta preencher, na planilha **Demonstrativo de Resultados**, os campos: **Preço do Produto** com o valor de $ 55,00 e **Lucro Objetivado** com $ 0,00. Lembre-se de que, no ponto de equilíbrio, o lucro é zero. Na planilha de **Custos Fixos**, escreva a rubrica como custos fixos, ou outro qualquer nome que desejar, e atribua ao seu valor $ 1.000.000,00. Na planilha de **Custos Variáveis**, escreva no campo **Custos Variáveis por Unidade**, custo por diária, e atribua-lhe o valor de $ 5,00. Como resposta, terá o valor de 20.000 no campo de **Quantidade**.

No segundo item, além dos campos preenchidos, adicione o valor de $ 1.000.000,00 no campo **Lucro Objetivado**. A resposta será 40.000 no campo de **Quantidade**.

Finalmente, no terceiro item, substitua o valor no campo **Lucro Objetivado** para $ 840.000,00 e adicione o valor de 30% no campo **Taxa do Imposto de Renda e do CSLL**. No campo **Quantidade**, irá encontrar o valor de 44.000 unidades.

5.6.2 Determinando o preço

O Hotel Savoy possui 200 quartos e opera 365 dias ao ano. Se operar a 100% de capacidade durante todo o ano terá 73.000 diárias (200 diárias por dia × 365 dias ao ano). O custo variável por diária é de $ 5 e os custos fixos no ano totalizam $ 1.000.000,00. Pergunta-se: no ponto de equilíbrio com uma taxa de ocupação de 25%, qual deverá ser o preço da diária?

Lembre-se: 73.000 diárias representam 100% de ocupação, 25% de ocupação serão 18.250 diárias. Nesse caso, o campo que informa o preço será 0 (zero); o de quantidade, 18.250; e, o de lucro objetivado, 0 (zero). As demais informações que estão nas planilhas de Custos Fixos e de Custos Variáveis não se modificam. Você pode manter o valor de 30% no item Taxa do Imposto de Renda e CSLL ou excluí-lo. Como o lucro objetivado é zero, esse valor não irá influir. No campo Preço de uma unidade, irá encontrar o valor de $ 59,79, que é igual ao computado anteriormente no problema.

6

Análise custo-volume-lucro para vários produtos com a mesma política de preço e *mark-up*: as ferramentas para o comércio

6.1 Objetivos

- Partindo da estrutura de custo, saber predizer a receita que deverá obter a fim de atingir um lucro desejado.
- Conhecer a receita no ponto de equilíbrio, conhecendo a estrutura de custo da empresa.
- Saber empregar o ponto de equilíbrio, como um elemento para determinar o *Mark-Up* para política de apreçamento.
- Fazer política de apreçamento através do *Mark-Up*, com base na receita, estrutura de custos e lucro projetados.

6.2 Introdução

Este capítulo foca no comércio, evitando que o empresário (ou comerciante) "feche as portas" por causa de prejuízo e inadimplência. O comércio é o setor com o maior índice de novas empresas no país. Em contrapartida, é o que possui as maiores taxas de falência. *De acordo com o Cadastro Central de Empresas 2003, divulgado ontem pelo Instituto Brasileiro de Geografia e Estatística (IBGE), das 100 mil empresas que surgiram por ano entre 1996 e 2003, 50,32% (50.316) eram comerciais. Mas dessas, quase a metade − 47,67% (27.647) − fechou.*[1] Enquanto isso, a indústria e o serviço apresentam, respectivamente, índices de novas empresas de 13,7% e 23,56%, com uma taxa de encerramento de atividades iguais a 15,89%, para a indústria, e 24,09%, para o serviço.[2]

> *Mas por que morrem tantas empresas no país? O Sebrae apurou em campo que o principal motivo está ligado a falhas gerenciais, destacando-se problemas como falta de planejamento na abertura do negócio, falta de capital de giro (indicando descontrole de fluxo de caixa), problemas financeiros (situação de alto endividamento), ponto comercial inadequado e falta de conhecimentos sobre gestão.*[3]

Naturalmente, para se ter sucesso, o comerciante necessita estabelecer metas, tanto operacionais como financeiras. Só assim: (1) poderá informar a seus subordinados o que se espera; (2) poderá cobrar e avaliar *performance* dos mesmos; (3) poderá planejar parâmetros para operar conforme as expectativas de retorno ou lucro; (4) poderá conhecer a tempo as fontes de problemas na organização etc.

Muitos comerciantes, empiricamente, projetam suas operações através de regras populares, como: o aluguel da loja tem de ser equivalente a um dia de venda etc. Essa não deixa de ser uma forma de planejamento, pois gera uma relação entre a receita e as despesas operacionais. Contudo, há um grande problema a enfrentar: determinar as cotas de vendas. A pergunta sempre presente: qual é esse valor médio da venda diária?

Lógico que a principal pergunta é: quanto terá de vender para obter o lucro desejado? Uma vez definidos o lucro desejado, a receita projetada e os custos operacionais, o próximo passo é definir a política de preço da empresa. Como o comerciante lida com um número significativo de produtos para venda, ele emprega, em geral, uma política de preço que é a multiplicação de um fator pelo custo de cada produto. Esse fator representa a relação da receita objetivada pelo custo dos produtos vendidos (ou custo das mercadorias vendidas). Assim sendo, no dia a dia o comerciante terá sua atenção principal voltada para as vendas.

Informações relevantes, como as metas de vendas, poderão ser respondidas através da análise custo-volume-lucro para vários produtos, com a mesma política de preço. Já a política de apreçamento, que é a definição do fator que multiplicará o custo do produto a fim de se ter o preço de venda de cada produto, será apresentada pelo conceito do *Mark-Up*. Podemos assim enfatizar que, empregando o *Mark-Up* e se o comerciante obtiver o volume de vendas e os outros custos

---

[1] Comércio abre e fecha mais empresas. **Diário do Comércio** − 20/10/2005.
[2] Idem.
[3] Agência Sebrae de Notícias. **Pesquisa Sebrae revela por que morrem tantas empresas no Brasil.** Internet. Data da publicação 11/8/2004.

operacionais, excluindo os dos produtos, conforme planejado, o lucro será igual ao previsto.

Durante o período para o qual a operação foi planejada, o gestor poderá avaliar se está dentro do previsto ou se há uma disparidade significativa. Assim sendo, ele poderá antecipar ações fazendo, na medida do possível, que o rumo da empresa retorne aos objetivos desejados. Em resumo, a análise custo-volume-lucro ajuda no processo de retroalimentação do planejamento e controle. De forma pragmática, os valores definidos no planejamento são comparados aos reais, e a discrepância é o sinal de **Problema**. Resta ao administrador avaliar se irá atacar ou ficar no *status quo*.

6.3 Determinando o valor da receita quando se comercializam vários produtos com a mesma política de preço ou com o mesmo índice de margem de contribuição

Como já mencionado, a análise do custo-volume-lucro baseia-se nas mesmas fórmulas:

1. *Receita – Custos Variáveis = Margem de Contribuição*
2. *Margem de Contribuição – Custos Fixos = Lucro*

Repetindo, mais uma vez, os custos totais são iguais ao somatório dos custos variáveis com os fixos. Como são vários produtos, com custos de aquisição e preço de venda diferenciados, não há como calcular o volume de vendas em unidades, seja para o ponto de equilíbrio ou para um lucro objetivado. Pense numa loja de roupa ou uma loja de parafusos ou uma loja de suprimentos de computadores: o número de produtos à venda é grande, e definir metas de vendas por unidade pode ser perigoso.

Imagine um cliente entrando numa loja de roupa querendo comprar uma camisa, acontece que a cota do vendedor para camisa já foi alcançada, mas a de calça não. Não é difícil prever a atitude do vendedor: irá querer puxar a venda da calça em detrimento da camisa. Esse tipo de atitude pode fazer com que o cliente desista da compra. Em outras palavras, ao invés do sistema estimular as vendas, pode estar inibindo/desestimulando.

Para o comerciante, não interessa se vendeu X unidades do produto KY, o importante é obter um volume de receita que pague seus custos e gere um lucro compatível com seu investimento. Assim sendo, se ele estiver focando a gestão na receita, ao invés da unidade, é natural que o vendedor procure, através do *mix* de produtos da loja, como a calça etc., estimular o desejo de compra do consumidor.

Seu objetivo é atingir a sua cota de vendas e, se possível, obter uma venda maior ainda. Pois a comissão que ganhará está atrelada à venda obtida.

Assim sendo, ele irá apresentar outros itens que combinem com a compra realizada ou intencionada. Com esse estímulo, o objetivo financeiro da organização estará congruente com os dos vendedores: a meta de venda através de **Um Valor Específico de Receita**. Seja vendendo camisa, calças ou outro produto qualquer. E o somatório das metas de vendas dos vendedores será a receita objetivada da empresa.

O valor da receita que irá gerar o volume de vendas para o lucro objetivado é computado, partindo de uma relação entre os custos variáveis e a receita. Por exemplo, os custos variáveis são 60% da receita. Esse valor de 60% pode ser obtido porque 10% referem-se à comissão de vendas e 50% à política de preço. Em outras palavras, a política de preço é multiplicar por 2 o custo de aquisição de qualquer produto para determinar seu preço de venda na loja. Um produto adquirido por $ 5 terá seu preço de venda igual a $ 10. Já outro adquirido por $ 10, será vendido a $ 20.

Essa prática, que multiplica o custo da peça por um fator, de forma a determinar seu preço, exalta que o importante é obter um volume a fim de que a diferença entre esse valor e os custos variáveis pague os custos fixos e gere um lucro satisfatório. Não é relevante ao comerciante se vendeu X unidades de um produto, mas seu objetivo é se a venda atingiu (ou irá atingir) um valor de $ Y. É possível vender uma unidade no valor de $ 1.000 que irá representar o mesmo, em termos do objetivo de alcançar um determinado lucro, que vender 10 unidades de $ 100 ou 100 unidades de $ 10 etc. Todos sabem que produtos com preços mais baixos, normalmente, têm demanda superior. Essa receita menos os custos variáveis deverá cobrir os custos fixos e gerar um lucro objetivado. Os custos variáveis, por sua vez, são compostos pelo percentual do valor das mercadorias em função do preço mais comissão, impostos etc.

Assim sendo, a diferença com os problemas da seção anterior é que, nesta, iremos nos referir sempre aos custos variáveis como um percentual da receita e, consequentemente, a margem de contribuição será, também, um percentual da receita igual à diferença um (1) menos a relação custos variáveis sobre receita. No caso dos custos variáveis serem 60% da receita, a margem de contribuição será de 40% da receita.

Como podemos constatar, a primeira equação faz com que a receita seja uma variável que denominaremos de R. Os custos variáveis serão expressos por outra equação a que genericamente nos expressaremos como a% × R. Na exposição anterior a% é dito ser 60%. Consequentemente, a margem de contribuição – (1 – a%) × R – será, no caso desse exemplo 40%.

Para calcular o valor de R, emprega-se a segunda fórmula, que é a subtração dos custos fixos à margem de contribuição para ter o lucro desejado. Nesse exemplo, a margem de contribuição é de 40% de R, arbitrando-se o custo fixo como $ 10.000. E, se desejarmos saber a receita no ponto de equilíbrio (que por definição, o lucro é zero), teremos a seguinte estrutura de informações:

	Margem de Contribuição	0,4 × R
−	Custos Fixos	10.000
=	Lucro	0

Ou, 0,4 × R − 10.000 = 0; donde: 0,4 × R = 10.000 + 0 = 10.000

Portanto, R = 10.000/0,4 = $ 25.000

Com a receita igual a $ 25.000, os custos variáveis serão de $ 15.000 (0,6 × $ 25.000) e a margem de contribuição será de $ 10.000 ($ 25.000 menos $ 15.000; ou, 0,4 × $ 25.000). Ao subtrair da margem de contribuição de $ 10.000 os custos fixos, que são também $ 10.000, o lucro será $ 0 (zero).

6.3.1 Análise custo-volume-lucro através de um exemplo

Por exemplo, a loja H2R comercializa suprimentos para computadores. Sua política de preço é de vender os produtos por um preço 4 (quatro) vezes acima do que custa a peça. Para incentivar seus vendedores, a empresa tem como política pagar uma comissão de vendas igual a 10% da receita. Os impostos incidem no valor de 20% da receita. A empresa possui custos fixos que totalizam $ 450.000,00 no ano. Pede-se: (1) A receita a ser obtida a fim de se atingir o ponto de equilíbrio; e, (2) qual deverá ser a receita para se obter um lucro de $ 225.000,00?

O objetivo é calcular uma receita para atingir o ponto de equilíbrio (lucro igual a zero) e outra para obter um lucro de $ 225.000,00. Não faz sentido ter metas de vendas para unidades, pois a placa-mãe adquirida a $ 200 é vendida a $ 800. Em termos de meta financeira, lucro, a loja terá de vender menor quantidade de placa-mãe, do que papel para impressora, cujo custo é de $ 3, com valor de venda igual a $ 12. O importante é que o *mix* dos produtos vendidos atinja um volume de receita que consiga pagar todos os custos da loja e gere o lucro desejado. Lembre-se de que no ponto de equilíbrio o lucro desejado é zero.

O custo variável de uma unidade vendida é composto do custo de compra dessa unidade mais a comissão de vendas e os impostos. Por exemplo, o custo variável de vender uma unidade da placa-mãe é de $ 440, sendo $ 200 do custo de compra mais $ 80 da comissão de vendas e $ 160 dos impostos; o mesmo procedimento é utilizado para se calcular o custo variável do papel para impressora, que é de $ 6,60 ($ 3 do custo de aquisição do papel mais $ 1,20 da comissão de vendas e $ 2,40 dos impostos). De uma forma geral, pode-se dizer que: *custo variável de uma unidade = custo de aquisição da unidade + custo da comissão de vendas + impostos*. Essa fórmula aplicada a alguns produtos pode ser resumida em:

	RECEITA		CUSTO DA PEÇA		COMISSÃO		IMPOSTOS	
	em $	em %	em $	em %	em $	em %	em $	em %
Placa-Mãe	$ 800	100%	$ 200	25%	$ 80	10%	$ 160	20%
Papel	$ 12	100%	$ 3	25%	$ 1,20	10%	$ 2,40	20%
Roteador	$ 200	100%	$ 50	25%	$ 20	10%	$ 40	20%
Pen Drive	$ 28	100%	$ 7	25%	$ 2,80	10%	$ 5,60	20%
TOTAL	$ 1.040	100%	$ 260	25%	$ 104	10%	$ 208	20%

O custo variável de cada peça irá representar 55% do valor de seu preço. O valor da receita, que é composta pelo somatório do preço das mercadorias vendidas, também, irá representar 55% dos custos variáveis das peças, conforme mostramos no quadro a seguir:

	RECEITA		CÁLCULO DOS CUSTOS VARIÁVEIS	CUSTOS VARIÁVEIS	
	em $	em %		em $	em %
Placa-Mãe	$ 800	100%	$ 200 + $ 80 + $ 160	$ 440	55%
Papel	$ 12	100%	$ 3 + $ 1,20 + $ 2,40	$ 6,60	55%
Roteador	$ 200	100%	$ 50 + $ 20 + $ 40	$ 110	55%
Pen Drive	$ 28	100%	$ 7 + $ 2,80 + $ 5,60	$ 15,40	55%
TOTAL	$ 1.040	100%	$ 260 + $ 104 + $ 208	$ 572	55%

Essa relação de 55% pode ser demonstrada da seguinte forma: o custo variável de uma peça é o somatório desses três itens, o custo do produto, a comissão e os impostos, que representam 55% do preço. O custo variável total por sua vez é o somatório dos custos variáveis das peças e a receita é o somatório dos preços. Consequentemente, o custo variável total será 55% da receita.

Algebricamente, podemos expressar: o custo de aquisição de uma unidade, de acordo com a política de preço, é igual a 0,25 (1/4) do preço de venda do produto (p). A comissão de vendas, conforme a política da empresa representa 10% da receita e em uma unidade é 0,10 de p. Os impostos, por sua vez, incidem com o valor de 20% da receita; em uma unidade é 0,20 de p. Assim sendo, pode-se expressar essas variáveis como:

custo de aquisição da unidade = 0,25 × p
custo da comissão de vendas = 0,10 × p
custo dos impostos = 0,20 × p

Como, essas variáveis compõem o custo variável de uma unidade, esta pode ser definida como:

custo variável de uma unidade = 0,55 × p

A relação do custo variável de uma unidade com o preço de 55% será constante para todas as unidades, sendo, portanto, a mesma quando somamos todos os produtos. Para confirmar, basta somarmos os preços das peças nos dois quadros anteriores, que é de $ 1.040, isto é, se a loja vender somente esses produtos sua receita será de $ 1.040. O custo variável da loja será o somatório dos custos variáveis desses produtos, $ 572. Se dividir $ 572 por $ 1.040, o valor resultante será 0,55, que é a relação **Custo Variável sobre a Receita**. Expressando que o custo variável da loja sobre a receita é de 55%. Consequentemente, o índice de margem de contribuição (a divisão da margem de contribuição sobre receita) será de 45% (1 menos 0,55).

Como os objetivos do problema são determinar o valor da receita (R) que: (1) forneça o ponto de equilíbrio; e, (2) o valor de receita (R) que gere um lucro de $ 225.000, podem-se estruturar as informações apresentadas da seguinte forma:

ITEM 1

Receita	R
Menos: Custos Variáveis	0,55 × R
Igual: Margem de Contribuição	0,45 × R
Menos: Custos Fixos	450.000
Igual: Lucro	0

Como já mencionado, sabemos que Margem de Contribuição menos Custos Fixos é igual ao Lucro, assim sendo:

$$0,45 \times R - 450.000 = 0$$

Donde:

$R = 450.000/0,45 = \$ 1.000.000$

Isto é, se a loja H2R vender $ 1.000.000 ao ano, atingirá o ponto de equilíbrio.

ITEM 2

Receita	R
Menos: Custos Variáveis	0,55 × R
Igual: Margem de Contribuição	0,45 × R
Menos: Custos Fixos	450.000
Igual: Lucro	225.000

Como já mencionado, sabemos que Margem de Contribuição menos Custos Fixos é igual ao Lucro, assim sendo:

$$0,45 \times R - 450.000 = 225.000$$

Donde:

$$R = 675.000/0,45 = \$ 1.500.000$$

Para que a loja H2R obtenha um lucro de $ 225.000, terá de vender $ 1.500.000 ao ano.

Para confirmar seu aprendizado, faça o exercício a seguir.

A LOJA DO VOVÔ

Vovô possui uma loja de roupa e opera com a seguinte estrutura de custos fixo:

ITENS	VALOR ($)
Aluguel	$ 30
Salários	$ 40
Contador e Advogado	$ 20
Outros Custos Fixos	$ 10
CUSTOS FIXOS: TOTAL	$ 100

A política de preço do vovô é que o preço seja o dobro do custo da roupa. Além do custo da roupa há a comissão de vendas, cujo valor é de 10% da receita.

Pede-se:

1. O valor da receita no ponto de equilíbrio.
2. O valor da receita a fim de se obter um lucro de $ 100.

A resposta encontra-se na página seguinte. Se você cometeu algum erro, retorne aos conceitos antes de continuar. Utilize o espaço abaixo para rascunho.

ITEM 1

	DEMONSTRATIVO DE RESULTADO	
	Receita	
Menos:	Custos Variáveis	
Igual:	Margem de Contribuição	
Menos:	Custos Fixos	
Igual:	Lucro	

ITEM 2

	DEMONSTRATIVO DE RESULTADO	
	Receita	
Menos:	Custos Variáveis	
Igual:	Margem de Contribuição	
Menos:	Custos Fixos	
Igual:	Lucro	

Resposta:

A estrutura de custo para o problema é:

CUSTOS VARIÁVEIS: compostos do valor da compra e da comissão.

1. Custo da aquisição de uma unidade = 0,50 × p.
2. Comissão e Impostos sobre a venda de uma unidade = 0,10 × p.

Custo variável de uma unidade = 0,6 × p.

CUSTOS FIXOS: dados no problema como $ 100.

ITEM 1: o OBJETIVO é obter uma receita em que o lucro seja zero (ponto de equilíbrio).

Os valores do Demonstrativo de Resultado, no caso, serão:

	DEMONSTRATIVO DE RESULTADO	
	Receita (R)	R
Menos:	Custos Variáveis (CV)	0,6 × R
Igual:	Margem de Contribuição (MC)	0,4 × R
Menos:	Custos Fixos (CF)	100
Igual:	Lucro (L)	0

Como o Demonstrativo de Resultado acima pode ser dividido em duas equações, temos:

Primeira Equação: $R - CV = MC \Rightarrow R - (0,6 \times R) = (0,4 \times R)$
Segunda Equação: $MC - CF = L \Rightarrow (0,4 \times R) - 100 = 0$

Donde:

$$R = 100/0,4 = \$ 250$$

ITEM 2: o OBJETIVO obter uma receita em que o lucro seja $ 100.

Os valores do Demonstrativo de Resultado, no caso, serão:

DEMONSTRATIVO DE RESULTADO		
	Receita (R)	R
Menos:	Custos Variáveis (CV)	$0{,}6 \times R$
Igual:	Margem de Contribuição (MC)	$0{,}4 \times R$
Menos:	Custos Fixos (CF)	100
Igual:	Lucro (L)	100

Como o Demonstrativo de Resultado acima pode ser dividido em duas equações, temos:

Primeira Equação: $R - CV = MC \Rightarrow R - (0{,}6 \times R) = (0{,}4 \times R)$

Segunda Equação: $MC - CF = L \Rightarrow (0{,}4 \times R) - 100 = 100$

Donde:

$$R = 200/0{,}4 = \$\ 500$$

6.4 *Mark-Up*

O método mais utilizado no mercado, principalmente no comércio, é o *mark-up*. Sobre custo do produto, o comerciante estabelece o preço de vendas, relacionando o valor de aquisição com um fator (isto é, um número). Esse preço será colocado na tarjeta de venda. O comerciante costuma, geralmente, ter um número, por exemplo: dobrar o preço de custo para determinar o valor de venda do produto. Esse fator varia de negócio para negócio e não há uma padronização. A expectativa do comerciante é de que o lucro obtido com a receita (a diferença entre o preço de venda e o custo do produto em um determinado volume de vendas) cubra os custos operacionais e gere um lucro satisfatório. Exemplificando, a Loja RLS Ltda. tem como política estabelecer o preço de venda de seus produtos multiplicando o custo do produto por dois (2). O produto A, cujo custo é de $ 5,00, tem o preço na tarjeta de venda de $ 10,00; já o produto B que custa $ 15,00 a loja vende por $ 30,00. No comércio esse fator é, normalmente, calculado pela relação do custo do produto no atacadista com o preço de venda no varejo.[4] Essa prática vem de acordo com os exemplos anteriores, a Loja H2R e a Loja do Vovô, nas quais os *mark-up* são 4 e 2, respectivamente.

---

[4] RETAIL MARKUP BY WIKIPEDIA; **The Free Encyclopedia.**

O método do *Mark-Up* também se encontra em algumas empresas industriais. O valor de vendas é determinado relacionando-se o custo do produto por um fator. Exemplo: a Editora Marcaduto Ltda., para determinar o preço de um livro, multiplica o custo de produzir um livro por 6 (seis). Tal qual no comércio, o valor obtido com as vendas objetiva pagar as despesas de vendas e administrativas, e gerar um lucro que recompense o capital investido. Em algumas empresas industriais o preço é determinado relacionando-se o *mark-up*, isto é, um fator, com os custos variáveis. Nesse caso, espera-se que a diferença entre o valor da receita com os custos variáveis cubra os custos fixos de produção, os custos fixos de vendas e administrativos, e gerem um lucro que recompense o capital aplicado. Como mencionado antes, não há padronização em sua determinação (*Mark-Up*).

Esse método do *Mark-Up*, também chamado de *cost plus pricing* ou Preço--Margem, consiste basicamente em "somar-se ao custo unitário do produto uma margem fixa para obter-se o preço de venda".[5] Tal margem é uma marcação que eleva o valor atribuído ao produto, ou seja, "é um índice aplicado sobre os custos de um bem ou serviço para a formação do preço de venda".[6] Como já mencionamos, essa margem deve ser suficientemente boa para cobrir suas despesas e gerar, ainda, um lucro satisfatório.

O objetivo de *Mark-Up* é permitir ao administrador ter inicialmente uma visão global, tal qual olhasse a floresta de cima, para depois empregar essa ferramenta a casos individuais. Para facilitar vamos exemplificar. A loja R&L é uma butique de vestuário feminino para alta sociedade. A empresa planeja que despesas operacionais anuais, fixas, sejam no valor de $ 720.000, e são representadas por: aluguel, contador, força e luz, telefone, salários dos empregados etc. O governo cobra, de impostos, 20% da receita. Para motivar as vendedoras, há como política que a comissão de vendas será de 5% da receita. Para valer o investimento, a loja deverá gerar um lucro anual de $ 480.000. Projeta-se que a receita anual seja de $ 2.400.000. A proprietária deseja estabelecer uma política de preço a fim de apreçar cada produto individualmente.

Para abordar o problema, pode-se empregar um fator que, multiplicado ao custo do produto, determina o preço de venda. Outra forma é definir um fator que, dividido ao custo do produto, se encontra o preço da tarjeta de venda. O primeiro processo é conhecido por **Mark-Up Multiplicador**. E, para entender como se determina esse fator, empregaremos o conceito do "gráfico de pizza", em que a receita representa 100%. As despesas operacionais anuais totalizarão $ 720.000. Os impostos, 20% da receita, custarão $ 480.000. E a comissão de vendas, 5% da

---

[5] SANTOS, Roberto Vatan dos. **Modelos de decisão para gestão de preços de venda.** Dissertação de mestrado da FEA-USP, 1995, p. 190.
[6] SANTOS, J. J. Formação do preço e do lucro. 4. ed. São Paulo: Atlas, 1995. In: COGAN, Samuel. **Custos e preços**: formação e análise. Rio de Janeiro: Pioneira, 1999. p. 133.

receita, $ 120.000. O lucro anual deverá ser de $ 480.000. Assim sendo, todas as despesas mais o lucro totalizarão $ 1.800.000 (que é a soma de $ 720.000, das despesas operacionais, mais $ 480.000, dos impostos, mais $ 120.000, da comissão de vendas, mais $ 480.000, do lucro). Assim sendo, o custo das mercadorias a serem vendidas terá de ser $ 600.000 ($ 2.400.000 menos $ 1.800.000). Ao relacionar receita sobre custo das mercadorias a serem vendidas teremos um fator igual a 4 ($ 2.400.000/$ 600.000). Portanto, se for empregado o fator 4 a cada unidade a ser vendida, e se a empresa obtiver a receita de $ 2.400.000, gastando com as despesas operacionais conforme projetado, o lucro anual será de $ 480.000.

Outra forma, como mencionado é uma relação de divisão. Daí o nome de **Mark-Up Divisor**. Enquanto no *Mark-Up* **Multiplicador** a relação é **Receita** dividida pelo **Custo das Mercadorias a serem Vendidas**. No *Mark-Up* **Divisor** essa relação é o **Custo das Mercadorias a serem Vendidas** sobre a **Receita**. Nesse caso, é comum expressar que o **Custo das Mercadorias a serem Vendidas** representa 25% da receita ($ 600.000/$ 1.800.000). Assim sendo, se adquirirmos uma peça pelo custo de $ 100, o preço de venda será de $ 400 ($ 100/0,25). Tal qual no *Mark-Up* **Multiplicador**, se a empresa obtiver a receita de $ 2.400.000, gastando com as despesas operacionais conforme o projetado, o lucro anual será de $ 480.000. Na verdade, é só uma forma de expressar, pois o *Mark-Up* **Divisor** é igual a um (1), se dividido pelo *Mark-Up* **Multiplicador**; assim como, o *Mark-Up* **Multiplicador** é igual a um (1), se dividido pelo *Mark-Up* **Divisor**.

Esse procedimento, no comércio, em que há muitos produtos, ajuda o comerciante a estabelecer um procedimento que o oriente a definir preço de produtos individuais, partindo de uma visão global. É uma visão financeira. Pois ele necessita determinar a margem do lucro bruto de sua empresa. Em outras palavras, se ele partir de uma previsão, que é indispensável a qualquer negócio, qual será o lucro bruto que terá de obter, de forma a pagar os outros custos operacionais, como aluguel, salário etc., e gerar o lucro esperado? E o *mark-up* é uma "ferramenta", ou modelo, que ajuda ao gestor a definir essa política de preço, que partindo do conceito geral que relaciona os custos dos produtos com receita, "traduz" o valor de venda para cada produto.

Se prestarmos atenção, o conceito do *Mark-Up* é muito simples. Basta empregar o conceito do "gráfico de pizza", mencionado anteriormente. Ao relacionar o custo que será a base para computar o preço dos produtos, com a receita está-se dizendo que este será de X% (ou, 25%) da receita ou que a receita é Y vezes o valor do referido custo; o importante é que: $Y = 1/X$ ou $X = 1/Y$. Retornando ao exemplo da loja R&L, para determinar o *Mark-Up* foi relacionado o custo dos produtos com a receita. Assim sendo, a receita tem de ser quatro vezes maior que o custo do produto; ou custo do produto tem de ser 25% da receita. Olhando o "gráfico de pizza" com os dados do problema, temos:

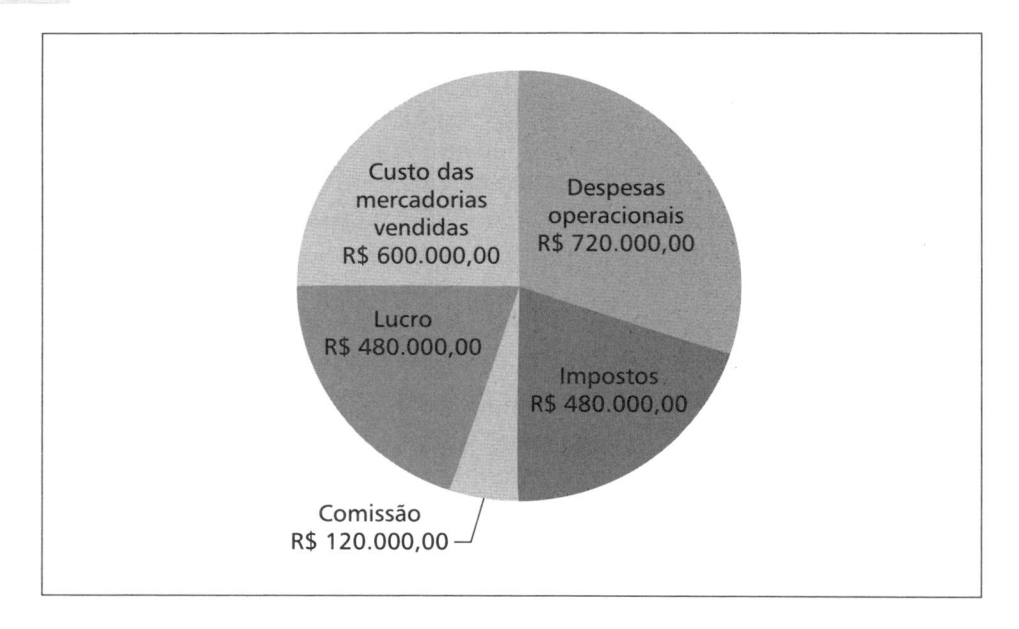

Gráfico (pizza):
- Custo das mercadorias vendidas R$ 600.000,00
- Despesas operacionais R$ 720.000,00
- Lucro R$ 480.000,00
- Impostos R$ 480.000,00
- Comissão R$ 120.000,00

A **Receita**, por definição, é o somatório dos custos e das despesas mais o lucro. Assim sendo, ela representa 100% do gráfico. Numa loja, o gestor consegue prever o volume de venda, mas ele não sabe com confiança quais são os vestuários que serão adquiridos. O volume de venda, por sua vez, tem histórico e relação com outros dados da economia, como renda *per capita*, produto nacional bruto etc. Portanto, sua previsão não é por número de peças vendidas, e sim em valor monetário, como os $ 2.400.000.

Lógico que, para alcançar a venda pretendida, os $ 2.400.000, ele terá de disponibilizar produtos para venda, sem pressionar seus vendedores a dar preferência a esse ou aquele produto. Contudo, a coação e o estímulo serão em cima da receita. Os vendedores terão de atingir as cotas de vendas; para tanto haverá a comissão de vendas. A punição por não atingir a sua cota é a demissão. O comerciante ou o gestor irá se preparar operacionalmente para que, quando a clientela chegue à loja, haja mercadorias e o atendimento esperado. Esse processo de levar mercadoria para a loja e atender dentro da expectativa do consumidor é traduzido monetariamente em custos de capacidade, que, em geral, são fixos e locados nas áreas administrativas e de vendas.

Assim sendo, projetar o quanto de despesas os itens administrativos e de vendas irão consumir de recursos é muito mais simples e preciso do que projetar os custos das peças a serem vendidas. Pois, para projetar o custo das mercadorias a serem vendidas, dois elementos deverão ser considerados: a peça a ser vendida e seu volume de venda. No varejo, o comerciante disponibiliza a venda produtos com características que deseja expressar. Por exemplo, a loja R&L está focada num público de alta renda, gosto sofisticado, produtos com excelente acabamento e exclusivos, atendimento personalizado e, o mais importante, ser uma butique reconhecida como inovadora ou que lança **Moda**. Em casos como esse, há dúvida se o mercado irá aceitar o produto A ou B. Às vezes, A é um sucesso, e B, um fracasso de vendas. De qualquer forma, o sucesso de um mais do que recompensa o fracasso de outro. A margem bruta é projetada para esses fenômenos.

Não sabendo exatamente qual dos produtos terá maior demanda, fica difícil de avaliar o volume que irá vender. Se a **Moda** "pega", a demanda é grande. O importante é disponibilizar os produtos na loja, de forma que, quando a clientela chegar haja mercadoria para venda; mesmo que o prazo para obter e disponibilizar alguns produtos seja exíguo. Esse é um elemento operacional com curto espaço de tempo. E, conhecido como planejamento operacional ou tático. Já no planejamento gerencial o foco é na receita, custos e despesas.

Projeta-se, então, a receita em $ 2.400.000, prevendo que irá despender: $ 720.000, em despesas operacionais; $ 480.000, em impostos; e, $ 120.000, em comissão; e desejando obter um lucro de $ 480.000. Consequentemente, o **Custo das Mercadorias a serem Vendidas** será de $ 600.000, a diferença entre a **Receita** ($ 2.400.000) e o somatório dos **Outros Custos** com o **Lucro Desejado** ($ 1.800.000 = $ 720.000 + $ 480.000 + $ 120.000 + $ 480.000).

Ao determinar o *Mark-Up* como feito anteriormente, está se supondo que os recursos administrativos e de vendas serão consumidos uniformemente entre as mercadorias que serão vendidas. Quando algum produto consome recursos de forma diferenciada, como na indústria, é interessante agrupar esse item (ou, esses itens) de custo, para posteriormente correlacioná-lo com a receita, determinando o *Mark-Up*. Na indústria, como as que fabricam sob encomenda, os recursos são consumidos diferentemente. A empresa possui *expertise* em determinado tipo de equipamentos/produto, o que significa que seus recursos, equipamentos e funcionários têm experiência e histórico nesse tipo de fabricação. Acontece que cada encomenda possui característica específica. Em resumo, cada encomenda irá consumir recursos de produção diferenciados.

A empresa, quando projeta sua venda, o faz através da receita, por não saber o que o cliente irá encomendar. Dentro de um escopo, a indústria poderá vender um número muito grande de produtos. Na verdade, ela venderá o seu fator limitativo, como homem-hora ou máquina-hora etc. Cada encomenda, quando assim ocorrer, absorverá esses recursos de forma diferenciada. O importante para a empresa industrial, contudo, é obter uma receita de encomendas no ano, de forma que pague as outras despesas administrativas e de vendas e gere um lucro que recompense o capital investido.

Para determinar o preço que irá vender uma encomenda, há de se correlacionar o custo dos produtos com a receita, o que a princípio é o mesmo procedimento feito anteriormente com a loja R&L. Só que, na loja foi considerado apenas o custo da mercadoria, e agora será o custo de produção do produto. Neste caso, o custo dos produtos incluirá custos fixos e variáveis de produção. E, uma vez definidos os valores do *Mark-Up*, seja este multiplicador ou divisor, há a necessidade de se computar o valor do custo de cada produto, que inclui o processo de alocação desses custos de produção ao produto. Aí sim, multiplica-se ou divide-se o custo do produto pelo *Mark-Up*, para determinar o preço que se irá vender o produto. O processo de alocação de custos é assunto de interesse de custeio de produto, que está fora do escopo aqui apresentado. Mas, para ajudar na compreensão do que foi exposto, será apresentado um exemplo:

A indústria POR-PAR-TE deseja estabelecer um fator que, ao ser multiplicado pelo custo da encomenda, defina o preço a cobrar do cliente. A venda projetada para o ano é de $ 2.000.000. Os diretores planejam incorrer nos seguintes valores de despesas: administrativas = $ 200.000; de vendas = $ 100.000; impostos = $ 400.000. O lucro desejado será de $ 600.000. O custo dos **Produtos a serem Vendidos** deverá ter o seguinte valor:

CUSTO DOS PRODUTOS A SEREM VENDIDOS = RECEITA − (OUTROS CUSTOS + LUCRO)

RECEITA = $ 2.000.000

OUTROS CUSTOS = $ 200.000 + $ 100.000 + $ 400.000 = $ 700.000

LUCRO = $ 600.000

CUSTO DOS PRODUTOS A SEREM VENDIDOS = $ 2.000.000 − ($ 700.000 + $ 600.000)

CUSTO DOS PRODUTOS A SEREM VENDIDOS = $ 700.000

Esses cálculos podem ser mais facilmente compreendidos, se expressos pelo "gráfico de pizza" a seguir:

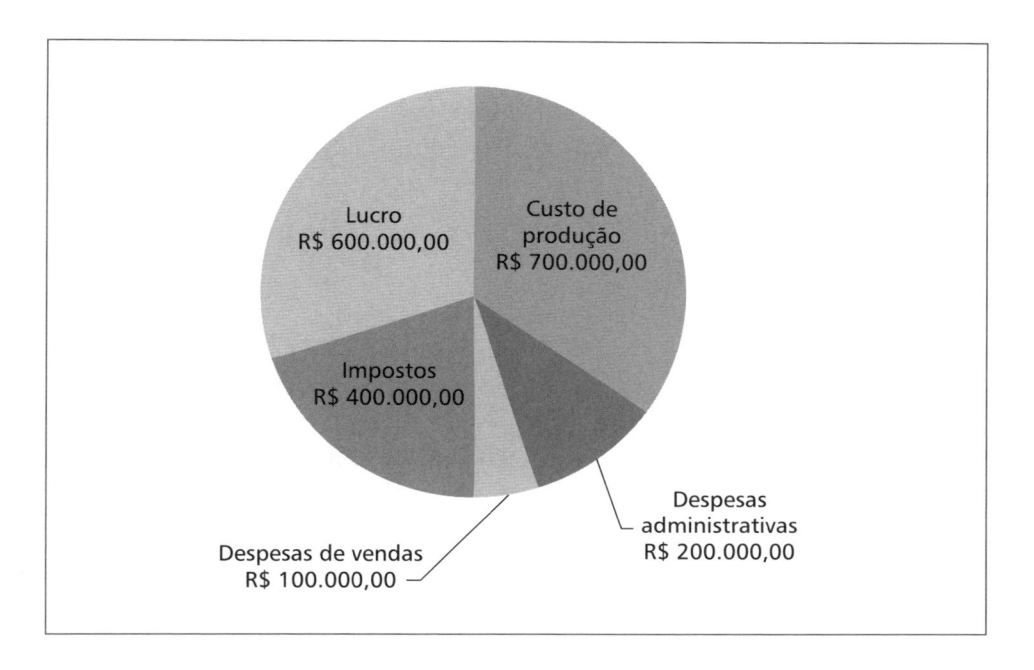

Pie chart:
- Lucro R$ 600.000,00
- Custo de produção R$ 700.000,00
- Impostos R$ 400.000,00
- Despesas de vendas R$ 100.000,00
- Despesas administrativas R$ 200.000,00

A aplicação do conceito de *Mark-Up* ao problema pode ser feita através de algoritmos, o que será assunto do próximo tópico. Posteriormente, esses algoritmos serão aplicados a estudos de casos, objetivando seu processo de aprendizado.

6.4.1 Mark-up *multiplicador: algoritmo*

Por definição: *RECEITA = CUSTO TOTAL + LUCRO*

O **Custo Total** é o somatório de custos e despesas da empresa. No caso do comércio, em que queremos relacionar o **Custo do Produto** com a **Receita**, o **Custo Total** será desmembrado em **Custo do Produto** mais **Outras Despesas**. Inclusos nessas **Outras Despesas** há os impostos e todas as despesas dos setores de administração e de vendas. Assim sendo, a equação do **Custo Total** será:

CUSTO TOTAL = CUSTO DO PRODUTO + OUTRAS DESPESAS

Substituindo na primeira equação o **Custo Total** pela equação apresentada acima, teremos:

RECEITA = CUSTO DOS PRODUTOS + OUTRAS DESPESAS + LUCRO

Portanto, se colocar a equação anterior, explicitando-se o **Custo do Produto**, teremos:

$$\text{CUSTO DOS PRODUTOS} = \text{RECEITA} - (\text{OUTRAS DESPESAS} + \text{LUCRO})$$

Sabe-se que *Mark-Up* **Multiplicador** é a relação entre **Receita** dividida pelo **Custo do Produto**, portanto

$$\text{MARK-UP } \textit{MULTIPLICADOR} = \frac{\text{RECEITA}}{\text{CUSTO DO PRODUTO}}$$

Substituindo-se, nessa equação, o **Custo do Produto** por **Receita**, menos o somatório de **Outras Despesas** com **Lucro**, a equação que expressará o algoritmo do *Mark-Up* Multiplicador será:

$$\text{MARK-UP } \textit{MULTIPLICADOR} = \frac{\text{RECEITA}}{\text{RECEITA} - (\text{OUTRAS DESPESAS} + \text{LUCRO})}$$

Para confirmar o que foi explanado passo a passo anteriormente poderá ser apresentado conforme a equação a seguir.

$$\frac{\text{RECEITA}}{\text{CUSTO DO PRODUTO}} = \text{MARK-UP } \textit{MULTIPLICADOR}$$

$$= \frac{\text{RECEITA}}{\text{RECEITA} - (\text{OUTRAS DESPESAS} + \text{LUCRO})}$$

Para fixar uma melhor compreensão, será exemplificada a seguir a aplicação do conceito de *Mark-Up Multiplicador*.

6.4.1.1 Determinando o *mark-up* multiplicador através de um exemplo

Os proprietários da loja H2R Ltda., uma loja especializada em parafusos, projetam uma receita de $ 300.000,00. Seus custos são: (1) despesas operacionais, $ 75.000,00; e, (2) impostos sobre as vendas, 15% da receita. Para compensar o investimento realizado, o lucro deverá ser de 20% da receita, uma prática aplicada em lojas similares. Como os produtos disponibilizados para vendas são muitos, pois além dos parafusos há máquinas de corte de grama, compressores, máquinas de lavar sob pressão, máquinas de corte, lixadeiras elétricas etc., eles desejam determinar o *mark-up* a ser aplicado ao custo de cada um desses produtos, como uma política de preço da loja, de modo a alcançar o lucro desejado e pagar os impostos sobre as vendas e as despesas do negócio.

Resposta:

Objetivos a serem atingidos

1. Receita = $ 300.000,00
2. Outros custos operacionais = $ 75.000,00
3. Impostos sobre vendas = 15% × $ 300.000,00 = $ 45.000,00
4. Lucro = 20% × $ 300.000,00 = $ 60.000

As **Outras Despesas** são representadas pelos itens 2 e 3 acima, isto é **Outros Custos Operacionais** e **Impostos sobre Vendas**. Assim sendo:

Outras Despesas = $ 75.000 + $ 45.000 = $ 120.000

Portanto, o cálculo do *Mark-Up* Multiplicador será:

$$\text{MARK-UP } MULTIPLICADOR = \frac{\$\ 300.00}{\$\ 300.000 - (\$\ 120.000 + \$\ 60.000)} = \frac{\$\ 300.000}{\$\ 120.000} = 2,5$$

Assim sendo, qualquer produto adquirido para venda terá seu custo multiplicado por 2,5, a fim de determinar o preço de venda. Por exemplo, o compressor, que é comprado por $ 120,00, deverá ser vendido por $ 300,00.

6.4.2 Mark-Up *divisor*

Anteriormente já foi exposto que o ***Mark-Up* Divisor** é 1 (um) sobre o ***Mark-Up* Multiplicador**. O que significa dizer que o ***Mark-Up* Divisor** é relação do **Custo do Produto** sobre a **Receita**. Portanto, pode-se expressar a equação como:

$$\text{MARK-UP } DIVISOR = \frac{\text{CUSTO DO PRODUTO}}{\text{RECEITA}}$$

O **Custo do Produto** é igual a:

$$\text{CUSTO DO PRODUTO} = \text{RECEITA} - (\text{OUTRAS DESPESAS} + \text{LUCRO})$$

Substituindo o **Custo do Produto** pela equação anterior, teremos o algoritmo que expressa o *Mark-Up* **Divisor**:

$$\text{MARK-UP } DIVISOR = \frac{RECEITA - (OUTRAS\ DESPESAS + LUCRO)}{RECEITA}$$

6.4.2.1 Determinando o *Mark-Up Divisor* através de um exemplo

Empregando o exemplo anterior, da Loja H2R Ltda., para determinar o *Mark--Up* **Divisor**, teremos:

$$\text{MARK-UP } DIVISOR = \frac{\$\ 300.000,00 - (\$\ 120.000 + \$\ 60.000)}{\$\ 300.000,00} = 0,4$$

Significando que o custo de um produto deverá ser 40% do preço de venda. Assim sendo, se o compressor custa $ 120,00, para determinar o preço de venda divide-se o custo dele por 0,4 (*Mark-Up* **Divisor**).

$$Preço\ do\ Compressor = \frac{\$\ 120,00}{0,4} = \$\ 300,00$$

Provando que o *Mark-Up* **Multilplicador** é igual 1 (um) sobre o *Mark-Up* **Divisor**, temos:

$$2,5 = \frac{1}{0,4}$$

Da mesma forma, provando que o *Mark-Up* **Divisor** é igual 1 (um) sobre o *Mark-Up* **Multilplicador**, temos:

$$0,4 = \frac{1}{2,5}$$

Na vida real, é mais confortável utilizar o *Mark-Up* **Multiplicador**, pois, sabendo o custo do produto, a multiplicação pelo **Fator** é mais natural que a divisão. Para mostrar como a aplicação deste conceito é simples, a seguir será apresentado um estudo de caso que é um exemplo fictício da abertura de uma loja no Rio-Sul.[7]

---

[7] Rio-Sul é um *shopping-center* localizado na zona sul do Rio de Janeiro (Botafogo).

6.4.3 Estudo de caso para determinação do Mark-Up: abrindo uma loja no Rio-Sul

Abertura de Loja no Rio-Sul

Estudo de caso para determinação do *MARK-UP.*

João e Maria querem abrir uma loja de roupas femininas no Rio-Sul. Ambos possuem um bom relacionamento na sociedade e são reconhecidos pelo bom-gosto em se vestir e por conhecer fornecedores com marcas famosas. A estrutura de custo para poderem operar num volume de receita mensal entre $ 60.000 e $ 200.000 será:

- Os Impostos Indiretos são computados em 17% da receita bruta.
- A Comissão sobre Vendas representa 8% da receita bruta.
- Os Custos Fixos Mensais totalizam $ 15.000.
- A Taxa do Imposto de Renda e da CSLL (Contribuição Social sobre o Lucro Líquido), é 30% do Lucro Antes do Imposto de Renda (LAIR).

Pergunta 1:

Em pesquisa realizada no mercado, verificaram que a venda mínima mensal, no valor de $ 60.000, seria facilmente atingida. Como ambos são adversos a riscos, eles gostariam de saber qual seria o *mark-up* multiplicador que deveriam alocar ao custo das mercadorias vendidas a fim de obterem o ponto de equilíbrio para a receita mensal de $ 60.000.

Pergunta 2:

Se a receita bruta mensal for de $ 100.000 e o lucro líquido mensal desejado for de $ 14.000,00, mantendo a mesma estrutura de custos, qual deverá ser o *mark-up* multiplicador?

Pergunta 3:

Mantendo a receita bruta e o lucro líquido da pergunta acima, mas incluindo os Impostos Indiretos de 20% nas compras, e sabendo que este valor será creditado no imposto indireto sobre a venda, qual seria o *mark-up* multiplicador sobre o valor de compra? Considere que o *mark-up* multiplicador sobre o valor de compra será um fator que multiplicará o preço de compra e não o Custo da Mercadoria Vendida.

Obs.: *mark-up* aqui será considerado a relação entre Receita Bruta sobre Custos das Mercadorias Vendidas, isto é, para cada $ 1 pago em uma mercadoria, qual deverá ser o valor da venda?

SOLUÇÃO:

PERGUNTA 1

Dados do Problema:

- RECEITA = $ 60.000
- IMPOSTOS INDIRETOS = 17% × $ 60.000 = $ 10.200
- COMISSÃO = 8% × $ 60.000 = $ 4.800
- CUSTOS FIXOS = $ 15.000
- LUCRO LÍQUIDO (LL) = 30% × LUCRO ANTES DO IMPOSTO DE RENDA (LAIR)
- LL = LAIR = $ 0 (zero)

Calculando:

- OUTRAS DESPESAS = $ 10.200 + $ 4.800 + $ 15.000 = $ 30.000

$$\text{MARK-UP } MULTIPLICADOR = \frac{RECEITA}{RECEITA - (OUTRAS\ DESPESAS + LUCRO)}$$

$$\text{MARK-UP } MULTIPLICADOR = \frac{\$\ 60.000}{\$\ 60.000 - (\$\ 30.000 + \$\ 0)} = \frac{\$\ 60.000}{\$\ 30.000} = 2$$

$$\text{MARK-UP } DIVISOR = \frac{RECEITA - (OUTRAS\ DESPESAS + LUCRO)}{RECEITA}$$

$$\text{MARK-UP } DIVISOR = \frac{\$\ 60.000 - (\$\ 30.000 + \$\ 0)}{\$\ 60.000} = \frac{\$\ 30.000}{\$\ 60.000} = 0,5$$

PERGUNTA 2:

Dados do Problema:

- RECEITA = $ 100.000

- IMPOSTOS INDIRETOS = 17% × $ 100.000 = $ 17.000
- COMISSÃO = 8% × $ 100.000 = $ 8.000
- CUSTOS FIXOS = $ 15.000
- LUCRO LÍQUIDO = LL = $ 14.000
- LUCRO ANTES DO IMPOSTO DE RENDA = LAIR
- LL = LAIR − (0,3 × LAIR) = 0,7 × LAIR
- LL = LAIR/0,7 = $ 14.000/0,7 = $ 20.000

Calculando:

- OUTRAS DESPESAS = $ 17.000 + $ 8.000 + $ 15.000 = $ 40.000

$$\text{MARK-UP } \textit{MULTIPLICADOR} = \frac{RECEITA}{RECEITA - (OUTRAS\ DESPESAS + LUCRO)}$$

$$\text{MARK-UP } \textit{MULTIPLICADOR} = \frac{\$\ 100.000}{\$\ 100.000 - (\$\ 40.000 + \$\ 20.000)} = \frac{\$\ 100.000}{\$\ 40.000} = 2,5$$

$$\text{MARK-UP } \textit{DIVISOR} = \frac{RECEITA - (OUTRAS\ DESPESAS + LUCRO)}{RECEITA}$$

$$\text{MARK-UP } \textit{DIVISOR} = \frac{\$\ 100.000 - (\$\ 40.000 + \$\ 20.000)}{\$\ 100.000} = \frac{\$\ 40.000}{\$\ 100.000} = 0,4$$

PERGUNTA 3:

Como expresso anteriormente, o *Mark-Up*$_{Multiplicador}$, é a relação da receita com o custo que se deseja expressar. Doravante, neste item do problema, o item de custo em questão é a compra. Quando o produto é comprado, por exemplo, por $ 100, e há um imposto indireto que gera crédito, como 20%, seu valor registrado em estoque será de $ 80, que é $ 100 a menos do que os 20% do valor da nota fiscal, isto é, o valor da compra. Quando o produto é vendido, o valor a ser atribuído à conta Custo das Mercadorias Vendidas será de $ 80 − o valor que se encontra registrado em Estoque. Se prestarmos atenção na estrutura de informação de um Demonstrativo de Resultado, teremos:

Receita Bruta
menos: Impostos Indiretos
igual: Receita Líquida
menos: Custos das Mercadorias Vendidas
igual: Lucro Bruto

Os impostos indiretos são um percentual das vendas ou do valor das notas fiscais de vendas emitidas pela empresa. Assim sendo, o *Mark-Up$_{Multiplicador}$* apresentado anteriormente relaciona a **Receita Bruta** com o **Custo das Mercadorias Vendidas**. No caso da pergunta anterior, isto é, a pergunta 2, o **Custo das Mercadorias Vendidas** será de 40% da **Receita Bruta**. Portanto, os custos dos produtos em estoque deverão ser multiplicados por 2,5 para terem seu preço de venda. No Brasil, há o crédito de impostos indiretos na compra. Assim sendo, deve-se levar em consideração esse problema e relacionar a receita bruta, que sempre denominaremos de **Receita**, com as compras. Para tanto:

$$\text{MARK-Up}_{compras} = \frac{\text{RECEITA}}{\text{COMPRAS}}$$

Não se esquecendo que a relação **Receita** sobre **Custo do Produto** será mais bem expressa e evitará confusão se explicitar em relação a **Custo das Mercadorias Vendidas**. Portanto:

$$\text{MARK-Up}_{\text{Custo das Mercadorias Vendidas}} = \frac{\text{RECEITA}}{\text{CUSTO DAS MERCADORIAS VENDIDAS}}$$

Como já descrito, o **Custo das Mercadorias Vendidas** é determinado pela multiplicação do valor de **Compras** pela subtração de um (1) menos a taxa dos custos indiretos da compra. Lembre-se do que já foi descrito anteriormente: se compramos um produto por $ 100,00 e a taxa dos impostos indiretos for de 20%, o valor do custo das mercadorias vendidas será de $ 80 [que é igual a $ 100 × (1 − 0,2)]. Assim sendo, sua equação será:

Custo das Mercadorias Vendidas = Compras × (1 − Taxa dos Impostos Indiretos)

Na equação acima, podemos dividir ambos os lados pela **Receita**, o que não irá afetar o resultado, portanto:

$$\frac{\text{CUSTO DAS MERCADORIAS VENDIDAS}}{\text{RECEITA}}$$

$$= \frac{\text{COMPRAS} \times (1 - \textit{TAXA DOS IMPOSTOS INDIRETOS})}{\text{RECEITA}}$$

A equação acima pode, também, ser expressa por:

$$\frac{\text{CUSTO DAS MERCADORIAS VENDIDAS}}{\text{RECEITA}}$$

$$= \frac{\text{COMPRAS}}{\text{RECEITA}} \times (1 - \textit{TAXA DOS IMPOSTOS INDIRETOS})$$

Substituindo as divisões das **Receitas** pelos devidos *Mark-Up*, teremos:

$\text{Mark} - UP_{compras}$
$= \text{Mark} - UP_{\text{Custo das Mercadorias Vendidas}} \times (1 - \textit{Taxa dos Impostos Indiretos})$

Como no exemplo anterior o *Mark-Up*$_{\text{Custo das Mercadorias Vendidas}}$ foi igual a 2,5, e a **Taxa dos Impostos Indiretos** é igual 20% ou 0,2; temos:

$$\textit{Mark-up}_{compras} = 2,5 \times (1 - 0,2) = 2,0$$

Se os **Custos das Mercadorias Vendidas** são iguais a $ 40.000,00; as **Compras** serão $ 50.000,00. E, $ 10.000,00 são o valor dos impostos indiretos do valor das compras, que reduzirão o valor a ser pago dos impostos indiretos das vendas, que é de $ 17.000. Dessa forma, um produto cujo custo de compra é de $ 15,00, ele será vendido por $ 30,00 e o custo da mercadoria vendida será de $ 12,00. Os impostos indiretos que o governo cobra sobre o produto totalizam $ 3,00.

6.4.4 Exercício de autoavaliação

Para confirmar seu aprendizado, faça o exercício a seguir.

Daniel montou uma loja de utensílios domésticos, no *shopping* mais famoso da cidade. Sua previsão é de obter uma receita anual de $ 1.200.000. Ele projeta que seus custos serão:

- Os impostos serão computados através do lucro presumido e deverão representar 20% das vendas.

- A comissão de vendas será de 10% da receita.
- Os custos fixos anuais estão projetados em $ 240.000.
- Poder fazer uma retirada média mensal (lucro) de $ 10.000.

Pede-se:

Qual é o *mark-up* multiplicador e o divisor a ser empregado na determinação dos preços de produtos?

SOLUÇÃO

Dados do Problema:
- Receita Projetada =
- Impostos =
- Comissão de Vendas =
- Custos Fixos Anual =
- Lucro Anual Desejado =
- Outras Despesas Operacionais + Lucro Desejado =

CÁLCULO DO *MARK-UP* MULTIPLICADOR E DIVISOR:
- *Mark-Up* Multiplicador =
- *Mark-Up* Divisor =

COMPROVANDO:

CUSTOS VARIÁVEIS (CV) =

Demonstrativo de Resultado	
Receita ($R)	
(–) Custos Variáveis (CV)	
(=) Margem de Contribuição (MC)	
(–) Custos Fixos (CF)	
(=) Lucro	

Resposta
- Receita Projetada = $ 1.200.000

- Impostos = 20% da Receita (ou 0,2 × $ 1.200.000) = $ 240.000
- Comissão de Vendas = 10% da Receita (ou 0,1 × $ 1.200.000) = $ 120.000
- Custos Fixos Anual = $ 240.000
- Lucro Anual Desejado = $ 120.000
- Outras Despesas Operacionais + Lucro Desejado = $ 240.000 + $ 120.000 + $ 240.000 + $ 120.000 = $ 720.000

CÁLCULO DO *MARK-UP* MULTIPLICADOR E DIVISOR:
- *Mark-Up* Multiplicador = $ 1.200.000/($ 1.200.000 − $ 720.000) = 2,5
- *Mark-Up* Divisor = ($ 1.200.000 − $ 720.000)/$ 1.200.000 = 0,4

COMPROVANDO:

CUSTOS VARIÁVEIS (CV) = Custo das Mercadorias Vendidas + Impostos + Comissão de Vendas = $ 480.000 + $ 240.000 + $ 120.000 = $ 840.000

Demonstrativo de Resultado	
Receita ($ R)	$ 1.200.000
(−) Custos Variáveis (CV)	$ 840.000
(=) Margem de Contribuição (MC)	$ 360.000
(−) Custos Fixos (CF)	$ 240.000
(=) Lucro	$ 120.000

6.5 O uso da planilha

Acompanhando este material, há um arquivo em PowerPoint© que poderá ajudá-lo a determinar a receita ou o *mark-up*, seu nome é: **Determinar Receita ou Mark-Up**. Nesse arquivo, há três (3) planilhas, cujos objetivos são: (1) determinar a RECEITA com metas de lucro; ou (2) determinar o *Mark-Up* do negócio, também, com metas de lucro.

Na primeira planilha, cujo nome é **Demonstrativo de Resultado**, você deverá informar o lucro objetivado, em que há duas possibilidades. As possibilidades de informar esse **Lucro Objetivado** são descritas abaixo. Além do lucro objetivado, você pode, também, fornecer a percentagem dos **Impostos Indiretos** que recaem sobre os valores dos produtos comprados, célula B10. É bom lembrar que o programa calcula a receita, bem como o *mark-up*, considerando o valor dos produtos no estoque; valor este que é determinado subtraindo-se do valor das compras os impostos indiretos sobre as compras. Por exemplo, se os impostos indiretos sobre as compras, como PIS, COFINS e ICMS, totalizam 20%, e o valor da compra do produto for $ 100, o valor desse produto no estoque será de $ 80 ($ 100 menos 20% de seu valor). E, na venda do produto, esse será o valor a ser atribuído à conta Custo das Mercadorias Vendidas, isto é, $ 80.

- Na primeira possibilidade, você fornecerá a Taxa do Imposto de Renda e a Contribuição Social sobre o Lucro Líquido, que na planilha são apresentadas como Taxa do Imposto de Renda (IR) e da CSLL, para as empresas que trabalham com lucro real, além do Lucro Líquido desejado. Automaticamente, será computado o Lucro Antes do Imposto de Renda (LAIR) e CSLL, que está na célula B9.
- A segunda opção em fornecer o Lucro Objetivado é através da célula B6, em que se imprime o Lucro Antes do Imposto de Renda Desejado em função (%) da Receita. Por exemplo, deseja-se um Lucro Antes do Imposto de Renda que seja de 20% da Receita.

Observe que:

1. **Não é Permitido** fornecer concomitantemente os dois objetivos de lucro. Em resumo, escolha um dos dois objetivos de lucro, caso contrário haverá uma informação de ERRO.
2. Outro ponto importante: quando se deseja determinar o *Mark-Up*, a célula B5 tem de ser preenchida – que é a **Receita Bruta** projetada. Já quando se deseja determinar a **Receita** esse campo tem de ser zero ou estar vazio. Contudo, na planilha **Desp. e Imp. em % da Receita**, na célula B6, deve-se fornecer a percentagem dos custos das mercadorias vendidas em relação à receita (ou, ao preço de um produto). Já ao calcular o *Mark-Up* essa célula B6, da planilha **Desp. e Imp. em % da Receita**, tem de ser zero ou estar vazia.

Na segunda planilha, com o nome de **Despesas Fixas**, informam-se os itens de despesas fixas da organização, como: salários, aluguéis etc. Os valores dessas rubricas serão totalizados e levados para o cálculo da **Receita** ou do *Mark-Up*.

Finalmente, a terceira planilha, cujo nome é **Desp. e Imp. em % da Receita** (que significa as Despesas e Impostos, que são um percentual da receita), informa-se em percentagens os itens de despesas e impostos que são calculados em função da receita.

- O primeiro dos itens é a célula B6, que não é utilizada para determinar o **Mark-Up**. Seu preenchimento somente é necessário quando se deseja determinar a **Receita Bruta**, seja para o ponto de equilíbrio como para um lucro objetivado. Nesse caso, você fornece a percentagem do custo do produto em estoque em relação ao preço. Em outras palavras, esse é o percentual dos Custos das Mercadorias Vendidas em função da Receita Bruta.

- No outro conjunto de despesas, **Outras Despesas Variáveis em Função da Receita (Como Comissão de Vendas)**, podem-se informar itens que são calculados em função da receita. Por exemplo, a empresa tem como política pagar 5% da receita como comissão de vendas. Nesse caso, no campo A9, escreve-se Comissão de Vendas, e no B9 insere seu valor. E, assim, pode-se fazer para os outros itens, preenchendo os campos A10 e B10, A11 e B11 etc.

- Os impostos indiretos possuem campos próprios, que são escritos separadamente, como ICMS, PIS e COFINS. Caso a empresa trabalhe com o regime do Imposto de Renda conhecido como SIMPLES, deverá preencher na célula A17 "Imposto de Renda através do Regime Simples" e na célula B17, adicionar o percentual do imposto que é calculado em função da receita, como 8%. Preste atenção em **não adicionar** valor algum na taxa do imposto de renda e da contribuição social na planilha **Demonstrativo de Resultado**, célula B8, bem como nas células B24 e B25 dessa planilha, **Desp. e Imp. em % da Receita**. Os valores das células B24 e B25 são explicados a seguir. Para o regime do SIMPLES o sistema não tem controle por erro de inserção das informações das taxas dos Impostos de Renda e Contribuição Social sobre o Lucro Líquido.

- Finalmente, se a empresa trabalhar com regime de lucro presumido as taxas do Imposto de Renda e da taxa da Contribuição Social sobre o Lucro Líquido deverão ser incluídas nas células B24 e B25, respectivamente. É importante notar que se, porventura, lançamos a taxa do Imposto de Renda e da CSLL na primeira planilha, não podemos atribuir nenhum percentual a esses itens na planilha de Custos Variáveis, caso contrário o resultado será ERRO.

Para melhor exemplificar, utilizemos o modelo da loja H2R anteriormente apresentado.

6.5.1 Determinando a receita através da planilha

A loja H2R comercializa suprimentos para computadores. Sua política de preço é de vender os produtos por um preço 4 (quatro) vezes acima do que lhe custa a peça no estoque. Para incentivar seus vendedores, a empresa tem como política pagar uma comissão de vendas igual 10% da receita. Só há um único imposto, imposto sobre as vendas, um imposto indireto que incide na hora da venda, cujo valor é de 20% da receita. Não há desconto sobre o imposto na compra de mercadoria e não há Imposto de Renda. A empresa possui despesas fixas que totalizam $ 450.000,00 ao ano. Pede-se: (1) a receita a ser obtida a fim de atingir o ponto de equilíbrio; (2) e, qual deverá ser a receita para se obter um lucro de $ 225.000,00?

Resposta:

No primeiro item, não há que se preencher campo algum na planilha **Demonstrativo de Resultados** – lembre-se o **Lucro Objetivado** no ponto de equilíbrio é zero, $ 0,00. Na planilha de **Despesas Fixas**, escreva na célula A5 a rubrica como Despesas Fixas Anuais, ou outro nome qualquer que desejar, e atribua na célula B5 o valor de $ 450.000,00. Na planilha de **Desp. e Imp. em % da Receita**, escreva na célula B6, Percentagem dos Custos das Mercadorias em função da receita, excluindo os impostos indiretos, o valor de 25%, que é um quarto do preço de venda (basta escrever 25, que o programa assume 25%). Nas células A9 e B9, escreva Comissão de Vendas e 10; e, nas células A17 e B17, escreva Imposto sobre Vendas e 20. Retorne à planilha **Demonstrativo de Resultados** que o resultado, isto é, **A Receita em Função ao Lucro Esperado**, será de $ 1.000.000,00

No segundo item, além dos campos já preenchidos, adicione o valor de $ 225.000,00 na célula B7, **Lucro Líquido: Desejado em Valor Monetário** (R$), da planilha **Demonstrativo de Resultados**. A resposta na célula B12, **A Receita em Função do Lucro Esperado**, será de $ 1.500.000,00.

6.5.2 Determinando o mark-up através da planilha

Os proprietários da loja H2R Ltda., uma loja especializada em parafusos, projetam uma receita de $ 300.000,00. Seus custos são: (1) despesas operacionais, $ 75.000,00; e, (2) impostos sobre as vendas, 15% da receita. Para compensar o investimento realizado, o Lucro antes do Imposto de Renda deverá ser de 20% da receita, uma prática aplicada em lojas similares. Como os produtos disponibilizados para venda são muitos, pois além dos parafusos há máquinas de corte de grama, compressores, máquinas de lavar sob pressão, máquinas de corte, lixadeiras elétricas etc., eles desejam determinar o *mark-up* a ser aplicado ao custo de cada um desses produtos, como uma política de preço da loja, de modo a alcançar o lucro desejado e pagar os impostos sobre as vendas e as despesas do negócio.

Na planilha **Demonstrativo de Resultados**, na célula B6, **Lucro Antes do Imposto de Renda Desejado em Função (%) da Receita**, escreva 20, que o programa entenderá como 20%. Na célula B5, **Receita Bruta**, escreva $ 300.000,00. Na planilha de **Despesas Fixas**, escreva na célula A5, a rubrica como Despesas

Operacionais, ou outro nome qualquer que desejar, e atribua na célula B5 o valor de $ 75.000,00. Na planilha de **Desp. e Imp. em % da Receita**, escreva na célula B6, Percentagem dos Custos das Mercadorias em função da receita excluindo os impostos indiretos, o valor de ZERO ou exclua qualquer valor. Nas células A17 e B17, escreva Imposto sobre Vendas e 15. Retorne à planilha **Demonstrativo de Resultados** que o resultado, isto é, *Mark-Up* **Multiplicador (em Função ao Custos das Mercadorias Vendidas)** será de 2,5.

7 Determinando o volume a ser vendido com objetivo de lucro para vários produtos com política de preço diferenciada e a decisão de preço para produtos com custos comuns

7.1 Objetivos

- Partindo do *mix* de produtos através da quantidade vendida, ou a ser vendida e da estrutura de preço e custo variável unitário de cada produto, saber predizer o volume de venda que deverá se obter a fim de atingir o ponto de equilíbrio ou de um lucro desejado.
- Conhecer a receita no ponto de equilíbrio ou para um lucro desejado, conhecendo o *mix* pela receita e o índice do custo variável em função da receita para cada produto.
- Saber determinar o preço de produtos que possuem custos comuns e específicos, através de políticas arbitrárias.

7.2 Determinando o volume a ser vendido com objetivo de lucro para vários produtos com política de preço diferenciada e o *mix* de vendas forem as unidades a serem vendidas

Esse tipo de problema ocorre quando os custos fixos são comuns para todos os produtos e a eliminação ou adição de qualquer elemento (isto é, de um produto) não irá afetar o valor a ser despendido com os referidos custos fixos. Além do mais, os produtos possuem preços e margens de contribuição diferenciadas; o

Mark-Up empregado para cada produto é diferente. É trivial encontrar esse problema no comércio ou em empresas com mais de um produto que emprega os fatores produtivos para ocupar todos ou quase todos os nichos de mercado. Por exemplo, Unilever fabrica o **OMO**, o **Minerva** e o **Brilhante**. Os custos de aluguel, força, segurança, seguro, depreciação de maquinário, salário do pessoal administrativo e técnico etc., não se modificam pelo ingresso ou retirada de um produto de linha. Esses custos existem para se obter um volume de vendas.

Cada produto, por sua vez, terá seu preço e custo variáveis. Com base nessas informações, encontra-se a margem de contribuição unitária para cada um deles. É lógico que, se considerarmos somente essas informações, não haveria meios de resolver, pois teríamos tantas equações, quanto incógnitas, quanto o número de produtos. Imagine se estivermos procurando resolver o volume de vendas de uma empresa com três (3) produtos. O produto A possui o preço de $ 4 e seu custo variável é de $ 2. Já o produto B é vendido a $ 8, mas seu custo variável é de $ 3. Finalmente, o produto C tem na sua tarjeta de venda o valor de $ 15 e seu custo variável é de $ 5. Assim sendo, podemos expressar essas informações, incluindo a margem de contribuição unitária, através do quadro abaixo:

	A	B	C
Preço	$ 4	$ 8	$ 15
Custo Variável por Unidade	$ 2	$ 3	$ 5
Margem de Contribuição p/ Unidade	$ 2	$ 5	$ 10

Já a margem de contribuição da empresa (MC_T) é a soma das margens de contribuição dos três produtos, MC_A mais MC_B e mais MC_C. E a margem de contribuição de um produto é determinada pela multiplicação da margem de contribuição unitária pela quantidade vendida desse produto. Para o produto A, a margem de contribuição é: $ 2 × Q_A. O valor $ 2 é, de acordo com o quadro anterior, a margem de contribuição unitária de A e Q_A é a quantidade a ser vendida de A. Fazendo para os três produtos, podemos expressar a margem de contribuição de cada produto por:

- $MC_A = \$ 2 \times Q_A$
- $MC_B = \$ 5 \times Q_B$
- $MC_C = \$ 10 \times Q_C$

A margem de contribuição da empresa (MC_T) é o somatório das margens de contribuição de cada produto, podendo, portanto, ser expressa pela equação:

- $MC_T = MC_A + MC_B + MC_C$

Substituindo MC_A por $\$\,2 \times Q_A$; $MC_B = \$\,5 \times Q_B$; e, $MC_C = \$\,10 \times Q_C$, teremos:

- $MC_T = \$\,2 \times Q_A + \$\,5 \times Q_B + \$\,10 \times Q_C$ (i)

Para cada incógnita, ou variável, ou produto, haverá uma equação como: $MC_A = \$\,2 \times Q_A$. E a margem de contribuição total terá tantas variáveis quantos forem os produtos que estiverem sendo estudados. No caso anterior, há três produtos, A, B e C, e três variáveis, Q_A, Q_B e Q_C. Se não houver outro elemento ou conjunto de equações fica impossível a sua solução.

A solução vem porque o mercado de certa forma define o que irá adquirir. Essa proporcionalidade do volume de cada produto com a venda total da empresa é conhecida como **Mix** de produto ou **Mix** de vendas. Imagine que a empresa venda 1.000 unidades. Desse volume de vendas, 500 unidades são do produto A; 400 unidades, do produto B; e, 100 unidades, do produto C. O **Mix** de vendas será:

- $Q_A = 0,5 \times Q_T$
- $Q_B = 0,4 \times Q_T$
- $Q_C = 0,1 \times Q_T$

Em outras palavras, a venda do produto A representa 50% da venda total. Já o volume de venda do produto B é 40% da venda da empresa. E o produto C representa 10% das vendas da companhia. Substituindo essas equações na equação da margem de contribuição total (MC_T), isto é, na equação (i), teremos:

- $MC_T = \$\,2 \times Q_A + \$\,5 \times Q_B + \$\,10 \times Q_C$ (i)
- $MC_T = \$\,2 \times 0,5 \times Q_T + \$\,5 \times 0,4 \times Q_T + \$\,10 \times 0,1 \times Q_T$
- $MC_T = \$\,1 \times Q_T + \$\,2 \times Q_T + \$\,1\,Q_T$
- $MC_T = \$\,4 \times Q_T$

A equação acima mostra que a empresa possui uma margem de contribuição média unitária de $\$\,5$, se o **Mix** de vendas se mantiver com 50% das vendas para A, 40% para B e 10% para C. Com essa informação poderemos achar o volume de vendas no ponto de equilíbrio. Para tanto, empregaremos a nossa já conhecida equação:

Margem de Contribuição – Custos Fixos = Lucro

Se os custos fixos da empresa são projetados no valor de $\$\,40.000$, e no ponto de equilíbrio, por definição, o lucro é zero, temos que a quantidade total a ser vendida deverá ser de 10.000 unidades:

Margem de Contribuição – Custos Fixos = Lucro

$$\$\, 4 \times Q_T - \$\, 40.000 = \$\, 0$$

$$Q_T = \$\, 40.000\, /\, \$\, 4 = 10.000 \text{ unidades}$$

As 10.000 unidades serão distribuídas de acordo com o *Mix*: 5.000 para A; 4.000 para B; e, 1.000 para C.

Toda vez que deparamos com problemas em que há custos comuns e há mais de um produto com política de preço diferenciada, a solução passa por considerar o *Mix* dos produtos, isto é, a proporcionalidade de vendas de cada produto em relação ao volume de vendas totais. A seguir, empregaremos um exemplo aplicado ao comércio, objetivando elucidar melhor o assunto.

7.2.1 A empresa InfoShow: exemplo de uso do mix de vendas para determinar a meta de vendas de uma empresa, quando seus produtos possuem política de preço diferenciada, e o mix de vendas é definido em unidades a serem vendidas

A empresa InfoShow vende dois tipos de computadores: *notebook* e *desktop*. A empresa tem custos fixos que totalizam $ 88.800. O proprietário deseja saber qual é o ponto de equilíbrio da loja, sendo que o preço e o custo variável de cada produto, assim como o volume de vendas projetado, são apresentados a seguir:

	NOTEBOOK	DESKTOP
Preço por unidade	$ 4.000	$ 1.800
Custo variável por unidade	$ 2.000	$ 1.200
Margem de contribuição por unidade	$ 2.000	$ 600
Volume de vendas projetado	20	180

Através da projeção de vendas ou de vendas realizadas é que se determina o "MIX" dos produtos. Assim sendo, o volume total de vendas em unidades é projetado para 200 unidades (20 + 180). O *notebook* representa um volume de 10% das vendas (20 dividido por 200); enquanto o *desktop* 90% (180 dividido por 200). A margem de contribuição total, que é a soma da margem de contribuição de cada produto, pode ser descrita pela seguinte forma:

$$\text{Margem de Contribuição} = (2.000 \times QN) + (600 \times QD)$$

sendo: QN = quantidade de *notebook* a se vender; e,

QD = quantidade de *desktop* a se vender.

Lembre-se: a margem de contribuição do *notebook* é a margem de contribuição unitária do *notebook*, $ 2.000, multiplicada pelo volume de vendas do mesmo, isto é, QN. Da mesma forma, a margem de contribuição do *desktop* é a margem de contribuição unitária do *desktop*, $ 600, multiplicada pelo seu volume de vendas. Isso é representado matematicamente por:

$$\text{Margem de Contribuição do Notebook} = \$ 2.000 \times QN$$
$$\text{Margem de Contribuição do Desktop} = \$ 600 \times QD$$

Como a margem de contribuição total, isto é, da loja, é a soma das margens de contribuição dos produtos, temos a equação já apresentada:

$$\text{Margem de Contribuição} = (2.000 \times QN) + (600 \times QD)$$

Contudo para resolvermos o problema acima, necessitamos do **Mix** dos produtos, ou a proporcionalidade de suas vendas em relação à venda total. Sabemos que, no exemplo, o *notebook* representa 10% das vendas totais, e o *desktop*, 90%. Essa proporcionalidade deverá permanecer constante, isto é:

$$QN = 0,1 \times QT$$
$$QD = 0,9 \times QT$$

sendo: QT = a quantidade total de computadores a serem vendidos.

Substituindo QN e QD por QT na fórmula da Margem de Contribuição total, apresentada acima, tem-se:

$$\text{Margem de Contribuição} = (2.000 \times [0,1 \times QT]) + (600 \times [0,9 \times QT])$$

isto é,

$$\text{Margem de Contribuição} = (200 \times QT) + (540 \times QT) = 740 \times QT$$

O valor de $ 740 significa a contribuição média de um computador vendido, considerando-se o **Mix** de vendas esperado: 10% para *notebook* e 90% para *desktop*. O *notebook* contribui com $ 200 ($ 2.000 × 0,1), enquanto o *desktop*, com $ 540 ($ 600 × 0,9). Assim sendo, o *notebook* contribui com 27,03% ($ 200/$ 740, que mais precisamente é 27,0270...%), e o *desktop*, com 72, 97% ($ 540/$ 700, que mais precisamente é 72,9730...%). Outra forma de descrever é: a cada $ 1 de margem de contribuição, o *notebook* contribui com $ 0,2703, e o *desktop* com $ 0,7297 para poder pagar os custos fixos e gerar o lucro desejado.

Retornando à equação já conhecida – Margem de Contribuição menos Custos Fixos é igual ao Lucro, e no ponto de equilíbrio, o lucro é zero (0) – temos:

$$740 \times QT - 88.800 = 0$$

donde: $QT = 88.800/740 = 120$ computadores

Em outras palavras, considerando o **Mix** de vendas, a loja InfoShow atingirá o ponto de equilíbrio se comercializar 120 computadores, sendo 10% de *notebook* (12 unidades) e 90% de *desktop* (108 unidades). A margem de contribuição no ponto de equilíbrio é de $ 88.800; sendo que o *notebook* contribui com $ 24.000 ($ 2.000 × 12 unidades), enquanto o *desktop*, com $ 64.800 ($ 600 × 108 unidades). Pode-se verificar que $ 24.000 é 27,03% de $ 88.800 (ou, $ 24.000 = $ 88.800 × [$ 200/$ 740]). Da mesma forma que $ 64.800 é 72,97% de $ 88.800 (ou, $ 64.800 = $ 88.800 × [$ 540/$ 740]).

Das próximas 10 unidades a serem vendidas, isto é, se a loja vender 130 computadores, dos 10 computadores acima do ponto de equilíbrio, um será *notebook* e nove *desktop*. O lucro da loja será de $ 7.400 ($ 740 × 10 unidades); sendo que, o *notebook* contribuirá com $ 2.000 ($ 2.000 × 1 unidade) e o *desktop* com $ 5.400 ($ 600 × 9 unidades). Esses valores se manterão nessa proporcionalidade para os volumes vendidos acima do ponto de equilíbrio. Por exemplo, se forem vendidas 140 unidades, o lucro será o dobro dos $ 7.400; visto essas serem 20 unidades acima de 120. Se o volume de vendas tiver 15 unidades acima do ponto de equilíbrio, o lucro será uma vez e meio $ 7.400; e, assim sucessivamente.

A insistência em falar **Mix** de venda constante na solução do problema acima é que sua mudança modificará o número de computadores a serem vendidos. Por exemplo, se o **Mix** de vendas passa a ser 20% de *notebook* e 80% de *desktop*, a margem de contribuição geral da loja será:

$$\text{Margem de Contribuição} = (2.000 \times [0,2 \times QT]) + (600 \times [0,8 \times QT])$$

isto é,

$$\text{Margem de Contribuição} = (400 \times QT) + (480 \times QT) = 880 \times QT$$

No ponto de equilíbrio terá de vender 100,90909... ($ 88.800/880), isto é, 101 unidades. Sendo, aproximadamente, 20 unidades de *notebook* e 81 unidades de *desktop*. Precisamente, seriam 20,1818... de *notebook* (que são, 100,9090...

unidades × 20%) e 80,7272 de *desktop* (que são, 100,9090 unidades × 80%). Acontece que não há venda de 0,1818... *notebook*, bem como o valor determinado para o *desktop*. Assim sendo, os valores inteiros mais próximos serão 20 e 81 unidades, respectivamente, que passariam a ser o objetivo de vendas da loja para atingir o ponto de equilíbrio.

Nesse exemplo, que o *Mix* passa para 20% de *notebook* e 80% de *desktop*, a percentual da contribuição do *notebook* é de 45,45% (que é $ 400/$ 880) e do *desktop* é de 54,55% (que é $ 480/$ 880). Em outras palavras, a cada $ 1 gerado de contribuição na loja, o *notebook* contribui com $ 0,4545; enquanto o *desktop*, com $ 0,5444.

REFORÇANDO O CONHECIMENTO: (procure resolver antes de olhar a resposta, que estará no quadro logo a seguir)

7.2.2 Exemplo para reforço do conhecimento: a fábrica do titio com vários produtos

A fábrica do titio manufatura e comercializa dois produtos: A e B. O produto A é comercializado por $ 2 e seus custos variáveis são $ 1; enquanto o produto B tem o preço de venda de $ 5 e custos variáveis de $ 3. O *mix* comercial da empresa pode ser definido como: para cada três (3) unidades vendidas de A, a empresa espera vender uma (1) unidade de B. Os custos fixos da empresa são de $ 125.000,00. Titio deseja saber quanto tem de vender de A e de B para atingir o ponto de equilíbrio. Assim como, qual deverá ser o volume de venda para obter um lucro de $ 75.000,00?

Resposta:

O *MIX* DE VENDAS:

Para cada grupo de 4 (quatro) unidades de vendas:

Quantidade projetada do produto A = 3 unid.

Quantidade projetada do produto B = 1 unid.

Normalmente é o mercado que define o *Mix* dos produtos.

PREENCHA O QUADRO ABAIXO:

MIX DE PRODUTOS		
PRODUTO	VENDAS EM UNIDADES	MIX EM PERCENTAGEM
A		
B		
Total		100%

Como:

			A		B
	R_T	=	R_A	+	R_B
(−)	CV_T	=	CV_A	+	CV_B
(=)	MC_T	=	MC_A	+	MC_B

Substituindo: (preencha as linhas pontilhadas abaixo)

$$R_A = \$ \ldots \times Q_A$$
$$CV_A = \$ \ldots \times Q_A$$
$$R_B = \$ \ldots \times Q_B$$
$$CV_B = \$ \ldots \times Q_B$$
$$Q_A = \ldots \times Q_T$$
$$Q_B = \ldots \times Q_T$$

Para determinar o ponto de equilíbrio, preencha o quadro abaixo:

			A		B
	R_T	=	$\$ \ldots \times Q_A$	+	$\$ \ldots \times Q_B$
(−)	CV_T	=	$\$ \ldots \times Q_A$	+	$\$ \ldots \times Q_B$
(=)	MC_T	=	$\$ \ldots \times Q_A$	+	$\$ \ldots \times Q_B$
	MC_T	=	$\$ \ldots \times (\ldots \times Q_T)$	+	$\$ \ldots \times (\ldots \times Q_T)$
	MC_T	=	$\$ \ldots \times Q_T$	+	$\$ \ldots \times Q_T$
	MC_T	=	$\$ \ldots \times Q_T$		
(−)	CF	=	$\$ \ldots$		
(=)	L	=	$\$ \ldots 0$		

Lembre-se de que o valor de $ .... é a margem de contribuição média de uma unidade.

$MC_T - CF = L \Rightarrow (\$ \ldots \times Q_T) - \$ \ldots = \$ \ldots \Rightarrow \$ \ldots \times Q_T = \$ \ldots + \$ \ldots$
$\Rightarrow Q_T = \$ \ldots /$

Donde: $Q_T = \ldots$ unidades

Produtos	Q_T		Mix		Qtd. dos Produtos
A	=	×		=	
B	=	×		=	

Para o Lucro de $ 75.000:

			A		B
	R_T	=	$ ...... × Q_A	+	$ ...... × Q_B
(–)	CV_T	=	$ ...... × Q_A	+	$ ...... × Q_B
(=)	MC_T	=	$ ...... × Q_A	+	$ ...... × Q_B
	MC_T	=	$ ...... × (...... × Q_T)	+	$ ...... × (...... × Q_T)
	MC_T	=	$ ...... × Q_T	+	$ ...... × Q_T
	MC_T	=	$ ...... × Q_T		
(–)	CF	=	$		
(=)	L	=	$		

$MC_T - CF = L \Rightarrow (\$ \ldots \times Q_T) - \$ \ldots = \$ \ldots \Rightarrow \$ \ldots \times Q_T = \$ \ldots + \$ \ldots$
$\Rightarrow Q_T = \$ \ldots / \$ \ldots$

Donde: $QT = \ldots$ unidades

Produtos	Q_T		Mix		Qtd. dos Produtos
A	=	×		=	
B	=	×		=	

As soluções dos quadros e espaços acima encontram-se na página seguinte.

Soluções dos quadros e espaços do exercício: a fábrica do titio

MIX DE PRODUTOS		
PRODUTO	VENDAS EM UNIDADES	MIX EM PERCENTAGEM
A	3	75%
B	1	25%
Total	4	100%

Em resumo, o *Mix* é:

$$Q_A = (3/4) \times Q_T = 0{,}75 \times Q_T$$
$$Q_B = (1/4) \times Q_T = 0{,}25 \times Q_T$$

Obs.: a simbologia Q_T significa quantidade total. Q_A = quantidade de produtos A, e Q_B = quantidade de produtos B. R_T é receita total; CV_T é custo variável de total; e, MC_T é a margem de contribuição total. Da mesma forma, R_A e R_B são receita de A e de B; CV_A e CV_B são custo variável de A e de B; e, MC_A e MC_B são a margem de contribuição de A e de B.

Substituindo:

$$R_A = \$\,2 \times Q_A$$
$$CV_A = \$\,1 \times Q_A$$
$$R_B = \$\,5 \times Q_B$$
$$CV_B = \$\,3 \times Q_B$$
$$Q_A = 0{,}75 \times Q_T$$
$$Q_B = 0{,}25 \times Q_T$$

Para determinar o ponto de equilíbrio, preencha o quadro abaixo:

			A		B
	R_T	=	$\$\,2 \times Q_A$	+	$\$\,5 \times Q_B$
(−)	CV_T	=	$\$\,1 \times Q_A$	+	$\$\,3 \times Q_B$
(=)	MC_T	=	$\$\,1 \times Q_A$	+	$\$\,2 \times Q_B$
	MC_T	=	$\$\,1 \times (0{,}75 \times Q_T)$	+	$\$\,2 \times (0{,}25 \times Q_T)$
	MC_T	=	$\$\,0{,}75 \times Q_T$	+	$\$\,0{,}50 \times Q_T$
	MC_T	=	$\$\,1{,}25 \times Q_T$		
(−)	CF	=	$\$\,125.000$		
(=)	L	=	$\$\,0$		

Lembre-se de que o valor de $ 1,25 é a margem de contribuição média de uma unidade.

$$MC_T - CF = L \Rightarrow (\$\,1{,}25 \times Q_T) - \$\,125.000 = \$\,0 \Rightarrow \$\,1{,}25 \times Q_T = \$\,0 + \$\,125.000 \Rightarrow$$
$$Q_T = \$\,125.000/\$1{,}25$$

Donde: $Q_T = 100.000$ unidades

Produtos		Q_T		Mix		Qtd. dos Produtos
A	=	100.000	×	0,75	=	75.000
B	=	100.000	×	0,25	=	25.000

Da mesma forma que a margem de contribuição média (MC_T) para uma unidade é de $ 1,25, o preço médio (p_T), $ 2,75, pode ser computada por:

		A		B
R_T	=	$ 2 × Q_A	+	$ 5 x × Q_B
R_T	=	$ 2 × (0,75 × Q_T)	+	$ 5 × (0,25 × Q_T)
R_T	=	$ 1,50 × Q_T	+	$ 1,25 × Q_T
R_T	=	$ 2,75 × Q_T		

O mesmo procedimento é utilizado para determinar o custo variável médio de uma unidade (CV_T):

		A		B
CV_T	=	$ 1 × Q_A	+	$ 3 × Q_B
CV_T	=	$ 1 x (0,75 × Q_T)	+	$ 3 × (0,25 × Q_T)
CV_T	=	$ 0,75 × Q_T	+	$ 0,75 × Q_T
CV_T	=	$ 1,50 × Q_T		

Para o Lucro de $ 75.000:

			A		B
	R_T	=	$ 2 × Q_A	+	$ 5 × Q_B
(−)	CV_T	=	$ 1 × Q_A	+	$ 3 × Q_B
(=)	MC_T	=	$ 1 × Q_A	+	$ 2 × Q_B
	MC_T	=	$ 1 × (0,75 × Q_T)	+	$ 2 × (0,25 × Q_T)
	MC_T	=	$ 0,75 × Q_T	+	$ 0,50 × Q_T
	MC_T	=	$ 1,25 × Q_T		
(−)	CF	=	$ 125.000		
(=)	L	=	$ 75.000		

$$MC_T - CF = L \Rightarrow (\$\,1{,}25 \times Q_T) - \$\,125.000 = \$\,75.000 \Rightarrow$$
$$\$\,1{,}25 \times Q_T = \$\,75.000 + \$\,125.000 \Rightarrow Q_T = \$\,200.000/\$\,1{,}25$$

Donde: $QT = 160.000$ unidades

Produtos		Q_T		Mix		Qtd. dos Produtos
A	=	160.000	×	0,75	=	120.000
B	=	160.000	×	0,25	=	40.000

Como podemos confirmar, visto o que foi apresentado no problema anterior, o *Mix* diz que, para cada 4 unidades, 3 são do produto A e 1 do produto B. A margem de contribuição desses quatro produtos será de $ 5; sendo $ 3 dos três produtos A e, $ 2 do produto B. Dessa forma, o produto A contribuiu com 60% ($ 3/$ 5) e B com 40% ($ 2/$ 5). Ao apresentarmos o demonstrativo financeiro para o ponto de equilíbrio, destacando o custo fixo para cada produto, devemos fazê-lo da seguinte forma:

	PRODUTOS		TOTAL
	A	B	
VOLUME	75.000	25.000	100.000
Receita	$ 150.000	$ 125.000	$ 275.000
(−) Custos Variáveis	$ 75.000	$ 75.000	$ 150.000
(=) Margem de Contribuição	$ 75.000	$ 50.000	$ 125.000
(−) Custos Fixos	$ 75.000	$ 50.000	$ 125.000
(=) Lucro	$ 0	$ 0	$ 0

Os custos fixos foram rateados na proporcionalidade da contribuição de cada produto à Margem de Contribuição do *Mix*. Como no *Mix* o produto A contribui com 60% e B com 40%, o produto A recebe 60% dos custos fixos, $ 75.000 (0,60 × $ 125.000); enquanto B absorve 40% dos custos fixos, $ 50.000 (0,40 × $ 125.000).

Imagine que a empresa venda 100.004 produtos, mantendo o mesmo *Mix*. Dos 4 produtos adicionais, 3 serão A e 1 será B. Dessa forma, a receita dos 100.004 produtos será de $ 275.011. A receita de A, será de $ 150.006, e de B, $ 125.005. O demonstrativo de resultado apresentará os seguintes valores:

	PRODUTOS		TOTAL
	A	B	
VOLUME	75.003	25.001	100.004
Receita	$ 150.006	$ 125.005	$ 275.011
(–) Custos Variáveis	$ 75.003	$ 75.003	$ 150.000
(=) Margem de Contribuição	$ 75.003	$ 50.002	$ 125.000
(–) Custos Fixos	$ 75.000	$ 50.000	$ 125.000
(=) Lucro	$ 3	$ 2	$ 5

O produto A contribui para o lucro com 60% da receita, bem como o produto B com 40%. Essa proporcionalidade continuará até a mudança do *Mix*.

Aplicando esse mesmo procedimento para 160.000 unidades vendidas, sendo 120.000 do produto A e 40.000 do produto B, ao demonstrativo de resultado, teremos:

	PRODUTOS		TOTAL
	A	B	
VOLUME	120.000	40.000	160.000
Receita	$ 240.000	$ 200.000	$ 440.000
(–) Custos Variáveis	$ 120.000	$ 120.000	$ 240.000
(=) Margem de Contribuição	$ 120.000	$ 80.000	$ 200.000
(–) Custos Fixos	$ 75.000	$ 50.000	$ 125.000
(=) Lucro	$ 45.000	$ 30.000	$ 75.000

A proporção de 60% para o produto A e 40% para B mantém-se tanto na Margem de Contribuição, como nos Custos Fixos e no Lucro. Pois, o *Mix* determina que a cada 4 unidades vendidas, 3 serão do produto A, e cada um deles contribui com $ 1. Três, portanto, contribuirão com $ 3. O produto B terá uma unidade e contribuirá com $ 2. Mantendo essa proporcionalidade, isto é, o *Mix*, a contribuição para pagar os custos fixos e depois gerar lucros dessas quatro unidades será de $ 5. Ao vender 100.000 unidades, é como se tivesse vendido 25.000 grupos, ou 25.000 pacotes, de quatro unidades cada. Cada um desses grupos contribuiu com $ 5. Em cada grupo, A contribuiu, com $ 3, e B, com $ 2. Ao vender 160.000 unidades, é como se tivesse vendido 15.000 desses grupos (ou pacotes) acima dos 25.000 que estão no ponto de equilíbrio. Como A contribui com $ 3 a cada grupo (ou pacote), e B, com $ 2, o lucro gerado com esses 15.000 grupos acima do ponto de equilíbrio será o apresentado no demonstrativo de resultado apresentado. O produto A, $ 45.000 (= $ 3 × 15.000) e B, $ 30.000 (= $ 2 × 15.000).

A lógica subjacente a esse processo de alocação dos custos fixos é que todos colaboram de acordo com o percentual de sua margem de contribuição unitária à margem de contribuição média de uma unidade. Assim sendo, o lucro também terá essa mesma proporcionalidade. O racional é que essa proporcionalidade é definida pelo *Mix*, que é determinante de mercado. Em outras palavras, o vetor de alocação é definido pelo mercado através do *Mix*.

Para confirmar o seu conhecimento, faça o exercício a seguir. A resposta encontra-se na página que segue a sua solução.

7.2.3 *Exercício de autoavaliação: Ind. Fon Fon*

O Sr. Fonte proprietário da indústria FON FON discutia com seus diretores financeiros e de marketing sobre o problema dos custos dos produtos FX, FY e FZ. Os produtos são manufaturados por uma única máquina, e a decisão quanto a deixar de produzir e comercializar qualquer um dos três produtos não irá reduzir os custos fixos, que são $ 585.000,00.

O Sr. Paulo Bocaer, diretor de marketing, projetava o volume de vendas para o próximo período, com base nas seguintes informações:

PROJEÇÃO DE VENDAS			
Produtos	FX	FY	FZ
Quantidade	100.000	80.000	20.000
Preço unitário	$ 8,00	$ 10,00	$ 20,00
Custo variável unitário	$ 5,00	$ 6,00	$ 12,00
Margem de contribuição unitária	$ 3,00	$ 4,00	$ 8,00

Com as informações fornecidas pelo setor de marketing, o Sr. Roberto Negro, diretor financeiro apresentou o seguinte Demonstrativo de Resultado.

DEMONSTRATIVO DE RESULTADO – PROJETADO				
	FX	FY	FZ	Total
Receita	$ 800.000	$ 800.000	$ 400.000	$ 2.000.000
Custos Variáveis	$ 500.000	$ 480.000	$ 240.000	$ 1.220.000
Margem de Contribuição	$ 300.000	$ 320.000	$ 160.000	$ 780.000
Custos Fixos	$ 234.000	$ 234.000	$ 117.000	$ 585.000
Lucro	$ 66.000	$ 86.000	$ 43.000	$ 195.000

O Sr. Bocaer sentia-se muito incomodado com essas informações, principalmente com a alocação dos custos fixos, que tinha sido feita em proporcionalidade ao volume de vendas: 40%, 40% e 20%, respectivamente, para FX, FY e FZ. Esse incômodo ocorreu porque ao projetar as vendas por um volume total de 156.000 unidades (78.000 para FX, 62.400 para FY; e, 15.600 para FZ) encontra as seguintes informações:

DEMONSTRATIVO DE RESULTADO – PROJETADO				
	FX	FY	FZ	Total
Receita	$ 624.000	$ 624.000	$ 312.000	$ 1.560.000
Custos Variáveis	$ 390.000	$ 374.400	$ 187.200	$ 951.600
Margem de Contribuição	$ 234.000	$ 249.600	$ 124.800	$ 608.400
Custos Fixos	$ 234.000	$ 234.000	$ 117.000	$ 585.000
Lucro	$ 0	$ 15.600	$ 7.800	$ 23.400

Ele não conseguiu admitir que FX pudesse estar no ponto de equilíbrio, enquanto os produtos teriam lucro. Devido esse impasse, o presidente contratou-o para:

1. Determinar o ponto de equilíbrio por unidades, considerando o *mix* de vendas.
2. Determinar o número de unidades a serem vendidas se o lucro desejado for $ 253.500. Considere que o *mix* se mantém constante.

SUAS RESPOSTAS:

MIX DE PRODUTOS		
PRODUTO	VENDAS EM UNIDADES	MIX EM PERCENTAGEM
Total		

ITEM 1:

PRODUTO						
	R_T	=		+		+
(–)	CV_T	=		+		+
(=)	MC_T	=		+		+
	MC_T	=		+		+
	MC_T	=		+		+
	MC_T	=				
(–)	CF	=				
(=)	L	=				

$$MC_T - CF = L$$

Donde: $Q_T = $ ....unidades

Produtos	Q_T	Mix	Qtd. dos Produtos
	=	×	=
	=	×	=
	=	×	=

ITEM 2:

	PRODUTO			
	R_T	=	+	+
(−)	CV_T	=	+	+
(=)	MC_T	=	+	+
	MC_T	=	+	+
	MC_T	=	+	+
	MC_T	=		
(−)	CF	=		
(=)	L	=		

$$MC_T - CF = L$$

Donde: $Q_T = $ ....unidades

Produtos	Q_T		Mix		Qtd. dos Produtos
	=	x		=	
	=	x		=	
	=	x		=	

A resposta encontra-se na página a seguir.

Resposta do Problema:

MIX DE PRODUTOS		
PRODUTO	VENDAS EM UNIDADES	MIX EM PERCENTAGEM
FX	100.000	50%
FY	80.000	40%
FZ	20.000	10%
Total	200.000	100%

ITEM 1:

	PRODUTO		FX		FY		FZ
	R_T	=	$ 8 × Q_{FX}	+	$ 10 × Q_{FY}	+	$ 20 × Q_{FZ}
(−)	CV_T	=	$ 5 × Q_{FX}	+	$ 6 × Q_{FY}	+	$ 12 × Q_{FZ}
(=)	MC_T	=	$ 3 × Q_{FX}	+	$ 4 × Q_{FY}	+	$ 8 × Q_{FZ}
	MC_T	=	$ 3 × [0,5 × Q_T]	+	$ 4 × [0,4 × Q_T]	+	$ 8 × [0,1 × Q_T]
	MC_T	=	$ 1,50 × Q_T	+	$ 1,60 × Q_T	+	$ 0,80 × Q_T
	MC_T	=	$ 3,90 × Q_T				
(−)	CF	=	$ 585.000				
(=)	L	=	$ 0				

$MC_T - CF = L \Rightarrow (\$\ 3{,}90 \times Q_T) - \$\ 585.000 = \$\ 0 \Rightarrow \$\ 3{,}90 \times Q_T = (\$\ 0 + \$\ 585.000)/\$\ 3{,}90$

Donde: $Q_T = 150.000$ unidades

Produtos		Q_T		Mix		Qtd. dos Produtos
FX	=	150.000	×	50%	=	75.000
FY	=	150.000	×	40%	=	60.000
FZ	=	150.000	×	10%	=	15.000

ITEM 2:

PRODUTO			FX		FY		FZ
	R_T	=	$ 8 × Q_{FX}	+	$ 10 × Q_{FY}	+	$ 20 × Q_{FZ}
(−)	CV_T	=	$ 5 × Q_{FX}	+	$ 6 × Q_{FY}	+	$ 12 × Q_{FZ}
(=)	MC_T	=	$ 3 × Q_{FX}	+	$ 4 × Q_{FY}	+	$ 8 × Q_{FZ}
	MC_T	=	$ 3 × [0,5 × Q_T]	+	$ 4 × [0,4 × Q_T]	+	$ 8 × [0,1 × Q_T]
	MC_T	=	$ 1,50 × Q_T	+	$ 1,60 × Q_T	+	$ 0,80 × Q_T
	MC_T	=	$ 3,90 × Q_T				
(−)	CF	=	$ 585.000				
(=)	L	=	$ 253.500				

$MC_T - CF = L \Rightarrow (\$ 3,90 \times Q_T) - \$ 585.000 = \$ 253.500 \Rightarrow \$ 3,90 \times Q_T = (\$ 253.500 + \$ 585.000)/\$ 3,90$

Donde: $Q_T = 215.000$ unidades

Produtos		Q_T		Mix		Qtd. dos Produtos
FX	=	215.000	×	50%	=	107.500
FY	=	215.000	×	40%	=	86.000
FZ	=	215.000	×	10%	=	21.500

Seguindo a lógica, para apresentar os demonstrativos de resultado, tanto para o ponto de equilíbrio como para o lucro de $ 215.000, como descrito no problema anterior para alocação dos custos fixos, temos que: (1) FX contribui com 38,46...% ($ 1,50/$ 3,90); (2) FY com 41,03...% ($ 1,60/$ 3,90); e, (3) FZ com 20,51...% ($ 0,80/$ 3,90).

O demonstrativo de resultado para o ponto de equilíbrio será:

DEMONSTRATIVO DE RESULTADO – PROJETADO NO PONTO DE EQUILÍBRIO				
	FX	FY	FZ	Total
Quantidade	75.000	60.000	15.000	150.000
Receita	$ 600.000	$ 600.000	$ 300.000	$ 1.500.000
Custos Variáveis	$ 375.000	$ 360.000	$ 180.000	$ 915.000
Margem de Contribuição	$ 225.000	$ 240.000	$ 120.000	$ 585.000
Custos Fixos	$ 225.000	$ 240.000	$ 120.000	$ 585.000
Lucro	$ 0	$ 0	$ 0	$ 0

E o demonstrativo de resultado para o lucro de $ 253.500 será:

DEMONSTRATIVO DE RESULTADO – PROJETADO NO LUCRO DE $ 253.500				
	FX	FY	FZ	Total
Quantidade	107.500	86.000	21.500	215.000
Receita	$ 860.000	$ 860.000	$ 430.000	$ 2.150.000
Custos Variáveis	$ 537.500	$ 516.000	$ 258.000	$ 1.311.500
Margem de Contribuição	$ 322.500	$ 344.000	$ 172.000	$ 838.500
Custos Fixos	$ 225.000	$ 240.000	$ 120.000	$ 585.000
Lucro	$ 97.500	$ 104.000	$ 52.000	$ 253.500

Como foi apresentado: o conceito de alocação do custo fixo, $ 585.000,00, se baseia no método de alocação dos custos conjuntos,[1] donde os custos são alocados aos produtos na proporção de sua capacidade de contribuição. Por essa razão, no ponto de equilíbrio todos os produtos possuem um lucro **Zero**. E os lucros atribuídos a cada produto possuem a mesma proporcionalidade em relação ao lucro total que a margem de contribuição de cada produto com a margem de contribuição total. O lucro de FX, por exemplo, é de 38,46% ($ 97.500/$ 253.500) do lucro total ($ 253.500); a sua margem de contribuição é, também, de 38,46% ($ 322.500/$ 838.500) da margem de contribuição total, que é $ 838.500.

---

[1] Para entender sobre Produto Conjunto leia: HORNGREN. C. T.; FOSTER, G.; DATAR, S. M. **Contabilidade de custo.** 9. ed. Rio de Janeiro. LTC – Livros Técnicos e Científicos Editora SA. 2000, p. 385-394.

7.3 Quando o *mix* é calculado através da receita

Há situações em que a empresa não projeta e controla a cota de vendas através da venda de produtos por unidade, como apresentado anteriormente. Ela possui vários produtos com política de preço diferenciada, mas as cotas de vendas são através da receita. Por exemplo, companhia de seguros, supermercados etc. Nesses casos, o *Mix* de vendas é feito pela receita.

Exemplificando, imaginemos o Supermercado do Vovô, que possui duas linhas de produto, A e B. De acordo com a política de preço, a linha do produto A tem uma relação custo variável/receita (custo variável sobre receita) igual a 1/2 (um meio); já a linha do produto B, esta relação é 1/3 (um terço). Vovô deseja saber qual é a receita a ser obtida: (1) para o ponto de equilíbrio; e, (2) para o lucro de $ 23.000? Os custos fixos da empresa totalizam $ 34.500 e a linha de produto A representa 55% das vendas totais, enquanto a linha do produto B, 45%.

LINHA DE PRODUTO	MIX DE VENDAS EM FUNÇÃO DA RECEITA TOTAL	MIX EM PERCENTAGEM
A	$0{,}55 \times R_T$	55%
B	$0{,}45 \times R_T$	45%
Total	$1{,}00 \times R_T$	100%

Obs.: R_T significa Receita Total.

Em resumo, o *Mix* é:

$$R_A = 0{,}55 \times R_T$$

$$R_B = 0{,}45 \times R_T$$

Diferentemente dos problemas anteriores, em que o objetivo do problema era determinar a Q_T (quantidade total), agora é de achar a R_T (Receita Total). Como:

			A		B
	R_T	=	R_A	+	R_B
(−)	CV_T	=	CV_A	+	CV_B
(=)	MC_T	=	MC_A	+	MC_B

Substituindo:

$$CV_A = (1/2) \times R_A$$
$$CV_B = (1/3) \times R_B$$
$$MC_A = R_A - [(1/2) \times R_A] = (1/2) \times R_A$$
$$MC_B = R_B - [(1/3) \times R_B] = (2/3) \times R_B$$

Temos:

			A		B
	R_T	=	R_A	+	R_B
(−)	CV_T	=	$(1/2) \times R_A$	+	$(1/3) \times R_B$
(=)	MC_T	=	$(1/2) \times R_A$	+	$(2/3) \times R_B$

Substituindo R_A e R_B, nas duas equações da MC_T, pelas equações em que essas variáveis estão em função de RT, veja as equações do **Mix**, temos:

$$MC_A = R_A - [(1/2) \times R_A] = (1/2) \times 0{,}55 \times R_T$$
$$MC_B = R_B - [(1/3) \times R_B] = (2/3) \times 0{,}45 \times R_T$$

ITEM 1:

Para determinar a receita no ponto de equilíbrio:

			A		B
	R_T	=	R_A	+	R_B
(−)	CV_T	=	$(1/2) \times R_A$	+	$(1/3) \times R_B$
(=)	MC_T	=	$(1/2) \times R_A$	+	$(2/3) \times R_B$
	MC_T	=	$(1/2) \times 0{,}55 \times R_T$	+	$(2/3) \times 0{,}45 \times R_T$
	MC_T	=	$0{,}275 \times R_T$	+	$0{,}300 \times R_T$
	MC_T	=	$0{,}575 \times R_T$		
(−)	CF	=	$ 34.500		
(=)	L	=	$ 0		

Lembre-se de que o valor de 0,575 significa que a margem de contribuição média de uma unidade é 57,5% da receita. Em outras palavras, a cada $ 1,00 de venda, $ 0,575 é a margem de contribuição da empresa.

$$MC_T - CF = L \Rightarrow (0{,}575 \times R_T) - \$\,34.500 = \$\,0 \Rightarrow 0{,}575 \times R_T = \$\,0 + \$\,34.500$$
$$\Rightarrow R_T = \$\,34.500/0{,}575$$

Donde: $R_T = \$\,60.000$

Linha de Produtos		R_T		Mix		Receita dos Produtos
A	=	$ 60.000	×	0,55	=	$ 33.000
B	=	$ 60.000	×	0,45	=	$ 27.000

ITEM 2:

Para determinar a receita para o lucro de $ 23.000:

				A		B
		R_T	=	R_A	+	R_B
(−)		CV_T	=	$(1/2) \times R_A$	+	$(1/3) \times R_B$
(=)		MC_T	=	$(1/2) \times R_A$	+	$(2/3) \times R_B$
		MC_T	=	$(1/2) \times 0{,}55 \times R_T$	+	$(2/3) \times 0{,}45 \times R_T$
		MC_T	=	$0{,}275 \times R_T$	+	$0{,}300 \times R_T$
		MC_T	=	$0{,}575 \times R_T$		
(−)		CF	=	$ 34.500		
(=)		L	=	$ 23.000		

$$MC_T - CF = L \Rightarrow (0{,}575 \times R_T) - \$\,34.500 = \$\,23.000 \Rightarrow 0{,}575 \times R_T = \$\,23.000 + \$\,34.500 \Rightarrow R_T = \$\,57.500/0{,}575$$

Donde: $R_T = \$\,100.000$

Linha de Produtos		R_T		Mix		Receita dos Produtos
A	=	$ 100.000	×	0,55	=	$ 55.000
B	=	$ 100.000	×	0,45	=	$ 45.000

Para reforçar seu conhecimento, faça o problema a seguir. A resposta encontra-se na página seguinte aos quadros, cujo objetivo é lhe ajudar.

7.3.1 Reforço do conhecimento: Cia. Seguros Contra Todos

A empresa Cia. Seguros Contra Todos tem dois produtos, A e B. Os custos variáveis do produto A são de 50% de sua receita; os custos variáveis do produto B são de 40% de sua receita. Os custos fixos da empresa são de $ 530.000. A receita do produto A é de 70% da receita total da empresa. Deseja-se saber: (1) O ponto de equilíbrio em receita para o produto A e o produto B; e, (2) A receita do produto A e B, de forma que o lucro da empresa seja de $ 1.590.000 (considere que o *mix* quanto às receitas dos produtos se mantenha constante).

RESOLVA SEM OLHAR A RESPOSTA

O *mix* é calculado em função do volume de vendas:

Receita de A = ... da Receita Total.

Receita de B = ... da Receita Total.

MIX DE PRODUTOS	
PRODUTO	*MIX* EM PERCENTAGEM
A	...............%
B	...............%
Total	100%

Dados do problema:

CV_A = ... × R_A

CV_B = ... × R_B

Obs.: a simbologia R_T significa receita total. R_A = receita de A, e R_B = receita de B.

Como:

			A		B
	R_T	=	R_A	+	R_B
(−)	CV_T	=	CV_A	+	CV_B
(=)	MC_T	=	MC_A	+	MC_B

Substituindo:

$$CV_A = \ldots\ldots \times R_A$$
$$CV_B = \ldots\ldots \times R_B$$
$$R_A = \ldots\ldots \times R_T$$
$$R_B = \ldots\ldots \times R_T$$

Temos, para o ponto de equilíbrio:

			A		B
	R_T	=		+	
(−)	CV_T	=		+	
(=)	MC_T	=		+	
	MC_T	=		+	
	MC_T	=		+	
	MC_T	=			
(−)	CF	=			
(=)	L	=			

$$MCT - CF = L$$

Donde: $R_T = \$\ldots\ldots$

Produtos		R_T		Mix		Receita dos Produtos
A	=		x		=	
B	=		x		=	

Temos, para o lucro de $ 1.590.000,00:

			A	B
	R_T	=		+
(−)	CV_T	=		+
(=)	MC_T	=		+
	MC_T	=		+
	MC_T	=		+
	MC_T	=		
(−)	CF	=		
(=)	L	=		

$$MCT - CF = L$$

Donde: $R_T = \$\ldots\ldots\ldots\ldots$

Produtos	R_T		Mix		Receita dos Produtos
A	=		×	=	
B	=		×	=	

Resposta:

O *mix* é calculado em função do volume de vendas:

Receita de A = 70% da Receita Total.

Receita de B = 30% da Receita Total.

MIX DE PRODUTOS	
PRODUTO	MIX EM PERCENTAGEM
A	70%
B	30%
Total	100%

Dados do problema:

$$CV_A = 0,5 \times R_A$$
$$CV_B = 0,4 \times R_B$$

Obs.: a simbologia R_T significa Receita Total. R_A = Receita de A e R_B = Receita de B.

Como:

			A		B
	R_T	=	R_A	+	R_B
(−)	CV_T	=	CV_A	+	CV_B
(=)	MC_T	=	MC_A	+	MC_B

Substituindo:

$$CV_A = 0,5 \times R_A$$
$$CV_B = 0,4 \times R_B$$
$$R_A = 0,7 \times R_T$$
$$R_B = 0,3 \times R_T$$

Temos, para o ponto de equilíbrio:

			A		B
	R_T	=	R_A	+	R_B
(−)	CV_T	=	$0,5 \times R_A$	+	$0,4 \times R_B$
(=)	MC_T	=	$0,5 \times R_A$	+	$0,6 \times R_B$
	MC_T	=	$(0,5 \times 0,7 \times R_T)$	+	$(0,6 \times 0,3 \times R_T)$
	MC_T	=	$0,35 \times R_T$	+	$0,18 \times R_T$
	MC_T	=	$0,53 \times R_T$		
(−)	CF	=	$ 530.000		
(=)	L	=	$ 0		

$MC_T - CF = L \Rightarrow (0,53 \times R_T) - \$\ 530.000 = \$\ 0 \Rightarrow 0,53 \times R_T = \$\ 0 + \$\ 530.000$

Donde: $R_T = \$\,530.000/0{,}53 = \$\,1.000.000$

Produtos		R_T		Mix		Receita dos Produtos
A	=	$ 1.000.000	×	0,7	=	$ 700.000
B	=	$ 1.000.000	×	0,3	=	$ 300.000

Temos, para o lucro de $ 1.590.000,00:

				A		B
		R_T	=	R_A	+	R_B
(−)		CV_T	=	$0{,}5 \times R_A$	+	$0{,}4 \times R_B$
(=)		MC_T	=	$0{,}5 \times R_A$	+	$0{,}6 \times R_B$
		MC_T	=	$(0{,}5 \times 0{,}7 \times R_T)$	+	$(0{,}6 \times 0{,}3 \times R_T)$
		MC_T	=	$0{,}35 \times R_T$	+	$0{,}18 \times R_T$
		MC_T	=	$0{,}53 \times R_T$		
(−)		CF	=	$ 530.000		
(=)		L	=	$ 1.590.000		

$MC_T - CF = L \Rightarrow (0{,}53 \times R_T) - \$\,530.000 = \$\,1.590.000 \Rightarrow 0{,}53 \times R_T = \$\,1.590.000 + \$\,530.000$

Donde: $R_T = \$\,2.120.000/0{,}53 = \$\,4.000.000$

Produtos		R_T		Mix		Receita dos Produtos
A	=	$ 4.000.000	×	0,7	=	$ 2.800.000
B	=	$ 4.000.000	×	0,3	=	$ 1.200.000

7.3.2 Exercício de autoavaliação: a Loja H2R

A loja H2R comercializa computadores e suprimentos para essas máquinas. Sua política de preço é de vender os computadores com um preço duas vezes e meia maior (2,5) que o custo. Já para os suprimentos, o preço de venda é cinco vezes (5) acima do que é pago. Para incentivar seus vendedores, a empresa tem como política pagar uma comissão de vendas igual 10% da receita. Os impostos incidem no valor de 20% da receita. A empresa possui custos fixos que totalizam

$ 420.000,00 no ano. A empresa tem uma previsão de vendas, para o próximo ano, que irá totalizar $ 3.500.000,00: sendo, $ 1.400.000,00 para computadores e $ 2.100.000,00 para suprimentos.

Considerando que o *mix* de vendas irá manter-se constante, pedem-se: (1) a receita a ser obtida a fim de atingir o ponto de equilíbrio; e (2) qual deverá ser a receita para se obter um lucro de $ 1.260.000,00?

RESOLVA SEM OLHAR A RESPOSTA:

O *mix* é em função do volume de vendas:

Receita de Computadores (C) = $ ..../$ .... = ...% da Receita Total.

Receita de Suprimentos (S) = $ ..../$ .... = ...% da Receita Total.

MIX DE PRODUTOS	
PRODUTO	*MIX* EM PERCENTAGEM
C	......%
S	......%
Total	100%

Dados do problema:

CV (Custo Variável) = Custo do Produto + Comissão + Impostos

- Custo do Produto será ...... da Receita do Computador (R_C) e ...... da Receita de Suprimentos (R_S).
- Comissão será sempre ......% da receita do produto. Assim sendo, se for o computador, será ...... × R_C, e se forem suprimentos, ... × R_S.
- Impostos, tal qual a comissão será ......% da receita do produto. Portanto, para o computador: ...... × R_C. E, para o suprimento: ...... × R_S.

CV_C = ... × R_C + ... × R_C + ... × R_C = ... × R_C

CV_S = ... × R_S + ... × R_S + ... × R_S = ... × R_S

Obs.: a simbologia R_T significa Receita Total. R_C = Receita de Computadores (C), e R_S = Receita de Suprimentos (S).

Como:

			C		S
	R_T	=	R_C	+	R_S
(−)	CV_T	=	CV_C	+	CV_S
(=)	MC_T	=	MC_C	+	MC_S

Substituindo:

$$CV_C = \ldots \times R_C$$
$$CV_S = \ldots \times R_S$$
$$R_C = \ldots \times R_T$$
$$R_S = \ldots \times R_T$$

Temos, para o ponto de equilíbrio:

			C	S
	R_T	=		
(−)	CV_T	=		
(=)	MC_T	=		
	MC_T	=		
	MC_T	=		
	MC_T	=		
(−)	CF	=		
(=)	L	=		

$$MC_T - CF = L \Rightarrow$$

Donde: $R_T =$

Produtos	R_T	Mix	Receita dos Produtos
C	=		
S	=		

Temos, para o lucro de $ 1.260.000,00:

			C	S
	R_T	=		
(–)	CV_T	=		
(=)	MC_T	=		
	MC_T	=		
	MC_T	=		
	MC_T	=		
(–)	CF	=		
(=)	L	=		

$$MC_T - CF = L$$

Donde: $R_T =$

Produtos		R_T	Mix	Receita dos Produtos
C	=			
S	=			

A resposta encontra-se na próxima página.

Resposta:

O *mix* é calculado em função do volume de vendas:

Receita de Computadores (C) = $ 1.400.000/$ 3.500.000 = 40% da Receita Total.

Receita de Suprimentos (S) = $ 2.100.000/$ 3.500.000 = 60% da Receita Total.

\multicolumn{2}{c}{*MIX* DE PRODUTOS}	
PRODUTO	*MIX* EM PERCENTAGEM
C	40%
S	60%
Total	100%

Dados do problema:

CV (Custo Variável) = Custo do Produto + Comissão + Impostos

- Custo do Produto será 0,4 da Receita do Computador (R_C) e 0,2 da Receita de Suprimentos (R_S).
- Comissão será sempre 10% da receita do produto. Assim sendo, se for o computador será $0,1 \times R_C$, e se forem suprimentos, $0,1 \times R_S$.
- Impostos, tais quais a comissão serão 20% da receita do produto. Portanto, para o computador: $0,2 \times R_C$. E, para o suprimento: $0,2 \times R_S$.

$$CV_C = 0,4 \times R_C + 0,1 \times R_C + 0,2 \times R_C = 0,7 \times R_C$$

$$CV_S = 0,2 \times R_S + 0,1 \times R_S + 0,2 \times R_S = 0,5 \times R_S$$

Obs.: a simbologia R_T significa Receita Total. R_C = Receita de Computadores (C), e R_S = Receita de Suprimentos (S).

Como:

			C		S
	R_T	=	R_C	+	R_S
(−)	CV_T	=	CV_C	+	CV_S
(=)	MC_T	=	MC_C	+	MC_S

Substituindo:

$$CV_C = 0,7 \times R_C$$

$$CV_S = 0,5 \times R_S$$

Determinando o volume a ser vendido com objetivo de lucro para vários produtos... **149**

$$R_C = 0,4 \times R_T$$
$$R_S = 0,6 \times R_T$$

Temos, para o ponto de equilíbrio:

			C		S
	R_T	=	R_C	+	R_S
(−)	CV_T	=	$0,7 \times R_C$	+	$0,5 \times R_S$
(=)	MC_T	=	$0,3 \times R_C$	+	$0,5 \times R_S$
	MC_T	=	$(0,3 \times 0,4 \times R_T)$	+	$(0,5 \times 0,6 \times R_T)$
	MC_T	=	$0,12 \times R_T$	+	$0,30 \times R_T$
	MC_T	=	$0,42 \times R_T$		
(−)	CF	=	$ 420.000		
(=)	L	=	$ 0		

$MC_T - CF = L \Rightarrow (0,42 \times R_T) - \$\,420.000 = \$\,0 \Rightarrow 0,42 \times R_T = \$\,0 + \$\,420.000$

Donde: $R_T = \$\,420.000 / 0,42 = \$\,1.000.000$

Produtos		R_T		Mix		Receita dos Produtos
C	=	$ 1.000.000	×	0,4	=	$ 400.000
S	=	$ 1.000.000	×	0,6	=	$ 600.000

Temos, para o lucro de $ 1.260.000,00:

			C		S
	R_T	=	R_C	+	R_S
(−)	CV_T	=	$0,7 \times R_C$	+	$0,5 \times R_S$
(=)	MC_T	=	$0,3 \times R_C$	+	$0,5 \times R_S$
	MC_T	=	$0,3 \times 0,4 \times R_T$	+	$0,5 \times 0,6 \times R_T$
	MC_T	=	$0,12 \times R_T$	+	$0,30 \times R_T$
	MC_T	=	$0,42 \times R_T$		
(−)	CF	=	$ 420.000		
(=)	L	=	$ 1.260.000		

$$MC_T - CF = L \Rightarrow (0{,}42 \times R_T) - \$\ 420.000 = \$\ 1.260.000 \Rightarrow 0{,}42 \times R_T = \$\ 1.260.000 + \$\ 420.000$$

Donde: $R_T = \$\ 1.680.000/0{,}42 = \$\ 4.000.000$

Produtos		R_T		Mix		Receita dos Produtos
C	=	$ 4.000.000	×	0,4	=	$ 1.600.000
S	=	$ 4.000.000	×	0,6	=	$ 2.400.000

7.4 Decisões de preço para produtos com custos comuns

A empresa Syl Perfumes Ltda. produz dois perfumes famosos para o público feminino: R e L. A estrutura de custos específicos desses dois produtos, assim como suas respectivas projeções de vendas, são apresentadas a seguir:

	PRODUTOS	
	R	L
Projeção de Vendas	1.000 unid.	500 unid.
Custos Variáveis por Unidade	$ 5	$ 8
Custos Fixos Específicos	$ 1.500	$ 966

A empresa projeta incorrer em custos, que não são específicos aos produtos, no valor de $ 1.234. Estes custos são classificados como custos comuns, pois têm por fim beneficiar indistintamente os produtos, isto é, os recursos empregados nessas despesas geram proveitos administrativos que retornam aos produtos na forma de qualidade, de organização etc. Exemplos desses itens de despesas, na empresa Syl Perfumes Ltda, são: gastos com a direção, ar-condicionado, treinamento gerencial, promoção institucional etc.

PERGUNTA-SE:

Quais serão os preços dos perfumes R e L, de forma que a empresa obtenha um lucro de $ 2.000 com os volumes de vendas projetados, e que tenha como política manter a mesma margem operacional sobre a receita para os produtos?

A dificuldade encontrada para definir o preço é inerente à alocação dos custos conjuntos de $ 1.234. A base de alocação, qualquer que seja a escolhida, será arbitrária, e uma exposição racional para sua escolha será difícil. Autores de Contabilidade de Custos dizem que a melhor base, em situações similares, é aquela que forneça a menor diferença entre os valores unitários computados: (1) empregando a base em questão; e, (2) como se a empresa só fabricasse somente o produto em estudo.[2]

Por essa razão, teóricos na matéria argumentam que a base a ser empregada deverá ser tal que: *todos os produtos deverão contribuir igualmente para o pagamento das despesas comuns*. Esse procedimento de alocação dos custos comuns já foi discutido anteriormente nos itens 7.2, mais especificamente nos subitens 7.2.2 e 7.2.3.

Portanto, alocar as despesas fixas comuns aos produtos já não é mais problema. Elas deverão ser proporcionalmente iguais à contribuição que cada produto tem com o item anterior que, ao ser subtraído das despesas fixas comuns, determinará o lucro. No exemplo da empresa Syl Perfumes Ltda., este item será a **Margem Operacional**, como pode ser visto a seguir:

	PRODUTOS		TOTAL
	R	L	
Receita	?	?	$ 14.700
menos: Custos Variáveis	$ 5.000	$ 4.000	$ 9.000
igual: Margem de Contribuição	?	?	$ 5.700
menos: Custos Fixos Específicos	$ 1.500	$ 966	$ 2.466
igual: Margem Operacional	?	?	$ 3.234
menos: Custos Comuns	?	?	$ 1.234
igual: Lucro	?	?	$ 2.000

Em outras palavras, a relação margem operacional de R sobre a margem operacional total será o valor percentual a ser multiplicado pelo valor das despesas fixas comuns, isto é $ 1.234, para definir a despesa fixa comum a ser alocada a R. Este procedimento será, também, aplicado para alocar as despesas fixas comuns a L. A relação margem operacional de L sobre a margem operacional total será o valor que multiplicará o valor das despesas fixas comuns, $ 1.234, para alocar o valor da despesa fixa comum a L.

Visto que R e L não são produtos de mercado de competição perfeita, os gestores da empresa Syl Perfumes Ltda. têm certa flexibilidade em estabelecer os

---

[2] DEARDEN, J. **Cost accounting and financial control system**. Addison-Wesley, Philippines, 1973, p. 28.

preços dos produtos. Assim sendo, há necessidade de que políticas, arbitrárias, sejam estabelecidas. Por exemplo:

- Manter a relação margem operacional sobre receita de cada produto igual à relação margem operacional total com a receita total.
- Manter uma relação predefinida entre os preços dos produtos, considerando o *mix* desses produtos.

7.4.1 Política: manter a relação margem operacional sobre receita de cada produto igual à relação margem operacional total com a receita total

No exemplo da empresa Syl Perfumes Ltda., adicionou-se um novo elemento: os Custos Fixos Específicos ou exclusivos dos produtos, também conhecidos como Custos Fixos Evitáveis, em que o produto R incorrerá em $ 1.500,00, e o produto L, $ 966,00. Já as Despesas Fixas Comuns aos dois produtos, no valor de $ 1.234,00, são conhecidas como Despesa Fixa Inevitável.

Custos evitáveis são aqueles que deixarão de existir se o produto (ou o departamento) for eliminado. Por exemplo, numa loja de departamento como as Lojas Americanas, se a linha de eletrodomésticos for retirada, os valores relacionados ao ordenado do gerente de compra do produto, à despesa com os funcionários da sessão, ao custo com a propaganda desses produtos etc. serão eliminados. Em outras palavras, esses custos podem ser EVITADOS se o produto for extinto, o que quer dizer que seus valores devem estar diretamente relacionados com o mesmo. É interessante notar que todos os custos evitáveis são, também, específicos ao produto.

Os custos inevitáveis são os que continuarão ocorrendo, independentemente da existência ou inexistência de qualquer produto. Por exemplo: se uma loja de departamentos pensa em eliminar a sessão de produtos alimentícios, os gastos com materiais alimentícios e com os funcionários da sessão, que são custos evitáveis etc., deixarão de existir com a extinção desse departamento, mas o aluguel da loja é um custo inevitável, pois continuará existindo para servir aos outros departamentos da loja, assim como o imposto predial, a energia, as despesas com a diretoria etc. É importante salientar que, na determinação do custo unitário, essas despesas, como o aluguel da loja, são rateadas para a sessão de produtos alimentícios. Ao se eliminar a linha de produto, esses custos inevitáveis serão rateados pelas outras linhas de produtos que permanecem à venda.

Por causa desses dois tipos de custos procurou-se apresentar o Demonstrativo de Resultado com uma nova variável que foi denominada de **Margem Operacional**, que se entende como a diferença entre a receita e o somatório dos custos variáveis e dos custos fixos evitáveis (ou específicos). Essa **Margem Operacional** poderia ser também denominada de **Margem do Produto**. O importante é destacar o que cada produto contribui para pagar os custos fixos comuns ou inevitáveis. No caso de a empresa ter certa liberdade em definir o preço de seus produtos, como a empresa Syl Perfumes Ltda., há que se definir uma política a fim de determinar os preços dos mesmos. Ao determinar que o percentual da margem operacional total pela receita da empresa seja igual para todos os produtos, a direção tem por fim que todos os produtos contribuam igualmente, ou com mesmo percentual, para pagar as despesas fixas inevitáveis.

Voltando ao Demonstrativo de Resultado apresentado anteriormente, a sua estrutura de informações permite explicitar como os produtos e o resultado da empresa podem ser apresentados. A margem operacional deverá especificar a contribuição dos produtos, considerando os custos que podem ser identificados de forma viável aos mesmos. Os valores que se encontram com o ponto de interrogação (?) são os que procuraremos determinar com base no critério: *a receita a ser obtida por cada produto deverá fazer com que sua margem operacional contribua na mesma proporção para pagar os custos comuns da empresa.*

Portanto, a relação custos comuns da empresa divididos pela margem operacional total, 0,381... ($ 1.234/$ 3.234), deverá ser igual quando computarmos a mesma relação para os produtos R e L. Em outras palavras, todos os produtos obterão receitas que, excluídos seus custos específicos, contribuirão com 38,1% (0,381... × 100%) para pagar os custos inevitáveis ou comuns da empresa. Utilizando o mesmo argumento: esses produtos contribuirão com 61,9% (100% − 38,1%) da margem operacional para o lucro da empresa. Essas percentagens só são verdadeiras se o *mix* de vendas for igual ao empregado na suposição, isto é, 1.000 para o produto R e 500 para o produto L. O que quer dizer: 2/3 das vendas totais serão do produto R, e 1/3, do produto L.

	PRODUTOS		TOTAL
	R	L	
Receita	?	?	$ 14.700
menos: Custos Variáveis	$ 5.000	$ 4.000	$ 9.000
igual: Margem de Contribuição	?	?	$ 5.700
menos: Custos Fixos Específicos	$ 1.500	$ 966	$ 2.466
igual: Margem Operacional	?	?	$ 3.234
menos: Custos Comuns	?	?	$ 1.234
igual: Lucro	?	?	$ 2.000

O cálculo dos valores anteriores, na coluna "TOTAL", inicia-se pelo lucro desejado, $ 2.000, e dos custos comuns, $ 1.234, determinando a margem operacional: $ 3.234 ($ 2.000 + $ 1.234). A margem de contribuição da empresa, $ 5.700, é calculada pelo somatório da margem operacional, $ 3.234, com os custos fixos específicos, $ 2.466 (soma dos custos fixos específicos de R, $ 1.500, com o de L, $ 966). Uma vez computados os custos variáveis da empresa, $ 9.000 (que são o somatório dos custos variáveis de R, $ 5.000 [$ 5/unid. × 1.000 unid.], com os custos variáveis de L, $ 4.000 [$ 8/unid. × 500 unid.]), podemos determinar a receita da empresa desejada, isto é, $ 14.700.

Como queremos determinar o valor da receita para cada produto, de forma que todos contribuam igualmente para pagar os custos comuns, sua relação margem operacional dividida pela receita será a mesma para toda a empresa. Assim sendo, a relação margem operacional da empresa dividida pela receita total é:

$$\frac{Margem\ Operacional}{Receita} = \frac{3.324}{14.700} = 0{,}22$$

Desta forma, todos os produtos deverão ter a relação margem operacional dividida pela receita igual a 0,22. A margem operacional do produto R (MO_R) poderá ser expressa em função do preço do produto R (R_R), como:

$$R_R\ (ou\ Receita_R) = preço_R \times 1.000$$
$$MO_R = Receita_R - (Custos\ Variáveis_R + Custos\ Fixos\ Específicos_R)$$
$$Custos\ Variáveis_R = \$\ 5 \times 1.000 = \$\ 5.000$$
$$Custos\ Fixos\ Específicos_R = \$\ 1.500$$

portanto:

$$MO_R = (preço_R \times 1.000) - (5.000 + 1.500)$$
$$= (preço_R \times 1.000) - 6.500$$

O valor de $preço_R$ é computado, partindo da relação margem operacional do produto R(MO_R) pela receita do produto R (R_R):

$$\frac{MO_R}{R_R} = 0{,}22$$

Substituindo, MO_R e R_R, teremos:

$$\frac{(preço_R \times 1.000) - 6.500}{(preço_R \times 1.000)} = 0,22$$

$$preço_R \times (1.000 - 220) = 6.500$$

$$preço_R = \frac{6.500}{1.000 - 220} = \frac{6.500}{780}$$

$$preço_R = 8.333...$$

A relação margem operacional do produto L (MO_L) sobre a receita do produto L (L_L) é, também, 0,22, podendo ser expressa, como:

$$R_L \text{ (ou Receita}_L) = preço_B \times 500$$

$$MO_L = Receita_L - (Custos\ Variáveis_L + Custos\ Fixos\ Específicos_L)$$

$$Custos\ Variáveis_L = \$\ 8 \times 500 = \$\ 4.000$$

$$Custos\ Fixos\ Específicos_L = \$\ 966$$

portanto:

$$MO_L = (preço_L \times 500) - (4.000 + 966)$$

$$= (preço_L \times 500) - 4.966$$

O valor de $preço_L$ é computado, partindo da relação margem operacional do produto L (MO_L) pela receita do produto L (R_L), conforme abaixo:

$$\frac{MO_L}{R_L} = 0,22$$

Substituindo MO_L e R_L, temos:

$$\frac{(preço_L \times 500) - 4.966}{(preço_L \times 500)} = 0,22$$

$$(preço_L \times 500) = \frac{4.966}{1 - 0,22} = \frac{4.966}{0,78}$$

$$(preço_L \times 500) = 6.366,67$$

$$preço_L = 12,733...$$

A tabela apresentada anteriormente pode, portanto, ser expressa incluindo os valores das receitas dos produtos R e L, que como consequência computa os valores da margem de contribuição e da margem operacional de cada um desses produtos.

	PRODUTOS		TOTAL
	R	L	
Receita	$ 8.333,33	$ 6.366,67	$ 14.700
Menos: Custos Variáveis	$ 5.000,00	$ 4.000,00	$ 9.000
Igual: Margem de Contribuição	$ 3.333,33	$ 2.366,67	$ 5.700
Menos: Custos Fixos Específicos	$ 1.500,00	$ 966,00	$ 2.466
Igual: Margem Operacional	$ 1.833,33	$ 1.400,67	$ 3.234
Menos: Custos Comuns	?	?	$ 1.234
Igual: Lucro	?	?	$ 2.000

Mantendo-se a filosofia de que os custos fixos comuns serão rateados na relação em que a margem operacional de cada produto contribui para margem operacional total, os produtos R terão alocado $ 699,5456 ... ou $ 699,55, que é determinado multiplicando-se o custo fixo comum $ 1.234 por 0,56689 ... (o percentual que a margem operacional de R contribui para margem operacional total, $ 1.833,3333.../$ 3234). E, o produto L terá alocado $ 534,45, que é a multiplicação do custo fixo comum $ 1.234 por 0,43311 ... (o percentual que a margem operacional de L contribui para margem operacional total, $ 1.833,33 .../$ 3.234). O Demonstrativo de Resultado fica, portanto:

	PRODUTOS		TOTAL
	R	L	
Receita	$ 8.333,33	$ 6.366,67	$ 14.700
Menos: Custos Variáveis	$ 5.000,00	$ 4.000,00	$ 9.000
Igual: Margem de Contribuição	$ 3.333,33	$ 2,366,67	$ 5.700
Menos: Custos Fixos Específicos	$ 1.500,00	$ 966,00	$ 2.466
Igual: Margem Operacional	$ 1.833,33	$ 1.400,67	$ 3.234
Menos: Custos Fixos Comuns	$ 699,55	$ 534,45	$ 1.234
Igual: Lucro	$ 1.133,79	$ 866,21	$ 2.000

Você poderá confirmar, se desejar, que todas as relações (lucro sobre receita, margem operacional sobre receita e custos comuns sobre receita) são iguais para as três colunas.

7.4.1.1 Reforço do conhecimento: a empresa Infoshow: determinando o preço para vários produtos com custos comuns e com a política que todos possuam a mesma relação margem operacional com a receita

A empresa InfoShow vende dois tipos de computadores: *notebook* e *desktop*. A empresa tem custos fixos comuns, que totalizam $ 99.000,00. O proprietário deseja obter um lucro de $ 81.000,00 e que os preços dos produtos mantenham a mesma relação margem operacional sobre a receita, isto é, que essa relação seja igual à relação margem operacional total sobre receita total. Para tanto, precisa saber o preço que deverá cobrar a cada um desses produtos, sendo os custos e o volume de vendas projetado apresentados a seguir:

	NOTEBOOK	DESKTOP
Custo variável por unidade	$ 3.000	$ 1.200
Volume de vendas projetado	50	100

RESOLVA SEM OLHAR A RESPOSTA

Como não há custos fixos específicos, a margem operacional será igual à margem de contribuição. O primeiro passo será determinar a receita total. Lembre-se de que o valor total dos custos variáveis será o somatório dos custos variáveis de cada produto.

	PRODUTOS		TOTAL
	NOTEBOOK	DESKTOP	
Receita			
menos: Custos Variáveis			
igual: Margem de Contribuição			
menos: Custos Fixos Específicos			
igual: Margem Operacional			
menos: Custos Fixos Comuns			
igual: Lucro			

Relação entre Margem Operacional sobre Receita é igual a ...... ($ ..../$ ....). Como todos os produtos deverão manter essa relação, teremos:

CALCULANDO O PREÇO DO *NOTEBOOK*:

Denominando preço do *notebook* como p_N. E, receita igual a R_N, temos:

$$R_N = p_N \times \ldots.$$

Margem Operacional = R_N − (Custos Variáveis + Custos Fixos Específicos)

Margem Operacional = $p_N \times \ldots - (\$ \ldots + \$ \ldots) = p_N \times \ldots - \$ \ldots$

Sabemos, também, que: Margem Operacional/$R_N = \ldots$; portanto:

Margem Operacional = $\ldots \times R_N = \ldots \times p_N \times \ldots = \ldots \times p_N$

Então:

$$\ldots \times p_N = \ldots \times p_N - \$ \ldots$$

$$(\ldots - \ldots) \times p_N = \$ \ldots$$

$$\ldots \times p_N = \$ \ldots \Rightarrow p_N = \$ \ldots$$

CALCULANDO O PREÇO DO *DESKTOP*:

Denominando preço do *desktop* como p_D. E, receita igual a R_D, temos:

$$R_D = p_D \times \ldots$$

Margem Operacional = R_D − (Custos Variáveis + Custos Fixos Específicos)

Margem Operacional = $p_D \times \ldots - (\$ \ldots + \$ \ldots) = p_D \times \ldots - \$ \ldots$

Sabemos, também, que:

Margem Operacional = $\ldots \times R_D = \ldots \times p_D \times \ldots = \ldots \times p_D$

Então:

$$\ldots \times p_D = \ldots \times p_D - \$ \ldots$$

$$(\ldots - \ldots) \times p_D = \$ \ldots$$

$$\ldots \times p_D = \$ \ldots \Rightarrow p_D = \$ \ldots$$

Podemos, portanto, expressar a tabela como:

	PRODUTOS		TOTAL
	NOTEBOOK	DESKTOP	
Receita			
menos: Custos Variáveis			
igual: Margem de Contribuição			
menos: Custos Fixos Específicos			
igual: Margem Operacional			
menos: Custos Fixos Comuns			
igual: Lucro			

Para evitar distorção no resultado, todos os produtos irão contribuir com a mesma proporção para o lucro, isto é, a relação lucro sobre margem operacional será de .....% ($ ..../$ ....). Assim sendo, os custos fixos alocados ao produto irão representar ......% ($ ..../$ ....) da margem operacional. E a tabela pode ser completada da seguinte forma:

	PRODUTOS		TOTAL
	NOTEBOOK	DESKTOP	
Receita			
menos: Custos Variáveis			
igual: Margem de Contribuição			
menos: Custos Fixos Específicos			
igual: Margem Operacional			
menos: Custos Fixos Comuns			
igual: Lucro			

A resposta encontra-se na próxima página.

Resposta:

Como não há custos fixos específicos, a margem operacional será igual à margem de contribuição. O primeiro passo será determinar a receita total. Lembre-se de que o valor total dos custos variáveis será o somatório dos custos variáveis de cada produto.

	PRODUTOS		TOTAL
	NOTEBOOK	DESKTOP	
Receita	?	?	$ 450.000
menos: Custos Variáveis	$ 150.000	$ 120.000	$ 270.000
igual: Margem de Contribuição	?	?	$ 180.000
menos: Custos Fixos Específicos	$ 0	$ 0	$ 0
igual: Margem Operacional	?	?	$ 180.000
menos: Custos Fixos Comuns	?	?	$ 99.000
igual: Lucro	?	?	$ 81.000

A relação entre Margem Operacional sobre Receita é igual a 0,40 ($ 180.000/ $ 450.000). Como todos os produtos deverão manter essa relação, teremos:

CALCULANDO O PREÇO DO *NOTEBOOK*:

Denominando preço do *notebook* como p_N. E, receita igual a R_N, temos:

$$R_N = p_N \times 50$$

$$\text{Margem Operacional} = R_N - (\text{Custos Variáveis} + \text{Custos Fixos Específicos})$$

$$\text{Margem Operacional} = p_N \times 50 - (\$ 150.000 + \$ 0) = p_N \times 50 - \$ 150.000$$

Sabemos, também, que: Margem Operacional/R_N = 0,4; portanto:

$$\text{Margem Operacional} = 0,4 \times R_N = 0,4 \times p_N \times 50 = 20 \times p_N$$

Então:

$$20 \times p_N = 50 \times p_N - \$ 150.000$$

$$(50 - 20) \times p_N = \$ 150.000$$

$$30 \times p_N = \$ 150.000 \Rightarrow p_N = \$ 5.000,00$$

CALCULANDO O PREÇO DO *DESKTOP*:

Denominando preço do *desktop* como p_D. E, receita igual a R_D, temos:

$$R_D = p_D \times 100$$

Margem Operacional = R_D − (Custos Variáveis + Custos Fixos Específicos)

Margem Operacional = $p_D \times 100 - (\$\,120.000 + \$\,0) = p_D \times 100 - \$\,120.000$

Sabemos, também, que:

$$\text{Margem Operacional} = 0{,}4 \times R_D = 0{,}4 \times p_D \times 100 = 40 \times p_D$$

Então:

$$40 \times p_D = 100 \times p_D - \$\,120.000$$
$$(100 - 40) \times p_D = \$\,120.000$$
$$60 \times p_D = \$\,120.000 \Rightarrow p_D = \$\,2.000{,}00$$

Podemos, portanto, expressar a tabela, como:

	PRODUTOS		TOTAL
	NOTEBOOK	**DESKTOP**	
Receita	$ 250.000	$ 200.000	$ 450.000
menos: Custos Variáveis	$ 150.000	$ 120.000	$ 270.000
igual: Margem de Contribuição	$ 100.000	$ 80.000	$ 180.000
menos: Custos Fixos Específicos	$ 0	$ 0	$ 0
igual: Margem Operacional	$ 100.000	$ 80.000	$ 180.000
menos: Custos Fixos Comuns	?	?	$ 99.000
igual: Lucro	?	?	$ 81.000

Para evitar distorção no resultado, os custos fixos alocados ao produto manterão a proporção com que sua margem operacional contribui para a margem operacional total. O NOTEBOOK terá alocado 0,55556 ... de $ 99.000, isto é: $ 55.000. Já o DESKTOP terá alocado 0,44444 ... de $ 99.000, $ 44.000. O Demonstrativo de Resultado pode ser completado, da seguinte forma:

	PRODUTOS		TOTAL
	NOTEBOOK	*DESKTOP*	
Receita	$ 250.000	$ 200.000	$ 450.000
menos: Custos Variáveis	$ 150.000	$ 120.000	$ 270.000
igual: Margem de Contribuição	$ 100.000	$ 80.000	$ 180.000
menos: Custos Fixos Específicos	$ 0	$ 0	$ 0
igual: Margem Operacional	$ 100.000	$ 80.000	$ 180.000
menos: Custos Fixos Comuns	$ 55.000	$ 44.000	$ 99.000
igual: Lucro	$ 45.000	$ 36.000	$ 81.000

7.4.1.2 Autoaprendizado: Muy Amigo e a decisão de preço com política que todos os produtos mantenham a mesma margem operacional

O mercado MUY AMIGO vende dois produtos: K e L. O gerente administrativo recebeu o relatório de quantidades de mercadorias previstas para o próximo período:

Produtos	Quantidade	Custo Variável Unitário
K	7.500	4,00
L	2.500	8,00

Sabendo que os custos fixos anuais são comuns aos produtos, e estão projetados em $ 57.500,00; o lucro desejado após Imposto de Renda é de R$ 18.000,00, sendo que a alíquota de Imposto de Renda é de 40%. Pede-se:

- O preço de cada produto, de forma que as margens operacionais sobre o preço de L e de K sejam iguais à margem operacional total sobre receita total. É importante, ao calcular os preços, que o *mix* de vendas permaneça constante.

Resposta:

DEMONSTRATIVO DE RESULTADO			
PRODUTOS	K	L	TOTAL
Receita		+	=
menos: Custos Variáveis		+	=
igual: Margem de Contribuição		+	=
menos: Custos Fixos Específicos		+	=
igual: Margem Operacional		+	=
menos: Custos Fixos Comuns		+	=
igual: LAIR		+	=

SOLUÇÃO:

Lucro Antes do Imposto de Renda = LAIR

Lucro Líquido = LL

Taxa do Imposto de Renda = tx do IR

LAIR = LL/(1 − tx do IR) = \$ 18.000/(1 − 0,4) = \$ 18.000/0,6 = \$ 30.000

O demonstrativo de resultado pode ser apresentado, com as informações apresentadas da seguinte forma:

DEMONSTRATIVO DE RESULTADO			
PRODUTOS	K	L	TOTAL
Receita	7.500 × p_K	+ 2.500 × p_L	=
menos: Custos Variáveis	7.500 × \$ 4	+ 2.500 × \$ 8	=
igual: Margem de Contribuição		+	= \$ 87.500
menos: Custos Fixos Específicos	\$ 0	+ \$ 0	= \$ 0
igual: Margem Operacional		+	= \$ 87.500
menos: Custos Fixos Comuns		+	= \$ 57.500
igual: LAIR		+	= \$ 30.000

Para se obter um LAIR de \$ 30.000, com os custos fixos iguais a \$ 57.500, a margem operacional e a margem de contribuição serão iguais a \$ 87.500, pois os custos fixos específicos são $ 0. Faça os cálculos de baixo para cima. Os custos variáveis são computados multiplicando-se a quantidade pelo seu valor unitário: para o produto K, serão $ 30.000 (7.500 × $ 4); já o produto L, $ 20.000 (2.500 × $ 8). Assim sendo:

DEMONSTRATIVO DE RESULTADO						
PRODUTOS	K		L			TOTAL
Receita	7.500 × p_K	+	2.500 × p_L		=	$ 137.500
menos: Custos Variáveis	$ 30.000	+	$ 20.000		=	$ 50.000
igual: Margem de Contribuição		+			=	$ 87.500
menos: Custos Fixos Específicos	$ 0	+	$ 0		=	$ 0
igual: Margem Operacional		+			=	$ 87.500
menos: Custos Fixos Comuns		+			=	$ 57.500
igual: LAIR		+			=	$ 30.000

A margem operacional total sobre receita da empresa será: 0,63636..., obtida dividindo-se $ 87.500 por $ 137.500.

CALCULANDO O PREÇO DE K:

$$R_K = 7.500 \times p_K$$

Margem Operacional = R_K − (Custos Variáveis + Custos Fixos Específicos)

Margem Operacional = p_K × 7.500 − ($ 30.000 + $ 0) = p_K × 7.500 − $ 30.000

Sabemos, também, que: Margem Operacional/R_K = 0,63636 ...; portanto:

Margem Operacional = 0,63636 ... × R_K = 0,63636 ... × p_K × 7.500

Então:

$$0,63636 ... \times p_K \times 7.500 = p_K \times 7.500 - \$\ 30.000$$

$$p_K \times 7.500 - 0,63636 ... \times p_K \times 7.500 = \$\ 30.000$$

$$2.727,27273 ... \times p_K = \$\ 30.000 \Rightarrow p_K = \$\ 11,00$$

CALCULANDO O PREÇO DE L:

$$R_L = 2.500 \times p_L$$

Margem Operacional = R_L − (Custos Variáveis + Custos Fixos Específicos)
Margem Operacional = $p_L \times 2.500$ − (\$ 20.000 + \$ 0) = $p_L \times 2.500$ − \$ 20.000

Sabemos, também, que: Margem Operacional/R_L = 0,63636 ...; portanto:

Margem Operacional = 0,63636 ... × R_L = 0,63636 ... × $p_L \times 2.500$

Então:

$$0,63636 ... \times p_L \times 2.500 = p_L \times 2.500 - \$ 20.000$$
$$P_L \times 2.500 - 0,63636 ... \times p_L \times 2.500 = \$ 20.000$$
$$909,09091 ... \times p_L = \$ 20.000 \Rightarrow p_K = \$ 22,00$$

Assim sendo, o Demonstrativo de Resultado fica:

DEMONSTRATIVO DE RESULTADO						
PRODUTOS	K		L		TOTAL	
Receita	\$ 82.500	+	\$ 55.000	=	\$ 137.500	
menos: Custos Variáveis	\$ 30.000	+	\$ 20.000	=	\$ 50.000	
igual: Margem de Contribuição	\$ 52.500	+	\$ 35.000	=	\$ 87.500	
menos: Custos Fixos Específicos	\$ 0	+	\$ 0	=	\$ 0	
igual: Margem Operacional	\$ 52.500	+	\$ 35.000	=	\$ 87.500	
menos: Custos Fixos Comuns		+		=	\$ 57.500	
igual: LAIR		+		=	\$ 30.000	

Alocando os custos fixos comuns, \$ 57.500 com a filosofia de que todos os produtos contribuem com a mesma relação de sua margem operacional à margem operacional total, o produto K contribuirá com 0,6 (que é \$ 52.500/\$ 87.500), e o produto L, com 0,4 (que é \$ 35.000/\$ 87.500). O Demonstrativo de Resultado será:

DEMONSTRATIVO DE RESULTADO						
PRODUTOS	K		L		TOTAL	
Receita	$ 82.500	+	$ 55.000	=	$ 137.500	
menos: Custos Variáveis	$ 30.000	+	$ 20.000	=	$ 50.000	
igual: Margem de Contribuição	$ 52.500	+	$ 35.000	=	$ 87.500	
menos: Custos Fixos Específicos	$ 0	+	$ 0	=	$ 0	
igual: Margem Operacional	$ 52.500	+	$ 35.000	=	$ 87.500	
menos: Custos Fixos Comuns	$ 34.500	+	$ 23.000	=	$ 57.500	
igual: LAIR	$ 18.000	+	$ 12.000	=	$ 30.000	

7.4.2 Política: manter uma relação predefinida entre os preços dos produtos, considerando que o mix desses produtos se mantenha constante

Nesse caso há de se definir quantas vezes mais um produto será superior aos outros. Outro ponto relevante é projetar o volume de venda de cada produto, bem como seus custos variáveis e fixos específicos, além de determinar as despesas e custos fixos comuns. Para facilitar a compreensão, empregaremos o exemplo da empresa Syl Perfumes Ltda.

A empresa Syl Perfumes Ltda. produz dois perfumes famosos para o público feminino: R e L. A estrutura de custos específicos desses dois produtos, assim como suas respectivas projeções de vendas, são apresentadas a seguir:

	PRODUTOS	
	R	L
Projeção de Vendas	1.000 unid.	500 unid.
Custos Variáveis por Unidade	$ 5	$ 8
Custos Fixos Específicos	$ 1.500	$ 966

A empresa projeta incorrer em custos, que não são específicos aos produtos, no valor de $ 1.234. Estes custos são classificados como custos comuns, pois têm por fim beneficiar indistintamente os produtos, isto é, os recursos empregados nessas despesas geram proveitos administrativos que retornam aos produtos na forma de qualidade, de organização etc. Exemplos desses itens de despesas, na empresa Syl Perfumes Ltda., são: gastos com a direção, ar-condicionado, treinamento gerencial, promoção institucional etc.

PERGUNTA-SE:

Quais serão os preços dos perfumes R e L, de forma que a empresa obtenha um lucro de $ 2.000 com os volumes de vendas projetados e que tenha como política que o preço de L seja duas vezes maior que o preço de R?

SOLUÇÃO:

Da informação do problema, podemos montar o seguinte Demonstrativo de Resultado:

	PRODUTOS		TOTAL
	R	L	
Receita	1.000 × p_R	500 × p_L	$ 14.700
menos: Custos Variáveis	$ 5.000	$ 4.000	$ 9.000
igual: Margem de Contribuição	?	?	$ 5.700
menos: Custos Fixos Específicos	$ 1.500	$ 966	$ 2.466
igual: Margem Operacional	?	?	$ 3.234
menos: Custos Comuns	?	?	$ 1.234
igual: Lucro	?	?	$ 2.000

A política da direção é: $p_L = 2 \times p_R$

Do Demonstrativo de Resultado, temos da receita que:

$$1.000 \times p_R + 500 \times (2 \times p_R) = \$ 14.700$$

$$2.000 \times p_R = \$ 14.700$$

$$p_R = \$ 14.700/2.000$$

$$p_R = \$ 7,35$$

Como: $p_l = 2 \times p_R$, temos que $p_L = 2 \times \$ 7,35 = \$ 14,70$

Portanto, o Demonstrativo de Resultado ficará:

	PRODUTOS		TOTAL
	R	L	
Receita	$ 7.350	$ 7.350	$ 14.700
menos: Custos Variáveis	$ 5.000	$ 4.000	$ 9.000
igual: Margem de Contribuição	$ 2.350	$ 3.350	$ 5.700
menos: Custos Fixos Específicos	$ 1.500	$ 966	$ 2.466
igual: Margem Operacional	$ 850	$ 2.384	$ 3.234
menos: Custos Comuns	?	?	$ 1.234
igual: Lucro	?	?	$ 2.000

Os custos fixos serão alocados na proporção em que cada produto contribui com sua margem operacional para margem operacional total. O produto R contribuirá com 0,26283 ... de $ 1.234, já o produto L com 0,73717 ... de $ 1.234. Assim sendo:

	PRODUTOS		TOTAL
	R	L	
Receita	$ 7.350	$ 7.350	$ 14.700
menos: Custos Variáveis	$ 5.000	$ 4.000	$ 9.000
igual: Margem de Contribuição	$ 2.350	$ 3.350	$ 5.700
menos: Custos Fixos Específicos	$ 1.500	$ 966	$ 2.466
igual: Margem Operacional	$ 850	$ 2.384	$ 3.234
menos: Custos Comuns	$ 324,34	$ 909,66	$ 1.234
igual: Lucro	$ 525,66	$ 1.474,34	$ 2.000

7.4.2.1 Reforço do conhecimento: Muy Amigo e a decisão de preço com política de manter uma relação predefinida entre os preços dos produtos, considerando o *Mix* desses produtos

A empresa MUY AMIGO possui dois produtos – K e L –, e para o próximo período o gerente administrativo recebeu o relatório com a previsão das quantidades de mercadorias a serem vendidas e os respectivos custos variáveis:

Produtos	Quantidade	Custo Variável Unitário
K	7.500	4,00
L	2.500	8,00

Sabendo que: os custos fixos anuais são comuns aos produtos, e estão projetados em $ 57.500,00; a alíquota de Imposto de Renda é de 40%, o lucro líquido desejado após Imposto de Renda é de R$ 18.000,00. Pede-se:

- O preço de cada produto, de forma que o preço de L seja duas vezes e meia (2,5) o preço de K. É importante ao calcular os preços de forma que o *mix* de vendas permaneça constante.

SOLUÇÃO:

Lucro Antes do Imposto de Renda = LAIR

Lucro Líquido = LL

Taxa do Imposto de Renda = tx do IR

LAIR = LL/(1 − tx do IR) =

O demonstrativo de resultado pode ser definido com as informações apresentadas da seguinte forma:

DEMONSTRATIVO DE RESULTADO						
PRODUTOS	K		L			TOTAL
Receita	.... × p_K	+	.... × p_L		=	
menos: Custos Variáveis	.... × $	+	...... × $		=	
igual: Margem de Contribuição		+			=	
menos: Custos Fixos		+			=	
igual: LAIR		+			=	

Para se obter um LAIR de $ ...., com os custos fixos iguais a $ ...., a margem de contribuição tem de ser igual a $ ....; ir de baixo para cima. Os custos variáveis são computados multiplicando a quantidade pelo seu valor unitário: para o produto K, será $ .... (.......... × $ ....); já o produto L, $ .... (.......... × $ ....). Assim sendo:

A receita $ .... é obtida somando-se a margem de contribuição, $ ...., aos custos variáveis totais, isto é, a soma dos custos variáveis de cada produto, $ ....

O gerente deseja que o preço de L seja duas vezes e meia (2,5) o preço a ser estabelecido para K. Essa política pode ser expressa pela seguinte equação:

$$p_L = 2,5 \times p_K$$

Do **Demonstrativo de Resultado** na linha da receita sabemos:

$$................ \times p_K + ... \times p_L = \$ ....$$

Substituindo acima, p_L por $2,5 \times p_K$, teremos:

$$................ \times p_K + ... \times 2,5 \times p_K = \$ ....$$

Que fica:

$$p_K = \$ ....$$

Se, $p_K = \$ ....$, p_L será maior 2,5 vezes, ou:

$$p_L = \$ .... \times 2,5 = \$ ....$$

Assim sendo, o Demonstrativo de Resultado fica:

DEMONSTRATIVO DE RESULTADO			
PRODUTOS	K	L	TOTAL
Receita			
menos: Custos Variáveis			
igual: Margem de Contribuição			
menos: Custos Fixos			
igual: LAIR			

A resposta encontra-se na próxima página.

Resposta:

Lucro Antes do Imposto de Renda = LAIR

Lucro Líquido = LL

Taxa do Imposto de Renda = tx do IR

LAIR = LL/(1 − tx do IR) = \$ 18.000/(1 − 0,4) = \$ 18.000/0,6 = \$ 30.000

O demonstrativo de resultado pode ser determinado com as informações apresentadas da seguinte forma:

DEMONSTRATIVO DE RESULTADO				
PRODUTOS	K		L	TOTAL
Receita	7.500 × p_K	+	2.500 × p_L	=
menos: Custos Variáveis	7.500 × \$ 4	+	2.500 × \$ 8	=
igual: Margem de Contribuição		+		=
menos: Custos Fixos		+		= \$ 57.500
igual: LAIR		+		= \$ 30.000

Para se obter um LAIR de \$ 30.000, com os custos fixos iguais a \$ 57.500, a margem de contribuição tem de ser igual a \$ 87.500; ir de baixo para cima. Os custos variáveis são computados multiplicando a quantidade pelo seu valor unitário: para o produto K, será \$ 30.000 (7.500 × \$ 4); já o produto L, \$ 20.000 (2.500 × \$ 8). Assim sendo:

DEMONSTRATIVO DE RESULTADO				
PRODUTOS	K		L	TOTAL
Receita	7.500 × p_K	+	2.500 × p_L	= \$ 137.500
menos: Custos Variáveis	\$ 30.000	+	\$ 20.000	= \$ 50.000
igual: Margem de Contribuição		+		= \$ 87.500
menos: Custos Fixos		+		= \$ 57.500
igual: LAIR		+		= \$ 30.000

A receita \$ 137.500 é obtida somando-se a margem de contribuição, \$ 87.500, aos custos variáveis totais, isto é, a soma dos custos variáveis de cada produto, \$ 50.000.

O gerente deseja que o preço de L seja duas vezes e meia (2,5) o preço a ser estabelecido para K. Essa política pode ser expressa pela seguinte equação:

$$p_L = 2{,}5 \times p_K$$

Do **demonstrativo de resultado** na linha da receita sabemos:

$$7.500 \times p_K + 2.500 \times p_L = \$\ 137.500$$

Substituindo acima, p_L por $2{,}5 \times p_K$, teremos:

$$7.500 \times p_K + 2.500 \times 2{,}5 \times p_K = \$\ 137.500$$

Que fica:

$$7.500 \times p_K + 6.250 \times p_K = \$\ 137.500$$
$$13.750 \times p_K = \$\ 137.500$$
$$p_K = \$\ 10$$

Se, $p_K = \$\ 10$, p_L será 2,5 vezes maior, ou:

$$p_L = \$\ 10 \times 2{,}5 = \$\ 25$$

Assim sendo, o Demonstrativo de Resultado fica:

DEMONSTRATIVO DE RESULTADO						
PRODUTOS	K		L		TOTAL	
Receita	$ 75.000	+	$ 62.500	=	$ 137.500	
menos: Custos Variáveis	$ 30.000	+	$ 20.000	=	$ 50.000	
igual: Margem de Contribuição	$ 45.000	+	$ 42.500	=	$ 87.500	
menos: Custos Fixos		+		=	$ 57.500	
igual: LAIR		+		=	$ 30.000	

Para alocar os custos fixos, será empregada a filosofia que serão destinados na proporção que suas margens de contribuição participem na determinação da margem de contribuição total. O produto K participa com 51,429 ...% ($ 45.000/$ 87.500) e L com 48,571 ...% ($ 42.500/$ 87.500). Assim sendo,

K terá alocado $ 29.571, 43 ($ 57.500 × 0,51429 ...), enquanto L, $ 27.928,57 ($ 57.500 × 0,48571 ...). Fazendo com que o **Demonstrativo de Resultados** seja:

DEMONSTRATIVO DE RESULTADO			
PRODUTOS	K	L	TOTAL
Receita	$ 75.000,00 +	$ 62.500,00 =	$ 137.500,00
menos: Custos Variáveis	$ 30.000,00 +	$ 20.000,00 =	$ 50.000,00
igual: Margem de Contribuição	$ 45.000,00 +	$ 42.500,00 =	$ 87.500,00
menos: Custos Fixos	$ 29.571, 43 +	$ 27.928,57 =	$ 57.500,00
igual: LAIR	$ 15.428,57 +	$ 14.571,43 =	$ 30.000,00

7.4.2.2 Autoavaliação: a fábrica do titio e a decisão de preço com política de manter uma relação predefinida entre os preços dos produtos, considerando o *mix* desses produtos

Titio produz dois produtos: A e B. O custo variável unitário do produto A é $ 1,00; enquanto o de B é $ 3,00. Os custos fixos da fábrica são comuns aos dois produtos, e a retirada de um desses produtos não irá modificar seu valor. O valor dos custos fixos projetado para o período é de $ 500,00. Como ambos os produtos são únicos, Titio tem flexibilidade em estabelecer seus preços. A previsão de vendas para o próximo período é: 750 unidades de A e 250 unidades de B. Titio acha que o Produto B deverá ter um preço três vezes superior ao de A.

PEDE-SE:

- Qual é o preço que cada um desses produtos deverá ter, de forma que o lucro operacional seja $ 1.000 e que considere: a política de manter uma relação de preço em que o produto B seja três vezes maior do que A e manter o *mix* da projeção de vendas?

SOLUÇÃO:

O demonstrativo de resultado pode ser determinado com as informações apresentadas da seguinte forma:

DEMONSTRATIVO DE RESULTADO			
PRODUTOS	A	B	TOTAL
Receita		+	=
menos: Custos Variáveis		+	=
igual: Margem de Contribuição		+	=
menos: Custos Fixos		+	=
igual: Lucro Operacional		+	=

Titio deseja que o preço de B seja três vezes (3) o preço a ser estabelecido para A. Essa política pode ser expressa pela seguinte equação:

$$P_B = 3 \times p_A$$

Do **Demonstrativo de Resultado** na linha da receita sabemos:

Substituindo acima, p_A por $3 \times p_B$, teremos:

Que fica:

$$p_A = \$ \ldots\ldots$$

Se, $p_A = \$ \ldots\ldots$, p_B será maior 3 vezes, ou:

$$p_B = \$ \ldots\ldots \times 3 = \$ \ldots\ldots\ldots$$

Assim sendo, o Demonstrativo de Resultado fica:

DEMONSTRATIVO DE RESULTADO			
PRODUTOS	A	B	TOTAL
Receita		+	=
menos: Custos Variáveis		+	=
igual: Margem de Contribuição		+	=
menos: Custos Fixos		+	=
igual: LAIR		+	=

A resposta encontra-se na próxima página.

Resposta:

O demonstrativo de resultado pode ser definido com as informações apresentadas da seguinte forma:

DEMONSTRATIVO DE RESULTADO				
PRODUTOS	A		B	TOTAL
Receita	750 × p_a	+	250 × p_L	=
menos: Custos Variáveis	750 × $ 1	+	250 × $ 3	=
igual: Margem de Contribuição		+		=
menos: Custos Fixos		+		= $ 500
igual: Lucro Operacional		+		= $ 1.000

Para se obter um Lucro Operacional de $ 1.000, com os custos fixos iguais a $ 500, a margem de contribuição tem de ser igual a $ 1.500; ir de baixo para cima. Os custos variáveis são computados multiplicando a quantidade pelo seu valor unitário: para o produto A, será $ 750 (750 × $ 1); já o produto B, $ 750 (250 × $ 3). Assim sendo:

DEMONSTRATIVO DE RESULTADO				
PRODUTOS	K		L	TOTAL
Receita	750 × p_a	+	250 × p_L	= $ 3.000
menos: Custos Variáveis	750 × $ 1	+	250 × $ 3	= $ 1.500
igual: Margem de Contribuição		+		= $ 1.500
menos: Custos Fixos		+		= $ 500
igual: LAIR		+		= $ 1.000

A receita de $ 3.000 é obtida somando-se a margem de contribuição, $ 1.500, aos custos variáveis totais, isto é, a soma dos custos variáveis de cada produto, $ 1.500.

Titio deseja que o preço de B seja três vezes (3) o preço a ser estabelecido para A. Essa política pode ser expressa pela seguinte equação:

$$P_B = 3 \times p_A$$

Do **Demonstrativo de Resultado** na linha da receita, sabemos:

$$750 \times p_A + 250 \times p_B = \$\ 3.000$$

Substituindo acima, p_A por $3 \times p_B$, teremos:

$$750 \times p_A + 250 \times 3 \times p_A = \$\ 3.000$$

Que fica:

$$750 \times p_A + 750 \times p_A = \$\ 3.000$$
$$1.500 \times p_A = \$\ 3.000$$
$$p_A = \$\ 2$$

Se, $p_A = \$\ 2$, p_B será maior 3 vezes, ou:

$$p_B = \$\ 2 \times 3 = \$\ 6$$

Assim sendo, o Demonstrativo de Resultado fica:

DEMONSTRATIVO DE RESULTADO						
PRODUTOS	A		B			TOTAL
Receita	$ 1.500	+	$ 1.500	=		$ 3.000
menos: Custos Variáveis	$ 750	+	$ 750	=		$ 1.500
igual: Margem de Contribuição	$ 750	+	$ 750	=		$ 1.500
menos: Custos Fixos	$ 250	+	$ 250	=		$ 500
igual: LAIR	$ 500	+	$ 500	=		$ 1.000

Os custos fixos foram alocados empregando-se a filosofia que serão destinados na proporção que suas margens de contribuição participam na determinação da margem de contribuição total. Tanto A como B participam com 50%; a margem de contribuição de A é $ 750 para uma margem de contribuição total de $ 1.500, o mesmo ocorre com a margem de contribuição de B.

EPÍLOGO

As políticas apresentadas para determinar os preços dos produtos com custos comuns não são as únicas a serem empregadas. Poderíamos ter aplicado outras, como predeterminar uma relação entre as margens operacionais dos produtos ou entre as margens de contribuição dos produtos. Em resumo, pode-se imaginar um número elevado de políticas arbitrárias, o que tornaria cansativo e sem utilidade. O que procuramos fazer é explicitar políticas que poderão ser avaliadas de tempos em tempos e modificadas para melhor se adaptarem ao mercado. Pois, cada mercado possui características exclusivas, das quais seus gestores, por compreendê--las, podem tirar proveitos.

PARTE III

Exemplos de decisão de preço
por meio da abordagem
por contribuição

8

Decisão de preço quando ocorre variação no preço do insumo

8.1 Objetivos

- Escolher um novo preço quando há variação nos custos de produção.
- Conhecer o efeito desse novo preço no lucro da empresa.
- Saber escolher o preço, considerando a estratégia que a empresa emprega ao produto.

8.2 Introdução

Quando o valor de um insumo varia, a primeira reação de qualquer tomador de decisão é modificar o valor de seu produto, evitando perda na rentabilidade. A pergunta que se faz é: há condições de aumentar o preço do produto? Qual deverá ser esse valor?

Afirmar que é possível aumentar o preço do produto pode não ser válido, pois nem sempre o mercado permite que se manipule seu preço. Essa situação ocorre em mercados de competição perfeita, como os de *commodities*. Contudo, quando a empresa pode manipular o preço, mantendo o volume de vendas, pode empregar duas políticas para a definição do preço do produto, que são: (1) o preço do produto é estabelecido, mantendo-se o mesmo índice de margem de contribuição; e,

(2) o preço do produto é estabelecido, de forma que o lucro da organização seja igual ao projetado antes do aumento do insumo.

Manter o mesmo índice de margem de contribuição significa que a relação margem de contribuição sobre receita será constante, isto é, terá o mesmo valor que antes do aumento do insumo. A maneira mais fácil de resolver é trabalhar com a relação custos variáveis sobre receita (CV/R). O valor dessa relação será sempre obtido pela diferença 1 (um) menos o índice de margem de contribuição. Custo variável sobre receita (CV/R) é o mesmo que dizer custo variável unitário sobre o preço (cv/p). O objetivo desejado é que o valor dessa relação (cv/p) seja constante, como o novo valor do custo variável unitário (cv) é conhecido, portanto, o único valor a se definir é o novo preço (p).

A outra política é o estabelecimento do novo preço do produto, de forma que o lucro projetado, baseado nas informações anteriores, seja o mesmo. Em outras palavras, a quantidade que supomos vender é uma condição preestabelecida, e o objetivo é manter o mesmo lucro que se havia projetado. Como houve um aumento no valor do insumo, isto é, nos custos, haverá, consequentemente, modificação na receita. Dessa forma, esse procedimento segue de "baixo para cima". Parte-se do lucro e chega-se à nova receita. Ao dividir-se o valor dessa receita pela quantidade determina-se o preço.

8.3 O exemplo da fábrica do Titio Luiz

Exemplificando: imaginemos a fábrica do Titio Luiz, que fabrica um produto com o nome NERD6, que é vendido ao preço de $ 5 por unidade. A projeção de produção e vendas para o próximo período é de 100.000 unidades. A estrutura de custo da empresa é apresentada abaixo:

- Custos de fabricação:
    1. Custo variável por unidade, $ 1.
    2. Custos fixos, $ 50.000.
- Custos de vendas
    1. Custo variável por unidade, $ 0,25.
    2. Custos fixos, $ 20.000.
- Custos administrativos
    1. Custos fixos, $ 30.000.

Com base nas informações apresentadas, pode-se dizer que a cada unidade produzida e comercializada possui um custo variável por unidade de $ 1,25 ($ 1 da produção e $ 0,25 das vendas); os custos fixos, por sua vez, totalizam

$ 100.000 ($ 50.000 da produção; $ 20.000 das vendas; e, $ 30.000 da administração). Titio Luiz projeta o seguinte resultado para o próximo período.

Demonstrativo de Resultado Projetado	
Receita	$ 500.000
Menos: Custos Variáveis	125.000
Igual: Margem de Contribuição	$ 375.000
Menos: Custos Fixos	100.000
Igual: Lucro	$ 275.000

Logo após projetar os resultados apresentados, o fornecedor da matéria-prima do NERD6 subiu o preço em $ 0,25 por unidade, isto é, cada unidade produzida de NERD6 terá um custo variável por unidade, na fabricação, de $ 1,25. Assim sendo, custo variável por unidade para produzir e comercializar passará para $ 1,50 ($ 1,25 de produção e $ 0,25 de vendas). Os demais custos permanecem conforme a projeção prévia.

Se não for possível elevar o preço do NERD6, considerando que o volume de vendas será de 100.000 unidades, o Demonstrativo de Resultado apresentará o seguinte lucro projetado:

Demonstrativo de Resultado Projetado	
Receita	$ 500.000
Menos: Custos Variáveis	150.000
Igual: Margem de Contribuição	$ 350.000
Menos: Custos Fixos	100.000
Igual: Lucro	$ 250.000

8.4 A política de manter o mesmo índice de margem de contribuição

Caso seja possível modificar o preço do NERD6, uma das políticas é manter o índice de margem de contribuição que existia antes do aumento da matéria-prima, que era de 75%.

Margem de contribuição por unid./Preço = 3,75/5,00 = 0,75 ou 75%

Se o índice de margem de contribuição for de 75%, o índice do custo variável sobre receita será de 25% ou 0,25. Como se sabe, o novo valor do custo variável por unidade é $ 1,50. Dessa forma, o preço pode ser determinado da seguinte maneira:

Custo variável por unid./Preço = 0,25; donde

1,50/*Preço* = 0,25; donde

Preço = 1,50/0,25 = $ 6,00

Considerando-se a nova informação de custo, o preço igual a $ 6,00 e o volume de vendas de 100.000 unidades, o lucro projetado será:

Demonstrativo de Resultado Projetado	
Receita	$ 600.000
Menos: Custos Variáveis	150.000
Igual: Margem de Contribuição	$ 450.000
Menos: Custos Fixos	100.000
Igual: Lucro	$ 350.000

8.5 A política de manter o mesmo lucro

A outra política é manter o mesmo lucro projetado antes do aumento da matéria-prima, isto é, $ 275.000. Neste caso, a margem de contribuição deverá ser de $ 375.000 (somatório do lucro desejado de $ 275.000 com os custos fixos de $ 100.000). A receita, consequentemente, deverá ser de $ 525.000 (somatório da margem de contribuição de $ 375.000 com os custos variáveis para produzir e comercializar 100.000 unidades, que são $ 150.000). O preço do produto, portanto, será de $ 5,25 ($ 525.000, da receita, dividido por 100.000 unidades). O cálculo aqui descrito é apresentado no demonstrativo a seguir:

Demonstrativo de Resultado Projetado	
Receita	$ 525.000
Menos: Custos Variáveis	150.000
Igual: Margem de Contribuição	$ 375.000
Menos: Custos Fixos	100.000
Igual: Lucro	$ 275.000

Preço do produto = receita/número de unidades = $ 525.000/100.000 = $ 5,25

8.6 Considerações

Naturalmente, estar num mercado de competição perfeita enfraquece a empresa se houver um aumento de preço do insumo, principalmente se a demanda não estiver aquecida. O lucro do negócio será reduzido e terá de absorver o aumento de custo. Entretanto, se a empresa atuar em mercados: oligopolista, monopolista ou em monopólio competitivo (ou, concorrência monopolística), poderá transferir ao consumidor o aumento de preço do insumo. O problema a ser discutido é qual das duas estratégias deverá empregar: (1) manter o mesmo índice de margem de contribuição ou, (2) manter o mesmo lucro projetado.

Qualquer gestor na escolha do preço entre os valores $ 6,00 (manter o mesmo índice de margem de contribuição) e $ 5,25 (manter o mesmo lucro projetado) escolherá $ 6,00. Principalmente se a empresa tiver uma posição mercadológica forte (visto haver poucas opções para o consumidor).

Contudo, tomar a decisão considerando somente ter uma posição mercadológica forte pode ser um engano. Essa deverá ser tomada considerando estratégia mercadológica de preço, isto é, se a empresa está empregando:

- A estratégia de preço *Market Skimming* ou Recuperar Caixa o mais Rápido Possível; ou,
- A estratégia de preço Penetração de Mercado ou Satisfação ou Preço Competitivo.

Caso a empresa esteja praticando a estratégia de preço, seja de *market skimming* ou recuperar caixa o mais rápido possível, a decisão deverá recair sobre o preço de $ 6, isto é, manter o mesmo índice de margem de contribuição. A empresa possui barreira de entrada, podendo até aumentar o lucro para os acionistas. O fato de não utilizar a vantagem em atribuir o valor $ 6,00 ao produto pode chamar atenção de investidores que vejam vantagem em adquirir a empresa por estar apresentando um resultado financeiro abaixo de sua capacidade.

Empresas cuja estratégia de apreçamento seja penetração de mercado ou satisfação ou preço competitivo deverão utilizar o preço de $ 5,25, de forma que o lucro se mantenha conforme havia sido projetado. A projeção do lucro deverá estar coerente com a expectativa de retorno dos acionistas. Um aumento para o valor de $ 6,00, apesar de aumentar o lucro no curto prazo, pode colocar a organização em risco a médio ou longo prazo. No caso de ser um monopólio, os órgãos reguladores poderão interferir em decisões futuras, seja em reajustes de preços, porque o lucro ficou abusivo por determinado tempo, ou por passarem a não ter boa vontade em ajudar a resolver problemas quanto à reclamação de consumidores. Os oligopólios, ao apresentarem retorno acima da expectativa dos acionistas, estarão estimulando novos entrantes que, no futuro, poderão ameaçar sua posição no mercado.

8.7 Exercício de autoavaliação do Capítulo 8: A Barroso Ltda.

Resolva o problema abaixo. Suas respostas encontram-se nas páginas subsequentes às perguntas. Caso erre, reveja o Capítulo 8.

A Barroso Ltda. é uma distribuidora atacadista de camisas. As camisas são fornecidas a lojas numa grande área metropolitana. A empresa tem apresentado uma taxa pequena no crescimento nas vendas, porém estas têm tido um comportamento contínuo. Em novembro de 2xx1, a direção da Barroso Ltda. se reuniu para projetar as metas operacionais e os respectivos resultados para o ano de 2xx2. Os dados empregados para a projeção foram:

Preço médio de venda	$ 4,00
Custos Variáveis	
Custo da camisa	$ 2,00
Despesas com vendas (10% da receita)	0,40
Custos variáveis por unid.	$ 2,40
Custos Fixos Anuais	
Vendas	$ 160.000
Administrativos	280.000
Custos fixos anuais – total	$ 440.000
Volume de vendas projetado para o ano:	
Em unidades	390.000 unidades
Em receita ($ 4,00 × 390.000 unid.)	$ 1.560.000,00
Lucro projetado após o imposto de renda	$ 110.400,00
Alíquota de imposto de renda	40%

Em meados de dezembro de 2xx1, os fabricantes de camisas, de forma inesperada, avisaram a Barroso Ltda. que os preços das camisas iriam aumentar em 15% para o próximo ano. Suas justificativas eram que os fornecedores de tecidos estavam aumentando o preço da matéria-prima. A empresa espera que todos os demais custos permaneçam conforme a projeção apresentada.

PEDE-SE:

1. Que preço de venda por camisa a Barroso Ltda. deve cobrar para cobrir o aumento de 15% do custo da camisa, sem prejudicar seu índice de margem de contribuição?

2. Que preço de venda por camisa a Barroso Ltda. deve cobrar, para cobrir o aumento de 15% do custo da camisa sem prejudicar o Lucro Projetado após o Imposto de Renda de $ 110.400,00?

8.7.1 Resposta do exercício de autoavaliação do Capítulo 8

DADOS DO PROBLEMA	
VENDAS	
Preço do produto antes do aumento (p)	$ 4,00
Quantidade objetivada de venda	390.000 unid.
CUSTOS	
Custo Variável por Unidade	
Custo da Camisa	$ 2,00
Despesas de Vendas	0,1 × p (ou 10% de p)
Custo variável de uma unidade	$ 2,00 + (0,1 × p)
Custos Fixos	$ 440.000
Imposto de Renda (IR) – taxa	40%

Antes do aumento:

	DEMONSTRATIVO DE RESULTADO		
	ITEM	**BASE DE CÁLCULO**	**VALOR**
	Receita®	$ 4,00 × 390.000 unid.	$ 1.560.000
−	Custos Variáveis (CV)	$ 2,40 × 390.000 unid.	$ 936.000
=	Margem de Contribuição (MC)	$ 1,60 × 390.000 unid.	$ 624.000
−	Custos Fixos (CF)	$ 440.000	$ 440.000
=	Lucro antes do IR (LAIR)		$ 184.000
−	Imposto de Renda (IR)	0,4 × LAIR	$ 73.600
=	Lucro Líquido (LL)		$ 110.400

Depois do aumento:

DEPOIS DO AUMENTO	
VENDAS	
Preço do produto antes do aumento	$?
Quantidade objetivada de venda	390.000 unid.
CUSTOS	
Custo Variável por Unidade	
Custo da Camisa	$ 2,30
Despesas de Vendas	0,1 × preço (p)
Custo variável de uma unidade	$ 2,30 + (0,1 × p)
Custos Fixos	$ 440.000,00
Imposto de Renda (IR) – taxa	40%

Com o preço igual a $ 4,00:

Se o preço se mantém igual a $ 4,00 e quantidade a venda igual a 390.000 unidades:

$$cv = \$\ 2,30 + (0,1 \times p)$$

$$cv = \$\ 2,30 + (0,1 \times \$\ 4,00) = \$\ 2,70$$

	DEMONSTRATIVO DE RESULTADO		
	ITEM	BASE DE CÁLCULO	VALOR
	Receita (R)	$ 4,00 × 390.000 unid.	$ 1.560.000
−	Custos Variáveis (CV)	$ 2,70 × 390.000 unid.	$ 1.053.000
=	Margem de Contribuição (MC)	$ 1,30 × 390.000 unid.	$ 507.000
−	Custos Fixos (CF)	$ 440.000	$ 440.000
=	Lucro antes do IR (LAIR)		$ 67.000
−	Imposto de Renda (IR)	0,4 × LAIR	$ 26.800
=	Lucro Líquido (LL)		$ 40.200

Item 1

OBJETIVO: manter o mesmo índice MC/R (Margem de Contribuição sobre Receita) que existia antes do aumento, vendendo 390.000 unidades.

Antes do aumento:

$$mc = \$ 1{,}60, \text{ ou}$$

$$MC = \$ 624.000 \text{ (lembre que \$ 624.000} = \$ 1{,}60 \times 390.000 \text{ unid.)}$$

$$p = \$ 4{,}00, \text{ ou}$$

$$R = \$ 1.560.000 \text{ (lembre que \$ 1.560.000} = \$ 4{,}00 \times 390.000 \text{ unid.)}$$

dividindo: mc/p (Margem de Contribuição Unitária sobre Preço) ou MC/R (Margem de Contribuição sobre Receita), teremos:

$$\frac{MC}{R} = \frac{\$ 1{,}60 \times 390.000}{\$ 4{,}00 \times 390.000} = \frac{\$ 1{,}60}{\$ 4{,}00} = \frac{mc}{p} = 0{,}4 \text{ ou } 40\%$$

Se MC/R é igual a 40%, CV/R (Custo Variável sobre Receita) tem de ser 60%; visto que $R - CV = MC$. Se dividirmos toda a equação pela receita (R), teremos:

$$\frac{R}{R} = \frac{CV}{R} = \frac{MC}{R}$$

Como: $\dfrac{R}{R} = 100\%$, $\dfrac{MC}{R} = 40\%$, temos $100\% - \dfrac{CV}{R} = 40\%$.

Assim sendo, $\dfrac{CV}{R} = 100\% - 40\% = 60\%$

Sabemos, também, que CV/R (Custo Variável sobre Receita) é igual a cv/p (Custo Variável Unitário sobre Preço), visto:

$$\frac{CV}{R} = \frac{(\$ 2{,}30 + [0{,}1 \times p]) \times 390.000}{p \times 390.000} =$$

$$\frac{CV}{R} = \frac{\$ 2{,}30 + [0{,}1 \times p]}{p} = \frac{cv}{p} = 0{,}6 \text{ ou } 60\%$$

Após o aumento $cv = \$ 2{,}30 + (0{,}1 \times p)$, temos:

$$\frac{\$\,2{,}30 + [0{,}1 \times p]}{p} = 0{,}60 \Rightarrow \$\,2{,}30 + [0{,}1 \times p] = 0{,}60 \times p$$

$$[0{,}60 \times p] - [0{,}1 \times p] = \$\,2{,}30$$

$$0{,}50 \times p = \$\,2{,}30 \Rightarrow p = \frac{\$\,2{,}30}{0{,}50} = \$\,4{,}60$$

Com o preço a $ 4,60:

Se o preço é $ 4,60 e quantidade de venda igual a 390.000 unidades:

$$cv = \$\,2{,}30 + (0{,}1 \times p)$$

$$cv = \$\,2{,}30 + (0{,}1 \times \$\,4{,}60) = \$\,2{,}76$$

	DEMONSTRATIVO DE RESULTADO		
	ITEM	BASE DE CÁLCULO	VALOR
	Receita (R)	$ 4,60 × 390.000 unid.	$ 1.794.000
−	Custos Variáveis (CV)	$ 2,76 × 390.000 unid.	$ 1.076.400
=	Margem de Contribuição (MC)	$ 1,84 × 390.000 unid.	$ 717.600
−	Custos Fixos (CF)	$ 440.000	$ 440.000
=	Lucro antes do IR (LAIR)		$ 277.600
−	Imposto de Renda (IR)	0,4 × LAIR	$ 111.040
=	Lucro Líquido (LL)		$ 166.560

Item 2

OBJETIVO: manter o mesmo lucro que existia antes do aumento, isto é, $ 110.400,00, vendendo 390.000 unidades.

Decisão de preço quando ocorre variação no preço do insumo 191

	DEMONSTRATIVO DE RESULTADO		
	ITEM	BASE DE CÁLCULO	VALOR
	Receita ®	p × 390.000	
−	Custos Variáveis (CV)	(2,30 + [0,1 × p]) × 390.000	
=	Margem de Contribuição (MC)	$ 1,60 × 390.000	$ 624.000
−	Custos Fixos (CF)		$ 440.000
=	Lucro antes do IR (LAIR)		$ 184.000
−	Imposto de Renda (IR)		
=	Lucro Líquido (LL)		$ 110.400

Se a empresa deseja um lucro líquido de $ 110.400, o Lucro Antes do Imposto de Renda (LAIR) tem de ser: LAIR − Imposto de Renda (IR) = $ 110.400.

Como o IR é 40% do LAIR, podemos expressar a fórmula acima por:

$$\text{LAIR} - 0{,}4\text{LAIR} = 110.400 \Rightarrow$$
$$0{,}6\text{LAIR} = 110.400 \Rightarrow$$
$$\text{LAIR} = \$\ 184.000$$

Os custos fixos são projetados ao valor de $ 440.000, o que significa dizer que a Margem de Contribuição para comercializar 390.000 camisas deverá ser de $ 624.000. Em outras palavras, podemos dizer que a margem de contribuição por unidade é ($ 624.000/390.000 camisas) $ 1,60.

Como sabemos que o preço menos custos variáveis por unidade é igual à margem de contribuição unitária, podemos expressar matematicamente por:

$$p - (2{,}30 + 0{,}1p) = 1{,}60 \Rightarrow$$
$$0{,}9p = 3{,}90 \Rightarrow$$
$$p = \$\ 4{,}3333\ldots$$

Com o preço igual a $ 4,333...

Se o preço é $ 4,333... e quantidade de venda igual a 390.000 unidades:

$$cv = \$\ 2{,}30 + (0{,}1 \times p)$$
$$cv = \$\ 2{,}30 + (0{,}1 \times \$\ 4{,}333\ldots) = \$\ 2{,}7333\ldots$$

Como, $CV = cv \times 390.000$ unidades $= \$ 2,7333... \times 390.000$ unidades $= \$ 1.066.000$.

Outra forma de calcular os Custos Variáveis (CV) é apresentada a seguir, na base de cálculo:

	ITEM	BASE DE CÁLCULO	VALOR
	\multicolumn{3}{c}{DEMONSTRATIVO DE RESULTADO}	
	Receita®	$\$ 4,3333... \times 390.000$ unid.	$\$ 1.690.000$
−	Custos Variáveis (CV)	($\$ 2,30 \times 390.000$ unid.) + (0,1 × $\$ 1.690.000$)	$\$ 1.066.000$
=	Margem de Contribuição (MC)	$\$ 1,60 \times 390.000$ unid.	$\$ 624.000$
−	Custos Fixos (CF)		$\$ 440.000$
=	Lucro antes do IR (LAIR)		$\$ 184.000$
−	Imposto de Renda (IR)		$\$ 73.600$
=	Lucro Líquido (LL)		$\$ 110.400$

9

Decisão de aceitar ou rejeitar uma proposta

9.1 Objetivos

- Conhecer o conceito de "autocanibalismo" e ficar consciente de seu efeito nas vendas da organização.
- Conhecer o lucro marginal que se pode obter ao se aceitar uma proposta. Em outras palavras se vale a pena aceitar ou rejeitar a proposta, considerando a função objetiva o aumento no lucro.
- Aprender de forma pragmática os conceitos de receita e despesas marginais.

9.2 Introdução

Ao recebermos uma proposta, a primeira pergunta a fazer é: o lucro da empresa irá aumentar? Assim sendo a decisão deve considerar: (1) se há problema de "autocanibalismo"; e, (2) se a operação aumenta o lucro da organização. A expressão "autocanibalismo" está relacionada com decisões que: geram demandas de clientes habituais para redução de preço do produto; ou, geram perdas de clientes; ou, geram guerras de preço entre os concorrentes. Preço é um elemento sensível na relação empresa-cliente. Se os clientes percebem que outro adquiriu o mesmo produto por um preço inferior, naturalmente irá se sentir ludibriado. Nesse caso, ele poderá dar preferência ao produto do concorrente ou o pressionará para pagar o valor que o produto foi vendido a esse outro cliente. Em ambas as situações, a empresa perderá receita. No caso de essa informação se tornar pública, poderá haver uma perda de lucro substancial.

Imaginemos que esse novo preço incrementa uma demanda proporcionalmente maior que a redução do preço, e a empresa têm capacidade de atender esse aumento. Nesse caso, e se o novo preço é superior ao custo marginal do produto, o lucro da empresa irá crescer. O problema é: se os concorrentes começam a perder vendas e a empresa não possui vantagem competitiva no produto. A reação dos concorrentes será a redução do preço, às vezes inferior ao estabelecido. Em resumo, todos irão perder. A venda global não modifica, isto é, a demanda geral se mantém constante. No primeiro momento, o consumidor irá procurar a empresa que oferta o menor preço. No momento em que todos oferecem o preço inferior, ele tende a retornar seu hábito anterior – comprar como era dantes. Consequentemente, a receita das empresas irá cair.

De uma forma geral: mexer no preço, quando não há vantagem competitiva no canal de distribuição, é perigoso. Situações como as descritas podem ocorrer. Contudo, há ocasiões em que podemos tirar vantagens no dia a dia, aumentando o lucro da organização. Por exemplo: exportando para outro mercado; vendendo com outra marca, produtos similares, mas percebidos como inferiores pelos consumidores; vendendo para ser distribuído como propaganda de outra empresa, com logotipo da mesma etc. Nesses casos, devemos nos certificar de que a operação é lucrativa. Em outras palavras, só aceitaremos a proposta se o lucro for incrementado. Essa resposta deverá ser obtida considerando-se a receita e os custos marginais. A receita a ser obtida com a proposta será deduzida dos custos específicos com essa proposta – se o resultado for positivo, a proposta deverá ser aceita. Em outras palavras, o conceito marginal pode ser expresso através do exemplo: se a empresa RLS Ltda. vende 200.000 unidades de óculos no mercado por $ 10. Sua capacidade operacional é de 280.000 unidades, havendo, portanto, uma ociosidade de 80.000 óculos. O custo variável por unidade é $ 6 e os custos fixos são $ 500.000. Nessa situação, a margem de contribuição será de $ 800.000 e o lucro, $ 300.000. Em um determinado período, a empresa recebe uma proposta da Pizzaiolla Ltda., uma empresa que vende pizza, de vender 50.000 unidades por $ 8,00, para fins promocionais. A margem de contribuição unitária da venda RLS Ltda. para a Pizzaiolla Ltda. será de $ 2, que é a diferença do preço de venda, $ 8,00, pelo custo variável unitário, $ 6,00. O custo fixo adicional com essa venda será $ 0 (zero). É fácil compreender: os salários dos engenheiros, o aluguel, a depreciação etc. já estão inclusos nos custos fixos que totalizam $ 500.000; não haverá gastos adicionais com esses itens. Portanto, a margem de contribuição de $ 100.000 (50.000 óculos × $ 2,00/óculos) será igual ao lucro. Veja a seguir os valores que ocorrerão com a operação de venda à Pizzaiolla Ltda.

$$\text{Receita} = 50.000 \text{ óculos} \times \$ 8,00/\text{óculos} = \$ 400.000$$

$$\text{Custos Variáveis} = 50.000 \text{ óculos} \times \$ 6,00/\text{óculos} = \$ 300.000$$

Margem de Contribuição = Receita − Custos Variáveis = $ 400.000 − $ 300.000 = $ 100.000; ou, Margem de Contribuição = 50.000 óculos × $ 2,00/óculos = $ 100.000

Margem de Contribuição − Custos Fixos = Lucro

Custos Fixos = $ 0

$ 100.000 − $ 0 = Lucro

Lucro = $ 100.000

Assim sendo, se a RLS Ltda. aceitar a proposta da Pizzaiolla Ltda. o seu lucro irá aumentar em $ 100.000, isto é, passará de $ 300.000 para $ 400.000. Para facilitar a exposição do caso, iremos expor a decisão através do exemplo a seguir.

9.3 O exemplo: a empresa João Lima Ltda.

A empresa João Lima Ltda. produz lapiseiras e, em 31/12/20x2, apresenta os seguintes resultados.

Demonstrativo de Resultados para o Ano de 20x2	
Vendas	$ 10.000.000
Menos: Custos das Mercadorias Vendidas	6.000.000
Lucro Bruto ou Margem Bruta	$ 4.000.000
Menos: Despesas de Vendas e Administração	3.000.000
Lucro Operacional	$ 1.000.000

Os custos fixos de fabricação da empresa eram de US$ 2,4 milhões e seus custos fixos de vendas e administrativos eram de US$ 2,2 milhões. As comissões, de 3% das vendas, estão incluídas nas despesas de vendas e administrativas.

No ano de 20x2 a empresa obteve as vendas de dois milhões de lapiseiras. Perto do fim do ano, TELE, uma empresa no ramo de telefonia, havia proposto adquirir 150.000 lapiseiras ao preço de $ 4,20 a unidade, como uma encomenda especial com fins promocionais durante o ano de 20x3. A encomenda exigia que o prendedor da lapiseira tivesse o emblema da TELE; e o custo deste prendedor, na fabricação, está orçado em $ 0,20 por lapiseira. Como a oferta veio diretamente da TELE, a empresa não terá os custos relacionados à comissão de vendas. A João Lima Ltda. tem capacidade instalada para uma produção de 2,5 milhões de lapiseiras. Portanto, a empresa está trabalhando com alguma capacidade ociosa.

Alguns diretores acham que a empresa não deverá aceitar a encomenda da TELE. No seu entender, o custo unitário da lapiseira é de $ 4,50 ($ 9.000.000/

2.000.000 lapiseiras) e, para eles, o custo da lapiseira para TELE será $ 4,50 mais $ 0,20 do emblema, menos $ 0,15 da comissão. Portanto, mantendo a margem de 11,11...% sobre os custos totais, o preço mínimo para aceitar a proposta deveria ser $ 5,05556 ou $ 5,06. Além do argumento do preço, o responsável pelas vendas acha que, se a empresa vender abaixo de seu preço de venda normal, que é de $ 5,00, poderá causar uma guerra de preço, em que os concorrentes irão baixar seus preços, dando início a uma reação em cadeia. Outro efeito lembrado na reunião está relacionado aos consumidores; é sentimento de alguns membros que os consumidores irão querer negociar preços especiais, tal como a TELE.

PERGUNTA-SE:

1. O presidente, sabendo de sua *expertise* em custos, deseja saber se aceitar a proposta da TELE irá incrementar ou reduzirá o lucro da João Lima Ltda. Qual é o valor do incremento ou da redução no lucro?
2. Ele deseja, também, saber se há risco de gerar uma guerra de preço se aceitar a proposta de TELE. E, se os consumidores irão querer negociar preços especiais como a TELE.

.... (Procure responder antes de continuar)

9.3.1 Resposta ao exemplo: empresa João Lima Ltda.

(1) Se o Demonstrativo de Resultados apresentado empregasse a abordagem de contribuição, teríamos:

Demonstrativo de Resultados para o Ano de 20x2		
	TOTAL	UNITÁRIO
Vendas	$ 10.000.000	$ 5,00
Custos Variáveis:		
Produção	$ 3.600.000	$ 1,80
Vendas e Adm.	800.000	0,40
menos: Custos Variáveis	4.400.000	2,20
Margem de Contribuição	$ 5.600.000	$ 2,80
Despesas Fixas		
Produção	$ 2.400.000	
Vendas e Adm.	2.200.000	
menos: Despesas Fixas	4.600.000	
Lucro Operacional	$ 1.000.000	

A comissão de vendas, um dos itens pertencentes aos custos variáveis da rubrica Administração e Vendas, é de 3% do valor de vendas: no **Total**, seu valor é de $ 300.000 ($ 10.000.000 × 3%) e no **Unitário** é $ 0,15 ([$ 5,00 × 3%] ou [$ 300.000/2.000.000 de lapiseiras]). Dessa forma, os custos variáveis de Administração e Vendas, que totalizam $ 0,40 por lapiseira, podem ser divididos em dois subitens: (1) comissão de vendas, no valor de $ 0,15 por lapiseira (que é em função do preço); e, (2) outros custos variáveis por lapiseira, que totalizam $ 0,25 (computado pela diferença de $ 0,40 por $ 0,15; que é calculada em função da unidade).

Com base nas informações apresentadas anteriormente, podemos calcular os custos unitários da lapiseira relativos à proposta da TELE.

➢ Custos variáveis por lapiseira à proposta da TELE

Produção	$1,80 + $ 0,20 =	$ 2,00
Administração e Vendas	$ 0,40 – $ 0,15 =	$ 0,25
Custos variáveis por lapiseira		$ 2,25

A receita a ser obtida com a proposta de TELE é de $ 630.000 ($ 4,20/lapiseira × 150.000 lapiseiras). Os custos variáveis para produzir e comercializar as 150.000 lapiseiras serão $ 337.500 ($ 2,25/lapiseira × 150.000 lapiseiras). Portanto, a margem de contribuição com essa operação será de $ 292.500 ($ 620.000 – $ 337.500). Como, a empresa não terá custos fixos adicionais, podemos dizer que para essa operação os custos fixos são zero. Assim sendo, o lucro da empresa será incrementado em $ 292.500. Esse raciocínio pode ser, também, expresso pelas equações a seguir:

➢ Resultado a ser obtido com a proposta da TELE

Receita = $ 4,20/lapiseira × 150.000 lapiseiras = $ 630.000

Custos Variáveis = $ 2,25/lapiseira × 150.000 lapiseiras = $ 337.500

Receita – Custos Variáveis = Margem de Contribuição

Margem de Contribuição = $ 630.000 – $ 337.500 = $ 292.500

Margem de Contribuição – Custos Fixos = Lucro

Lucro = $ 292.500 – $ 0 = $ 292.500

A seguir, encontra-se a tabela expressando a discussão anterior, onde os Demonstrativos de Resultados são apresentados: sem a encomenda especial e com a encomenda especial para TELE. Há, ainda, duas colunas mostrando as diferenças no Demonstrativo de Resultados entre as duas opções, uma em seu valor total e a outra pelo valor unitário.

	Sem Encomenda Especial	Com Encomenda Especial	Diferença – Total –	Diferença – por Unid. –
Vendas:	$ 10.000.000	$ 10.630.000	$ 630.000	$ 4,20
Menos: Despesas Variáveis	3.600.000	3.900.000	300.000	2,00
de Fabricação	800.000	837.500	37.500	0,25
de Vendas & Administração	$ 4.400.000	$ 4.737.500	$ 337.500	$ 2,25
Total de Despesas Variáveis	$ 5.600.000	$ 5.892.500	$ 292.500	$ 1,95
Margem de Contribuição	2.400.000	2.400.000	–	–
	2.200.00	2.200.00	=	=
Menos: Despesas Fixas de Fabricação	$ 4.600.00	$ 4.600.000	–	$ –
de Vendas & Administração	$ 1.000.000	$ 1.292.500	$ 292.500	$ 1,95
Total de Despesas Fixas				
Lucro Operacional				

(2) A encomenda da TELE é ocasional e dirigida diretamente a João Lima Ltda. Ela pode despertar inveja, mas nunca uma guerra de preço. Os concorrentes não saberão se haverá outra ação igual da TELE, portanto não faz sentido abaixar preço, visto que não está afetando o mercado. Quanto aos consumidores regulares, não há o que se preocupar. A TELE não é o canal de distribuição da empresa, e esta pode sempre argumentar que é uma operação para aumentar a exposição do produto. Podendo impulsionar as vendas futuras.

9.4 Considerações

Se as vendas a uma encomenda especial não afetam os consumidores regulares e não estimulam os concorrentes a baixarem seus preços, a decisão baseia-se no cálculo da receita e custos marginais. O emprego do custo unitário pode levar a erros de decisões, como definir o custo do produto para TELE de $ 4,55. Nesse cálculo, esqueceu-se de que o custo fixo por unidade se dilui, quando o volume aumenta.

Os cálculos apresentados ajudam a verificar que, se a decisão fosse baseada nas informações pelo método de abordagem por absorção, o gerente poderia computar o custo unitário da lapiseira da seguinte forma:

Produção ($ 6.000.000/2.000.000 de lapiseiras)	$ 3,00
Vendas e Adm. ($ 3.000.000/2.000.000 de lapiseiras)	$ 1,50
Custo unitário da lapiseira	$ 4,50

A informação do custo unitário não mostra o comportamento de custo do produto, podendo induzir a que não se faça negócio a preço inferior a $ 4,50. Caso contrário, teremos prejuízo com a operação. O exemplo, contudo, nos apresenta o contrário. A lição que devemos aprender do referido exemplo é: *com base em um lucro projetado e conhecendo o comportamento de custos de nosso produto, podemos tomar decisão de preço mais coerente com a competição do mercado.* As informações quanto ao comportamento de custo do produto são mais bem apresentadas através do método de abordagem de contribuição. Variações no volume do negócio são facilmente ajustadas.

O emprego da abordagem por contribuição pode ser extremamente útil quando queremos ganhar mercado através da decisão de preço. O exemplo a seguir mostra como definir um preço para um determinado volume de negócio. Além do mais, ao produzir para TELE a empresa aumenta, para cada unidade produzida e comercializada, o custo no valor de $ 2,25. Nesse caso, o emprego do custo unitário, por mais correto que esteja, poderá levar à decisão de recusar a encomenda, que, por sua vez, deixará passar a oportunidade de incrementar o lucro da empresa.

Para reforçar seu conhecimento, proporemos um exercício: Boca Junior Ltda. Nele, apresentaremos a estrutura de custo da empresa após seu enunciado, o que não ocorrerá no de autoavaliação. O objetivo é acostumá-lo a definir a estrutura de custo de uma empresa antes de responder o que é perguntado. Na solução do problema, lembre-se de que você deve basear sua resposta nas informações da receita e dos custos marginais.

9.5 Boca Junior Ltda.

A Boca Junior Ltda. é uma empresa fabricante de caixa de papelão especial. Ano passado, havia fabricado 10.000.000 de caixas e seu Demonstrativo de Resultado, em US$, apresentava as seguintes informações:

DEMONSTRATIVO DE RESULTADOS		
	TOTAL	POR UNIDADE
Receita	$ 10.000.000	$ 1,00
Custos das Mercadorias Vendidas	$ 6.000.000	$ 0,60
Lucro Bruto	$ 4.000.000	$ 0,40
Despesas Operacionais	$ 3.000.000	$ 0,30
Lucro Operacional	$ 1.000.000	$ 0,10

Estudos do processo produtivo mostravam, para as informações acima apresentadas, que:

- 50% dos custos de produção eram variáveis.
- Havia uma capacidade ociosa de produção para 4.000.000 de caixas.
- As despesas operacionais variáveis são 15% da receita, sendo 10% relativos à comissão de vendas (que é função da receita). Os outros 5% são despesas relacionadas com a operação, tal como despacho etc., que variam com a unidade.

O PROBLEMA:

A empresa recebeu uma proposta da Legal S.A. para vender 2.000.000 caixas ao valor de $ 0,70 por unidade. Essas caixas exigiriam uma modificação no processo produtivo, resultando em custos adicionais de produção: variável de $ 0,10 por caixa e fixo de $ 100.000. Em contrapartida, como a proposta partiu da Legal S.A. não haverá comissão de vendas.

PEDE-SE:
- Qual é o lucro ou prejuízo marginal com esta operação?

9.5.1 Estrutura de custo da empresa para sua operação normal (sem a venda para Legal S.A.)

O custo total para produzir e comercializar 10.000.000 de caixas é de $ 9.000.000, ou seja, a soma do custo total de produção, $ 6.000.000, com as despesas operacionais, $ 3.000.000.

Os custos variáveis de produção são $ 3.000.000 – a metade do custo total de produção. Portanto, os custos fixos de produção totalizam $ 3.000.000.

As despesas operacionais de $ 3.000.000 dividem-se em despesas variáveis e fixas. As despesas variáveis são 15% da receita, portanto $ 1.500.000 (15% de

$ 10.000.000). Já as despesas fixas são $ 1.500.000, que é a subtração às despesas operacionais totais, $ 3.000.000, das respectivas despesas variáveis, $ 1.500.000. Das despesas variáveis operacionais, $ 1.500.000, a comissão de vendas monta a $ 1.000.000 (10% da receita, que é $ 10.000.000). Os $ 500.000 remanescentes referem-se a despesas relacionadas com a operação, tais como despacho etc., que variam com a unidade.

É importante notar que a função para determinar o valor da comissão de vendas para uma unidade é de 10% do preço do produto, isto é: 0,1 × preço. Como o preço da caixa é $ 1,00, seu valor por unidade vendida é $ 0,10. Na venda de 10.000.000 de caixas, a comissão de vendas é $ 1.000.000 ($ 0,10 × 10.000.000 caixas).

Com base na exposição apresentada, o quadro dos custos fica da seguinte forma (os campos em preto não permitem preenchimento, pois as informações são irrelevantes):

VOLUME: 10.000.000 caixas	TOTAL	POR UNIDADE
Custos Totais	$ 9.000.000	
Custos Variáveis		
Custos Variáveis: Produção	$ 3.000.000	$ 0,30
Custos Variáveis: Comissão de Vendas	$ 1.000.000	$ 0,10
Custos Variáveis: Despachos etc.	$ 500.000	$ 0,05
Custos Variáveis: Total	**$ 4.500.000**	**$ 0,45**
Custos e Despesas Fixas		
Custos Fixos: Produção	$ 3.000.000	
Despesas Fixas: Operacionais	$ 1.500.000	
Custos e Despesas Fixas: Total	**$ 4.500.000**	

SE ACEITAR A PROPOSTA DA LEGAL S.A:

Neste caso, os custos variáveis de produção por unidade serão incrementados em $ 0,10, mas as despesas variáveis operacionais por unidade não terão $ 0,10 da comissão de vendas. Haverá, contudo, um custo fixo marginal de $ 100.000.

FUNÇÃO DE DECISÃO:

Aceita, se a receita marginal (o valor da receita com a venda para Legal S.A.) for superior ao custo de produzir e vender as 2.000.000 de caixa para Legal S.A.

Procure resolver o problema antes de olhar a solução, que se encontra na próxima página.

9.5.2 Resposta ao problema da Boca Junior Ltda.

Obs.: os valores abaixo se referem à venda para Legal S.A.

Preço de venda = $ 0,70

CUSTOS COM A VENDA PARA LEGAL S.A:

Custos Variáveis por Unidade: Produção = 0,30 + 0,10 = $ 0,40

Comissão de Vendas por unidade = (10.000.000 × 0,10)/10.000.000 = $ 0,10

Despesas Variáveis por Unidade: Operacionais = 0,15 – 0,10 = $ 0,05

Custos e Despesas Variáveis por Unidade: Total = 0,40 + 0,05 = $ 0,45

Custos Fixos = $ 100.000

Margem de Contribuição = 0,70 – 0,45 = $ 0,25

Lucro na Venda para Legal S.A = (0,25 × 2.000.000) – 100.000 = $ 400.000

DECISÃO: aceita a proposta.

9.6 Exercício de autoavaliação do Capítulo 9

Resolva o problema a seguir. Suas respostas encontram-se nas páginas subsequentes às perguntas. Caso erre, reveja o Capítulo 9.

A KLM Ltda. é uma empresa fabricante de camisas. No ano passado fabricou 1.000.000 de camisas e seu Demonstrativo de Resultado, em $, apresentava as seguintes informações:

DEMONSTRATIVO DE RESULTADOS		
	TOTAL	POR UNIDADE
Receita	$ 10.000.000	$ 10
Custos das Mercadorias Vendidas	$ 6.000.000	$ 6
Lucro Bruto	$ 4.000.000	$ 4
Despesas Operacionais	$ 3.000.000	$ 3
Lucro Operacional	$ 1.000.000	$ 1

Estudos do processo produtivo mostravam que: (1) 60% dos custos de produção eram variáveis; (2) havia uma capacidade ociosa de produção para 400.000 camisas; e, (3) as despesas operacionais variáveis são 14% da receita, sendo 10%

relativos à comissão de vendas e 4% a outras despesas relacionadas com volume operacional, como despachos etc.

PEDE-SE

1. A empresa recebeu uma proposta da C&A para vender 200.000 camisas ao valor de $ 7 por camisa. Essas camisas exigiriam uma modificação no processo produtivo, resultando em custos adicionais de produção: variável de $ 0,50 por camisa e fixo de $ 100.000. Em contrapartida, como a proposta partiu da C&A, não haverá comissão de vendas. Qual é o lucro ou prejuízo marginal com essa operação?

2. A Marinha está com uma concorrência pública para adquirir 300.000 camisas. Devido ao material empregado na fabricação ser mais barato, a projeção do custo variável unitário de produção para essas 300.000 camisas é de $ 3. Por ser concorrência pública, a empresa não terá de pagar comissão de vendas, mas os custos fixos operacionais irão aumentar em $ 150.000. Como a empresa só poderá optar por uma das duas oportunidades, qual é o preço mínimo a ser estabelecido na concorrência, de forma que seja indiferente ganhar a concorrência ou aceitar a proposta da C&A?

9.6.1 Resposta do exercício de autoavaliação do Capítulo 9

DADOS GERAIS

Custos Variáveis de Produção = 0,6 × 6.000.000 = $ 3.600.000

Custos Variáveis Unitários de Produção = 3.600.000/1.000.000 = $ 3,60

Custos Fixos de Produção = 6.000.000 – 3.600.000 = $ 2.400.000

Custos Variáveis Operacionais = 0,14 × 10.000.000 = $ 1.400.000

Custos Variáveis Unitários Operacionais = 1.400.000/1.000.000 = $ 1,40; sendo:

Comissão de Vendas por Unidade = (10.000.000 × 0,10)/1.000.000 = $ 1,00

Custos Variáveis Unitários Operacionais Relacionados com a Unidade, isto é, outras despesas relacionadas com volume operacional = 1,40 – 1,00 = $ 0,40

Custos Fixos Operacionais = 3.000.000 – 1.400.000 = $ 1.600.000

Custos Variáveis por Unidade = 3,60 + 1,40 = $ 5,00

Custos Fixos = 2.400.000 + 1.600.000 = $ 4.000.000

Margem de Contribuição por Unidade = 10 – 5 = $ 5

FÓRMULA DE COMPORTAMENTO DOS CUSTOS:

Custos Variáveis:

da Produção = $ 3,60 por unid.

das Despesas Operacionais:

(a) Comissão de Vendas = preço × 10%

(b) Outras = $ 0,40 por unid.

Custos Fixos:

da Produção = $ 2.400.000

das Despesas Operacionais = $ 1.600.000

Respostas:

a) CUSTOS COM A VENDA PARA C&A:

- Custos Variáveis Unitários de Produção para Venda à C&A = 3,60 + 0,50 = $ 4,10
- Custos Variáveis Unitários Operacionais Relacionados com a Unidade para Venda à C&A (isto é, outras despesas relacionadas com volume operacional) = $ 0,40

Custos Variáveis Unitários para Venda à C&A = 4,10 + 0,40 = $ 4,50

Custos Fixos Adicionais de Produção = $ 100.000

Portanto:

Margem de Contribuição para Venda à C&A = 7 − 4,50 = $ 2,50

Lucro na Venda para C&A = (2,50 × 200.000) − 100.000 = $ 400.000

b) CUSTOS COM A VENDA PARA MARINHA:

Custos Variáveis Unitários para Venda à Marinha = 3,00 + 0,40 = $ 3,40

Custos Fixos Adicionais para Venda à Marinha = $ 150.000

FUNÇÃO DE DECISÃO

Determinar o preço no qual o lucro da venda para Marinha seja igual ao da venda para C&A, que é de $ 400.000.

Receita com a venda para Marinha = p × 300.000 camisas

Custos para venda para Marinha = ($ 3,40 × 300.000) + $ 150.000 = $ 1.170.000

Lucro para venda à C&A = $ 400.000

Portanto:

Receita para venda para Marinha = Custos com a venda para Marinha + Lucro para venda à C&A

$$(p \times 300.000) = \$\ 1.170.000 + \$\ 400.000$$

$$p = \$\ 1.570.000/300.000 = \$\ 5,233.../\text{camisa}$$

10

Decisão de preço para uma encomenda especial com base no lucro predefinido[1]

10.1 Objetivos

- Reforçar o conceito de receita e despesas marginais.
- Aprender a montar uma estrutura de custos, dividindo os custos em fixos e variáveis. Nos custos variáveis, saber separar aqueles cujos valores se comportam em função da receita dos que têm seu valor definido em função da unidade.
- Com a função objetiva em um aumento de lucro predefinido, determinar o preço de um produto para concorrência ou para uma encomenda especial.
- Avaliar o efeito do preço, no lucro, em uma concorrência *vis à vis* o preço de concorrentes.

10.2 Introdução

Há situações em que a empresa, operando normalmente, ao invés de uma proposta como foi o assunto anterior, é convidada a entrar numa concorrência.

---
[1] Adaptação do exercício 4.2 do livro: HORNEGREN, C. T. **Introdução à contabilidade gerencial.** 5. ed. PHB, 1981, p. 81.

Naturalmente, para ofertar seu produto, a primeira análise é se há risco de autocanibalização. Descartando essa possibilidade, a próxima pergunta é: a que preço o produto deve ser ofertado? Logicamente, se o preço for igual ao de mercado, a chance de a empresa vencer a concorrência é pequena. Além do mais, o valor de mercado está disponível a qualquer um, e ao comprador basta dizer que deseja adquirir um determinado volume. Acontece que a maioria dos proponentes à aquisição desejará pagar um valor inferior ao do mercado, porque considera que o risco para a vendedora será menor e o volume da compra em geral será maior. Esse tipo de compra é muito comum na área governamental, como nas Forças Armadas.

Para determinar o preço a ser vendida nesse tipo de operação, a empresa pode escolher qualquer um. Se desejar ganhar dinheiro, o valor deverá ser maior que seu custo marginal, considerando os custos fixos adicionais e os custos variáveis da unidade. Por exemplo: a empresa entra na concorrência para fornecer 20.000 unidades do produto H2R. Há capacidade ociosa de 100.000 unidades. Mas, nesse pedido especial, a empresa terá de incorrer numa despesa fixa adicional de $ 60.000,00. Após o pedido, os itens referentes a esses valores não terão utilidade alguma para a empresa. Os custos variáveis para produzir o referido produto, H2R, são de $ 10,00 por unidade. Assim sendo, se o preço ofertado for de $ 13,00 ($ 10,00 dos custos variáveis e $ 3,00 dos custos fixos [$ 60.000/20.000 unidades]), a empresa não terá nenhum aumento no lucro. Qualquer valor acima de $ 13,00 aumentará o lucro da entidade. Portanto, $ 13,00 é conhecido como **Preço da Indiferença**.

O problema aparece quando temos de justificar aos nossos superiores a escolha de um valor qualquer como $ 15,00. Uma forma de fazê-lo é escolher um valor de incremento ao lucro da operação normal e incluir esse valor ao custo marginal do produto. No exemplo que expusemos anteriormente, o custo do produto é de $ 13,00. Se desejarmos aumentar o lucro da organização em $ 100.000,00, o preço a ser ofertado deverá ser $ 18,00 ($ 13,00 do custo marginal do produto mais $ 5,00 [$ 100.000,00/20.000 unidades]). Naturalmente, essa é uma forma simplória de expor o problema. Para melhor compreensão, na vida real, empregaremos o exemplo da Empresa João Lima Ltda. como um estudo de caso ao assunto desse tópico.

10.3 O exemplo: a empresa João Lima Ltda.

A empresa João Lima Ltda. produz lapiseiras e, em 31/12/20x2, apresenta os seguintes resultados.

Demonstrativo de Resultados para o Ano de 20x2	
Vendas	$ 10.000.000
Menos: Custos das Mercadorias Vendidas	6.000.000
Lucro Bruto ou Margem Bruta	$ 4.000.000
Menos: Despesas de Vendas e Administração	3.000.000
Lucro Operacional	$ 1.000.000

Os custos fixos de fabricação da empresa eram de US$ 2,4 milhões e seus custos fixos de vendas e administrativos eram de US$ 2,2 milhões. As comissões de vendas, de 3%, estão incluídas nas despesas de vendas e administrativas.

No ano de 20x2, a empresa obteve as vendas de dois milhões de lapiseiras. Perto do fim do ano, TELE, uma empresa no ramo de telefonia, havia solicitado o preço para uma encomenda especial de 150.000 lapiseiras, com fins promocionais, durante o ano de 20x3. A encomenda exigia que o prendedor da lapiseira tivesse o emblema da TELE, e o custo deste prendedor, na fabricação, foi orçado em $ 0,20 por lapiseira. Como a oferta veio diretamente da TELE, a empresa não terá os custos relacionados à comissão de vendas. A João Lima Ltda. tem capacidade instalada para uma produção de 2,5 milhões de lapiseiras. Portanto, a empresa está trabalhando com alguma capacidade ociosa.

PERGUNTA-SE:

1. O presidente estima que em 20x3 a empresa terá operações idênticas a 20x2, caso não aceite a encomenda da TELE. O lucro da João Lima Ltda. está um pouco abaixo das concorrentes, e seu presidente deseja um aumento de 26,25%, isto é, que o lucro operacional ao fim de 20x3 seja de US$ 1.262.500. Para atingir essa meta, que preço você recomendaria à encomenda da TELE?
2. Você soube que um de seus concorrentes irá ofertar esse produto à TELE por US$ 4,50 por lapiseira. Qual seria o efeito no seu lucro total se você aceitasse a encomenda por US$ 4,40?

.... (Procure responder antes de continuar)

10.3.1 Resposta ao exemplo: empresa João Lima Ltda.

(1) Se o Demonstrativo de Resultados apresentado empregasse a abordagem de contribuição, teríamos:

Demonstrativo de Resultados para o Ano de 20x2		
	TOTAL	UNITÁRIO
Vendas	$ 10.000.000	$ 5,00
Custos Variáveis:		
Produção	$ 3.600.000	$ 1,80
Vendas e Adm.	800.000	0,40
menos: Custos Variáveis	4.400.000	2,20
Margem de Contribuição	$ 5.600.000	$ 2,80
Despesas Fixas		
Produção	$ 2.400.000	
Vendas e Adm.	2.200.000	
menos: Despesas Fixas	4.600.000	
Lucro Operacional	$ 1.000.000	

A comissão de vendas, um dos itens pertencentes aos custos variáveis da rubrica Administração e Vendas, é de 3% do valor de vendas: no **Total**, seu valor é de $ 300.000 ($ 10.000.000 × 3%) e no **Unitário** é $ 0,15 ([$ 5,00 × 3%] ou [$ 300.000/2.000.000 de lapiseiras]). Dessa forma, os custos variáveis de Administração e Vendas, que totalizam $ 0,40 por lapiseira, podem ser divididos em dois subitens: (1) comissão de vendas, no valor de $ 0,15 por lapiseira (que é em função do preço); e, (2) outros custos variáveis por lapiseira, que totalizam $ 0,25 (computado pela diferença de $ 0,40 por $ 0,15; que é em função da unidade).

Com base nas informações apresentadas anteriormente, podemos calcular os custos unitários da lapiseira relativos à proposta da TELE.

➢ Custos variáveis por lapiseira à proposta da TELE

Produção	$ 1,80 + $ 0,20 =	$ 2,00
Administração e Vendas	$ 0,40 – $ 0,15 =	$ 0,25
Custos variáveis por lapiseira		$ 2,25

O objetivo do presidente da João Lima Ltda. é aumentar o lucro em $ 262.500, com a encomenda da TELE ($ 1.262.500, do lucro desejado, menos $ 1.000.000, do lucro projetado sem a encomenda). Como os custos fixos não se modificam com a encomenda, isto é, o custo fixo marginal é zero, a margem de contribuição com a operação da TELE será igual ao lucro incremental de $ 262.500. Portanto, a receita a ser obtida com a venda das 150.000 lapiseiras deverá ser:

> Receita a ser obtida com a proposta da TELE

$$\text{Receita} - \text{Custos Variáveis} = \text{Margem de Contribuição}$$

$$\text{Margem de Contribuição} = \$\ 262.500$$

$$\text{Custos Variáveis} = \$\ 2{,}25/\text{lapiseira} \times 150.000\ \text{lapiseiras} = \$\ 337.500$$

O preço mínimo a ser cobrado da TELE por lapiseira, para satisfazer o lucro desejado com a operação será:

$$\text{Receita} - \$\ 337.500 = \$\ 262.500$$

$$\text{Receita} = \$\ 337.500 + 262.500 = \$\ 600.000$$

Portanto, o preço a ser ofertado à TELE será $ 4,00 ($ 600.000/150.000 lapiseiras).

A seguir, encontra-se a tabela expressando a discussão anterior, na qual os Demonstrativos de Resultados são apresentados: sem a encomenda especial e com a encomenda especial para TELE. Há, ainda, duas colunas mostrando as diferenças no Demonstrativo de Resultados entre as duas opções, uma em seu valor total e a outra pelo valor unitário

	Sem Encomenda Especial	Com Encomenda Especial	Diferença – Total –	Diferença – por Unid. –
Vendas:	$ 10.000.000	$ 10.600.000	$ 600.000	$ 4,00
Menos: Despesas Variáveis	3.600.000	3.900.000	300.000	2,00
de Fabricação	800.000	837.500	37.500	0,25
de Vendas & Administração	$ 4.400.000	$ 4.737.500	$ 337.500	$ 2,25
Total de Despesas Variáveis	$ 5.600.000	$ 5.862.500	$ 262.500	$ 1,75
Margem de Contribuição	2.400.000	2.400.00	–	–
	2.200.000	2.200.000	–	–
Menos: Despesas Fixas de Fabricação	$ 4.600.000	$ 4.600.000	–	$ –
de Vendas & Administração	$ 1.000.000	$ 1.262.500	$ 262.500	$ 1,75
Total de Despesas Fixas				
Lucro Operacional				

(2) Ao aceitar a encomenda por $ 4,40, haverá uma contribuição adicional de $ 2,15 por unidade ($ 1,75 [*contribuição quando o preço for $ 4,00*] + $ 0,40 [*contribuição adicional ao preço de $ 4,00*]). Portanto, o lucro do final do ano será:

($ 2,15 × 150.000) + $ 1.000.000 = $ 1.322.500

10.4 Considerações

Mais uma vez, o emprego da abordagem por contribuição pode ser extremamente útil quando queremos conhecer o preço de uma concorrência com objetivo de lucro. É bom lembrar que esses cálculos são feitos para empresas cujo negócio não se baseia na concorrência. Mas esta surge como oportunidade por estarmos operando em uma determinada área. Gostaria de enfatizar que expresso por *negócio da empresa* a sua atividade-fim. Por exemplo, o negócio de um hotel é vender diárias. O lucro que deverá dar sustentabilidade à operação deverá ser obtido com as diárias. Lucros com restaurante e outros, como loja etc., são oportunidade, por estarem no ramo de hotelaria.

A João Lima Ltda. tem uma oportunidade de ampliar seu lucro com a concorrência para TELE. Essa poderá ser através da meta de aumento de lucro predefinido. E, se a informação utilizada fosse a do custo unitário, iria induzir a que não se fizesse negócio a preço inferior a $ 4,50.

Para reforçar seu conhecimento proporemos um exercício: Boca Junior Ltda. Nele, apresentaremos a estrutura de custo da empresa após seu enunciado, o que não ocorrerá no de autoavaliação. O objetivo é acostumá-lo a definir a estrutura de custo de uma empresa antes de responder ao que é perguntado. Na solução do problema, lembre-se que você deve basear sua resposta nas informações da receita e dos custos marginais.

10.5 Boca Junior Ltda.

A Boca Junior Ltda. é uma empresa fabricante de caixa de papelão especial. Ano passado havia fabricado 10.000.000 de caixas e seu Demonstrativo de Resultado, em $, apresentava as seguintes informações:

DEMONSTRATIVO DE RESULTADOS		
	TOTAL	POR UNIDADE
Receita	$ 10.000.000	$ 1,00
Custos das Mercadorias Vendidas	$ 6.000.000	$ 0,60
Lucro Bruto	$ 4.000.000	$ 0,40
Despesas Operacionais	$ 3.000.000	$ 0,30
Lucro Operacional	$ 1.000.000	$ 0,10

Estudos do processo produtivo mostravam, para as informações acima apresentadas, que:

- 50% dos custos de produção eram variáveis.
- Havia uma capacidade ociosa de produção para 4.000.000 de caixas.
- As despesas operacionais variáveis são 15% da receita, sendo 10% relativos à comissão de vendas (que é função da receita). Os outros 5% são despesas relacionadas com a operação, tal como despacho etc., que variam com a unidade.

O PROBLEMA:

A empresa foi convidada pela Legal S.A. para participar de uma concorrência cuja venda será de 2.000.000 de caixas. Essas caixas exigiriam uma modificação no processo produtivo, resultando em custos adicionais de produção: variável de $ 0,10 por caixa, e fixo de $ 100.000. Em contrapartida, como a proposta da concorrência partiu da Legal S.A., não haverá comissão de vendas.

PEDE-SE:

Qual é o preço a ser ofertado, visto que a diretoria deseja aumentar em 50% o lucro da empresa?

10.5.1 *Estrutura de custo da empresa para sua operação normal (sem a venda para Legal S.A.)*

O custo total para produzir e comercializar 10.000.000 de caixas é de $ 9.000.000, ou seja, a soma do custo total de produção, $ 6.000.000, com as despesas operacionais, $ 3.000.000.

Os custos variáveis de produção são: $ 3.000.000 – a metade do custo total de produção. Portanto, os custos fixos de produção totalizam $ 3.000.000.

As despesas operacionais de $ 3.000.000 dividem-se em despesas variáveis e fixas. As despesas variáveis são 15% da receita, portanto $ 1.500.000 (15% de

$ 10.000.000). Já as despesas fixas são $ 1.500.000, que é a subtração das despesas operacionais totais, $ 3.000.000, das respectivas despesas variáveis, $ 1.500.000. Das despesas variáveis operacionais, $ 1.500.000, a comissão de vendas monta a $ 1.000.000 (10% da receita, que são $ 10.000.000). Os $ 500.000 remanescentes referem-se a despesas relacionadas com a operação, tais como despacho etc., que variam com a unidade.

É importante notar que a função para determinar o valor da comissão de vendas para uma unidade é de 10% do preço do produto, isto é: 0,1 × preço. Como o preço da caixa é $ 1,00; seu valor por unidade vendida é $ 0,10. Na venda de 10.000.000 de caixas, a comissão de vendas é $ 1.000.000 ($ 0,10 × 10.000.000 caixas).

Com base na exposição apresentada, o quadro dos custos fica da seguinte forma (os campos em preto não permitem preenchimento, pois as informações são irrelevantes):

VOLUME: 10.000.000 caixas	TOTAL	POR UNIDADE
Custos Totais	$ 9.000.000	
Custos Variáveis		
Custos Variáveis: Produção	$ 3.000.000	$ 0,30
Custos Variáveis: Comissão de Vendas	$ 1.000.000	$ 0,10
Custos Variáveis: Despachos etc.	$ 500.000	$ 0,05
Custos Variáveis: Total	$ 4.500.000	$ 0,45
Custos e Despesas Fixas		
Custos Fixos: Produção	$ 3.000.000	
Despesas Fixas: Operacionais	$ 1.500.000	
Custos e Despesas Fixas: Total	$ 4.500.000	

SE ACEITAR A PROPOSTA DA LEGAL S.A.:

Neste caso, os custos variáveis de produção por unidade serão incrementados em $ 0,10, mas as despesas variáveis operacionais por unidade não terão $ 0,10 da comissão de vendas. Haverá, contudo, um custo fixo marginal de $ 100.000.

FUNÇÃO DE DECISÃO:

O preço deverá pagar os custos marginais e gerar um lucro de $ 500.000 com a operação de venda para a Legal S.A. A venda será de 2.000.000 de caixas.

Procure resolver o problema antes de olhar a solução, que se encontra na próxima página.

10.5.2 Resposta ao problema da Boca Junior Ltda.

Obs.: os valores abaixo referem-se à venda para Legal S.A.

Preço de venda = ?

VOLUME = 2.000.000 caixas

CUSTOS COM A VENDA PARA LEGAL S.A.:

Custos Variáveis por Unidade: Produção = 0,30 + 0,10 = $ 0,40

Comissão de Vendas por unidade = (10.000.000 × 0,10)/10.000.000 = $ 0,10

Despesas Variáveis por Unidade: Operacionais = 0,15 – 0,10 = $ 0,05

Custos e Despesas Variáveis por Unidade: Total = 0,40 + 0,05 = $ 0,45

Custos Fixos = $ 100.000

CUSTOS COM A VENDA PARA LEGAL S.A. = ($ 0,45 × 2.000.000 caixas) + $ 100.000 = $ 1.000.000

LUCRO OBJETIVADO COM A VENDA PARA LEGAL S.A. = $ 500.000

RECEITA = CUSTOS + LUCRO = $ 1.000.000 + $ 500.000 = $ 1.500.000

RECEITA = preço × QUANTIDADE = preço × 2.000.000 = $ 1.500.000

DECISÃO: preço = $ 1.500.000/2.000.000 = $ 0,75 por caixa

10.6 Exercício de autoavaliação do Capítulo 10

Resolva o problema a seguir. Suas respostas encontram-se nas páginas subsequentes às perguntas. Caso erre, reveja o Capítulo 10.

A KLM Ltda. é uma empresa fabricante de camisas, com uma capacidade produtiva de 1.500.000 camisas. No ano passado fabricou 1.000.000 de camisas, e seu Demonstrativo de Resultado, em $, apresentava as seguintes informações:

DEMONSTRATIVO DE RESULTADOS		
	TOTAL	POR UNIDADE
Receita	$ 10.000.000	$ 10
Custos das Mercadorias Vendidas	$ 6.000.000	$ 6
Lucro Bruto	$ 4.000.000	$ 4
Despesas Operacionais	$ 3.000.000	$ 3
Lucro Operacional	$ 1.000.000	$ 1

Estudos do processo produtivo mostravam que: (1) 60% dos custos de produção eram variáveis; (2) havia uma capacidade ociosa de produção para 400.000 camisas; e, (3) as despesas operacionais variáveis eram 14% da receita, sendo 10% relativos à comissão de vendas e 4% a outras despesas relacionadas com volume operacional, como despachos etc.

O exército acaba de convidar a KLM Ltda. para uma concorrência em 200.000 camisas. Os materiais a serem empregados na produção não são os mesmos. O custo unitário é mais barato em $ 1,00. O tempo de produção camisa é idêntico a dos produtos comercializados no mercado, portanto seus custos são idênticos. Para vender e entregar as 200.000 camisas, a empresa terá custos fixos adicionais de $ 200.000; os outros custos fixos não se modificam. A alta administração da KLM Ltda. acha que esta é uma oportunidade de aumentar o lucro da empresa em $ 400.000.

PEDE-SE

Que preço deverá ter o produto de forma a atingir o objetivo de aumentar o lucro em $ 400.000?

10.6.1 Resposta do exercício de autoavaliação do Capítulo 10

DADOS GERAIS

Quantidade = 1.000.000

Preço = $ 10,00

Custos Variáveis:

Custos Variáveis de Produção = 0,6 × 6.000.000 = $ 3.600.000

- Custos Variáveis Unitários de Produção = 3.600.000/1.000.000 = $ 3,60

Custos Fixos de Produção = 6.000.000 − 3.600.000 = $ 2.400.000

Custos Variáveis Operacionais = 0,14 × 10.000.000 = $ 1.400.000

Custos Variáveis Operacionais por Unidade = 1.400.000/1.000.000 = $ 1,40

- Comissão de Vendas por unidade = (10.000.000 × 0,10)/1.000.000 = $ 1,00
- Custos Variáveis Unitários Operacionais: outras despesas relacionadas com volume operacional = 1,40 − 1,00 = $ 0,40

Custos Fixos Operacionais = 3.000.000 − 1.400.000 = $ 1.600.000

DADOS COM A VENDA PARA O EXÉRCITO:

Quantidade (volume a ser vendido para o exército) = 200.000

Lucro esperado com a operação = $ 400.000

Custos Variáveis:

Custos Variáveis Unitário de Produção = $ 3,60 – $ 1,00 = $ 2,60

Custos Variáveis Unitário de Operação = $ 0,40

- Custos Variáveis Unitários = $ 2,60 + $ 0,40 = $ 3,00

Custos Variáveis com as 200.000 camisas = $ 3,00 × 200.000 = $ 600.000

Custos Fixos Adicionais = $ 200.000

Como:

Receita = Custos Variáveis + Custos Fixos + Lucro

Receita = $ 600.000 + $ 200.000 + $ 400.000

Receita = $ 1.200.000

e:

Receita = preço × 200.000

$ 1.200.000 = preço × 200.000 camisas

Portanto:

preço = $ 1.200.000/200.000 = $ 6,00.

Resposta:

Para satisfazer os objetivos desejados, o preço da camisa deverá ser $ 6,00.

11

Decisão de preço para uma encomenda especial, com base na recuperação de um lucro que não será obtido

11.1 Objetivos

- Reforçar o conceito de receita e despesas marginais.
- Aprender a montar uma estrutura de custos, dividindo os custos em fixos e variáveis. Nos custos variáveis, saber separar aqueles cujos valores se comportam em função da receita dos que têm seu valor definido em função da unidade.
- Determinar o preço para uma concorrência, considerando o lucro que não obterá por não vender esse respectivo volume no mercado como os demais.

11.2 Introdução

Este modelo é um avanço em termos de assertividade ao apresentado no Capítulo 10. Imagine alegar ao presidente que o preço de um produto numa concorrência de 20.000 unidades do produto XKY, tal qual os exemplos anteriores, deverá ser de $ 8,00, pois irá aumentar o lucro em $ 40.000,00. Ele poderá perguntar por que não um valor que incrementará o lucro $ 50.000,00 ou $ 35.000,00. Não há argumento coerente a expor. O aumento do lucro, como o exposto no parágrafo, é uma inferência ao acaso. Contudo, podemos descrever um modelo em que o argumento possua uma racionalidade.

O argumento se baseia em calcular primeiramente o lucro de se produzirem e comercializar normalmente no mercado 20.000 unidades de um produto com o maior grau de similaridade na empresa. Assim sendo, apresentaremos ao presidente a exposição: se estivéssemos vendendo no mercado 20.000 unidades do produto XK, que mais se aproxima do XKY, o nosso lucro seria superior em $ 80.0000,00. Como estamos com capacidade ociosa, e a indústria no geral está produzindo abaixo de sua capacidade, vamos propor um valor que pague os custos de produção e comercialização do produto XKY e gere um lucro 60% dos $ 500.000,00, que é o valor que poderíamos obter se pudéssemos comercializar essas 20.000 unidades adicionais do nosso produto XK no mercado.

É um argumento que determina o preço, considerando a recuperação da utilização da capacidade não esperada. Em outras palavras, a empresa projeta vender 80.000 unidades, mas sua capacidade é de 120.000. A um dado momento, ela é solicitada a entrar numa concorrência para fornecer para a marinha 20.000 unidades do produto XKY, que é similar ao produto XK. Os custos variáveis de produzir e comercializar o produto XK são de $ 5,00 por unidade e o preço dele é $ 9,00. Esse produto, XKY, irá requerer um gasto adicional de $ 1,00 por unidade, não havendo custos fixos adicionais. O lucro com a venda adicional de 20.000 unidades, caso houvesse a demanda no mercado de XK, seria de $ 80.000,00. Objetivando recuperar a metade desse lucro que não será ganho, devemos, para tanto, obter uma receita de $ 160.000; $ 120.000 para pagar os custos variáveis das 20.000 unidades do produto XKY (20.000 unidades × $ 6,00/unid.) e $ 40.000 para obter a metade do lucro que não se obterá, já que não há demanda do produto XK. Dessa forma, o preço por unidade deverá ser $ 8,00 ($ 160.000,00/20.000 unidades).

Há dois pontos a considerar no argumento acima. O primeiro, o percentual do lucro a recuperar, mesmo sendo uma inferência ao acaso, leva em consideração a demanda sobre os concorrentes e da própria empresa; quanto mais aquecido o mercado, mais o percentual se aproxima de 100%. O segundo, o valor a ser proposto não deverá criar problema algum com a autocanibalização. Lembre, a autocanibalização foi assunto discutido no capítulo anterior. Para melhor compreender o discutido nos parágrafos anteriores, utilizemos o exemplo da Empresa João Lima Ltda. como um estudo de caso ao assunto desse tópico.

11.3 O exemplo: a empresa João Lima Ltda.

A empresa João Lima Ltda. produz lapiseiras e, em 31/12/20x2, apresenta os seguintes resultados:

Demonstrativo de Resultados para o Ano de 20x2	
Vendas	$ 10.000.000
Menos: Custos das Mercadorias Vendidas	6.000.000
Lucro Bruto ou Margem Bruta	$ 4.000.000
Menos: Despesas de Vendas e Administração	3.000.000
Lucro Operacional	$ 1.000.000

Os custos fixos de fabricação da empresa eram de US$ 2,4 milhões, e seus custos fixos de vendas e administrativos eram de US$ 2,2 milhões. As comissões de vendas, de 3%, estão incluídas nas despesas de vendas e administrativas.

A empresa no ano de 20x2 obteve as vendas de 2.000.000 de lapiseiras. Perto do fim do ano, a TELE, uma empresa no ramo de telefonia, havia solicitado o preço para uma encomenda especial de 150.000 lapiseiras, com fins promocionais, durante o ano de 20x3. A encomenda exigia que o prendedor da lapiseira tivesse o emblema da TELE, e o custo desse prendedor, na fabricação, foi orçado em $ 0,20 por lapiseira. Como a oferta veio diretamente da TELE, a empresa não terá os custos relacionados à comissão de vendas. A João Lima Ltda. tem capacidade instalada para uma produção de 2,5 milhões de lapiseiras. Portanto, a empresa está trabalhando com alguma capacidade ociosa.

PERGUNTA-SE:

O presidente deseja recuperar, com a proposta da TELE, 70% do lucro que está deixando de obter se estivesse negociando no mercado 2.150.000 lapiseiras, isto é, o lucro não ganho se as vendas das 150.000 unidades fossem no mercado. A pergunta do presidente é: que preço deverá ser ofertado à TELE, de forma a recuperar 70% do lucro não ganho, se essas lapiseiras fossem vendidas normalmente no mercado?

.... (Procure responder antes de continuar)

11.3.1 Resposta ao exemplo: empresa João Lima Ltda.

Como já apresentado, as informações na venda para o mercado são:

Preço por unidade	$ 5,00
Custos variáveis por unidade	$ 2,20
Margem de contribuição por unidade	$ 2,80
Custos Fixos	$ 4.600.000
Volume esperado a ser comercializado em 20x3	2.000.000 unid.
Volume da encomenda para TELE	150.000 unid

Ao vender as 150.000 unidades para TELE, os custos fixos não terão aumento, tendo em vista que a empresa possui capacidade ociosa. Neste caso, se a empresa estivesse vendendo adicionalmente essas unidades (150.000 lapiseiras) no mercado, o Demonstrativo de Resultados poderia ser apresentado da seguinte forma:

	Expectativa de Venda no mercado	Se pudesse vender a mais no mercado o que a TELE deseja	TOTAL
DEMONSTRATIVO DE RESULTADO			
Quantidade	2.000.000	150.000	2.150.000
Receita	$ 10.000.000	$ 750.000	$ 10.750.000
Custos Variáveis	$ 4.400.000	$ 330.000	$ 4.730.000
Margem de Contribuição	$ 5.600.000	$ 420.000	$ 6.020.000
Custos Fixos	$ 4.600.000	$ 0	$ 4.600.000
Lucro	$ 1.000.000	$ 420.000	$ 1.420.000

O valor do lucro adicional relativo às 150.000 lapiseiras poderia ser obtido multiplicando-se a margem de contribuição unitária por essas unidades:

Lucro não ganho = $ 2,80/lapiseira × 150.000 *lapiseiras* = $ 420.000

Recuperar 70% do lucro não ganho significa multiplicar os $ 420.000, acima computados, por 0,70. Dessa forma, o lucro objetivado será:

Lucro objetivado = 0,70 × $ 420.000 = $ 294.000

Como o custo fixo adicional para produzir e comercializar essas lapiseiras é zero, a Margem de Contribuição será igual ao Lucro Objetivado de $ 294.000. Portanto, a receita a ser obtida com a venda das 150.000 lapiseiras deverá ser:

➤ Receita a ser obtida com a proposta da TELE

Receita − Custos Variáveis = Margem de Contribuição

Margem de Contribuição = $ 294.000

Custos Variáveis = $ 2,25/lapiseira × 150.000 lapiseiras = $ 337.500

Receita − $ 337.500 = $ 294.000

Receita = $ 337.500 + $ 294.000 = $ 631.500

O preço mínimo a ser cobrado à TELE por lapiseira, para satisfazer o desejo de lucro do presidente da João Lima Ltda., deverá ser $ 4,21 ($ 631.500/150.000 lapiseiras).

11.4 Considerações

Tal qual as considerações do capítulo anterior, a abordagem por contribuição pode ser extremamente útil quando queremos conhecer o preço de uma concorrência com objetivo de lucro. E, neste caso, esses cálculos são feitos para empresas, baseando-se na demanda da concorrência e da própria empresa. A empresa João Lima Ltda. tem uma oportunidade de recuperar parte ou a totalidade de seu lucro com a concorrência para TELE. Essa oportunidade ocorre porque há possibilidade de ampliar a capacidade utilizando custos que já serão pagos pelas atividades normais, como: aluguel, salários administrativos, impostos prediais etc. Em resumo, os custos a serem considerados serão os custos marginais.

Para reforçar seu conhecimento, proporemos um exercício: Boca Junior Ltda. Nele, apresentaremos a estrutura de custo da empresa após seu enunciado, o que não ocorrerá no de autoavaliação. O objetivo é acostumá-lo a definir a estrutura de custo de uma empresa antes de responder o que é perguntado. Na solução do problema, lembre-se de que você deve basear sua resposta nas informações da receita e dos custos marginais.

11.5 Boca Junior Ltda.

A Boca Junior Ltda. é uma empresa fabricante de caixa de papelão especial. Ano passado havia fabricado 10.000.000 de caixas e seu Demonstrativo de Resultado, em $, apresentava as seguintes informações:

DEMONSTRATIVO DE RESULTADOS		
	TOTAL	POR UNIDADE
Receita	$ 10.000.000	$ 1,00
Custos das Mercadorias Vendidas	$ 6.000.000	$ 0,60
Lucro Bruto	$ 4.000.000	$ 0,40
Despesas Operacionais	$ 3.000.000	$ 0,30
Lucro Operacional	$ 1.000.000	$ 0,10

Estudos do processo produtivo mostravam, para as informações acima apresentadas, que:

- 50% dos custos de produção eram variáveis.
- Havia uma capacidade ociosa de produção para 4.000.000 de caixas.
- As despesas operacionais variáveis são 15% da receita, sendo 10% relativos à comissão de vendas (que é função da receita). Os outros 5% são despesas relacionadas com a operação, tais como despacho etc., que variam com a unidade.

O PROBLEMA:

A empresa foi convidada pela Legal S.A. para participar de uma concorrência cuja venda será de 2.000.000 de caixas. Essas caixas exigiriam uma modificação no processo produtivo, resultando em custos adicionais de produção: variável de $ 0,10 por caixa e fixo de $ 100.000. Em contrapartida, como a proposta da concorrência partiu da Legal S.A., não haverá comissão de vendas.

PEDE-SE:

Qual é o preço a ser ofertado, visto que a diretoria deseja recuperar 50% do lucro não ganho?

11.5.1 Estrutura de custo da empresa para sua operação normal (sem a venda para Legal S.A.)

O custo total para produzir e comercializar 10.000.000 de caixas é de $ 9.000.000 – a soma do custo total de produção, $ 6.000.000, com as despesas operacionais, $ 3.000.000.

Os custos variáveis de produção são $ 3.000.000 – a metade do custo total de produção. Portanto, os custos fixos de produção totalizam $ 3.000.000.

As despesas operacionais de $ 3.000.000 dividem-se em despesas variáveis e fixas. As despesas variáveis são 15% da receita, portanto $ 1.500.000 (15%

de $ 10.000.000). Já as despesas fixas são de $ 1.500.000, que é a subtração às despesas operacionais totais, $ 3.000.000, das respectivas despesas variáveis, $ 1.500.000. Das despesas variáveis operacionais, $ 1.500.000, a comissão de vendas monta a $ 1.000.000 (10% da receita, que é $ 10.000.000). Os $ 500.000 remanescentes referem-se a despesas relacionadas com a operação, tais como despacho etc., que variam com a unidade.

É importante notar que a função para determinar o valor da comissão de vendas para uma unidade é de 10% do preço do produto, isto é: 0,1 × preço. Como o preço da caixa é $ 1,00, seu valor por unidade vendida é $ 0,10. Na venda de 10.000.000 de caixas, a comissão de vendas é $ 1.000.000 ($ 0,10 × 10.000.000 caixas).

Com base na exposição apresentada, o quadro dos custos fica da seguinte forma (os campos em preto não permitem preenchimento, pois as informações são irrelevantes):

VOLUME: 10.000.000 caixas	TOTAL	POR UNIDADE
Custos Totais	$ 9.000.000	
Custos Variáveis		
Custos Variáveis: Produção	$ 3.000.000	$ 0,30
Custos Variáveis: Comissão de Vendas	$ 1.000.000	$ 0,10
Custos Variáveis: Despachos etc.	$ 500.000	$ 0,05
Custos Variáveis: Total	$ 4.500.000	$ 0,45
Custos e Despesas Fixas		
Custos Fixos: Produção	$ 3.000.000	
Despesas Fixas: Operacionais	$ 1.500.000	
Custos e Despesas Fixas: Total	$ 4.500.000	

SE ACEITAR A PROPOSTA DA LEGAL S.A.:

Neste caso, os custos variáveis de produção por unidade serão incrementados em $ 0,10, mas as despesas variáveis operacionais por unidade não terão os $ 0,10 da comissão de vendas. Haverá, contudo, um custo fixo marginal de $ 100.000.

FUNÇÃO DE DECISÃO:

O preço deverá pagar os custos marginais e gerar um lucro 50% do que se poderá obter com a venda normal de 2.000.000 de caixas; isto é, vender ao preço de $ 1,00 com custos variáveis por unidade de $ 0,45 e não haver gastos adicionais nos custos e despesas fixas.

Procure resolver o problema antes de olhar a solução, que se encontra na próxima página.

11.5.2 Resposta ao problema da Boca Junior Ltda.

O LUCRO NÃO OBTIDO:

VOLUME = 2.000.000 caixas

Preço de venda = $ 1,00

Receita com 2.000.000 de caixas adicionais no mercado: $ 1,00 × 2.000.000 caixas = $ 2.000.000

CUSTOS COM A VENDA DE 2.000.000 DE CAIXAS ADICIONAIS NO MERCADO:

Custos Variáveis por Unidade: Produção = $ 0,45

Custos Variáveis com 2.000.000 caixas = $ 0,45 × 2.000.000 caixas = $ 900.000

LUCRO COM A VENDA ADICIONAL DE 2.000.000 CAIXAS = $ 2.000.000 – $ 900.000 = $ 1.100.000,00

OBJETIVO: recuperar 50% do lucro não ganho com a venda de 2.000.000 de caixa no mercado.

Lucro não Ganho com a Venda Adicional de 2.000.000 de caixas = $ 1.100.000

50% do Lucro não Ganho = $ 1.100.000 × 0,50 = $ 550.000

Obs.: os valores a seguir se referem à venda para Legal S.A.

Preço de venda = ?

VOLUME = 2.000.000 caixas

CUSTOS COM A VENDA PARA LEGAL S.A:

Custos Variáveis por Unidade: Produção = 0,30 + 0,10 = $ 0,40

Comissão de Vendas por unidade = (10.000.000 × 0,10)/10.000.000 = $ 0,10

Despesas Variáveis por Unidade: Operacionais = 0,15 – 0,10 = $ 0,05

Custos e Despesas Variáveis por Unidade: Total = 0,40 + 0,05 = $ 0,45

Custos Fixos = $ 100.000

CUSTOS COM A VENDA PARA LEGAL S.A. = ($ 0,45 × 2.000.000 caixas) + $ 100.000 = $ 1.000.000

LUCRO OBJETIVADO COM A VENDA PARA LEGAL S.A. = $ 550.000

RECEITA = CUSTOS + LUCRO = $ 1.000.000 + $ 550.000 = $ 1.550.000

RECEITA = preço × QUANTIDADE = preço × 2.000.000 = $ 1.550.000

DECISÃO: preço = $ 1.550.000/2.000.000 = $ 0,775 por caixa

11.6 Exercício de autoavaliação do Capítulo 11

Resolva o problema a seguir. Suas respostas encontram-se nas páginas subsequentes às perguntas. Caso erre, reveja o Capítulo 11.

A KLM Ltda. é uma empresa fabricante de camisas, com uma capacidade produtiva de 1.500.000 camisas. No ano passado fabricou 1.000.000 de camisas, e seu Demonstrativo de Resultados, em $, apresentava as seguintes informações:

DEMONSTRATIVO DE RESULTADOS		
	TOTAL	POR UNIDADE
Receita	$ 10.000.000	$ 10
Custos das Mercadorias Vendidas	6.000.000	6
Lucro Bruto	$ 4.000.000	$ 4
Despesas Operacionais	3.000.000	3
Lucro Operacional	$ 1.000.000	$ 1

Estudos do processo produtivo mostravam que: (1) 60% dos custos de produção eram variáveis; (2) havia uma capacidade ociosa de produção para 400.000 camisas; e, (3) as despesas operacionais variáveis eram 14% da receita, sendo 10% relativos à comissão de vendas e 4% a outras despesas relacionadas com volume operacional, como despachos etc.

O exército acaba de convidar a KLM Ltda. para uma concorrência em 200.000 camisas. Os materiais a serem empregados na produção não são os mesmos. O custo unitário é mais barato em $ 1,00. O tempo de produção da camisa é idêntico ao dos produtos comercializados no mercado, portanto seus custos são idênticos. Para vender e entregar as 200.000 camisas, a empresa terá custos fixos adicionais de $ 200.000; os outros custos fixos não se modificam. A alta administração da KLM Ltda. acha que esta é uma oportunidade de recuperar 60% do lucro não ganho em suas vendas normais, devido à capacidade ociosa da empresa; isto é, de não estar vendendo 1.200.000 camisas no mercado.

PEDE-SE

Que preço deverá ter o produto de forma a alcançar o objetivo da alta administração: recuperar 60% do lucro não ganho?

11.6.1 Resposta do exercício de autoavaliação do Capítulo 11

DADOS GERAIS

Quantidade = 1.000.000

Preço = $ 10,00

Custos Variáveis:

Custos Variáveis de Produção = 0,6 × 6.000.000 = $ 3.600.000
- Custos Variáveis Unitários de Produção = 3.600.000/1.000.000 = $ 3,60

Custos Fixos de Produção = 6.000.000 – 3.600.000 = $ 2.400.000

Custos Variáveis Operacionais = 0,14 × 10.000.000 = $ 1.400.000

Custos Variáveis Operacionais por Unidade = 1.400.000/1.000.000 = $ 1,40
- Comissão de Vendas por unidade = (10.000.000 × 0,10)/1.000.000 = $ 1,00
- Custos Variáveis Unitários Operacionais: outras despesas relacionadas com volume operacional = 1,40 – 1,00 = $ 0,40

Custos Variáveis por Unidade = $ 3,60 + $ 1,00 + $ 0,40 = $ 5,00

Margem de Contribuição por Unidade = $ 10,00 – $ 5,00 = $ 5,00

Custos Fixos Operacionais = 3.000.000 – 1.400.000 = $ 1.600.000

LUCRO QUE A EMPRESA DEIXA DE GANHAR POR NÃO ESTAR VENDENDO AS 200.000 CAMISAS NO MERCADO (LUCRO NÃO GANHO):

Lucro Não Ganho = Quantidade × Margem de Contribuição Unitária

Lucro Não Ganho = 200.000 camisas × $ 5,00 = $ 1.000.000

DADOS COM A VENDA PARA O EXÉRCITO:

Quantidade (volume a ser vendido para o exército) = 200.000

Lucro Objetivado com a operação = 60% × $ 1.000.000 = $ 600.000

Custos Variáveis:

Custos Variáveis Unitários de Produção = $ 3,60 – $ 1,00 = $ 2,60

Custos Variáveis Unitários de Operação = $ 0,40
- Custos Variáveis Unitários = $ 2,60 + $ 0,40 = $ 3,00

Custos Variáveis com as 200.000 camisas = $ 3,00 × 200.000 = $ 600.000

Custos Fixos Adicionais = $ 200.000

Como:

Receita = Custos Variáveis + Custos Fixos + Lucro

Receita = $ 600.000 + $ 200.000 + $ 600.000

Receita = $ 1.400.000

e:

Receita = preço × 200.000

$ 1.400.000 = preço × 200.000 camisas

Portanto:

preço = $ 1.400.000/200.000 = $ 7,00.

Resposta:

Para satisfazer os objetivos desejados, o preço da camisa deverá ser $ 7,00.

12

Decisão de preço com objetivo em volume de negócio

12.1 Objetivos

- Reforçar o conceito de receita e despesas marginais.
- Aprender a montar uma estrutura de custos, dividindo os custos em fixos e variáveis. Nos custos variáveis, saber separar aqueles que seus valores comportam em função da receita dos que têm seu valor definido em função da unidade.
- Determinar o preço de um produto considerando o lucro, o volume, os custos fixos e os custos variáveis por unidade.

12.2 Introdução

É comum procurar determinar o preço a ser praticado para um produto, com objetivos predefinidos de custos, lucro e quantidade. Em outras palavras, o gestor partirá de previsão de custos e volume que irá comercializar. Com essas variáveis, irá definir o lucro objetivado. A partir daí, ele poderá determinar o preço que irá colocar para venda. Esse preço é conhecido como preço objetivado. Pois, se conseguirmos realizar o volume de venda projetado, bem como controlar os custos conforme planejamos, o lucro da empresa será aquele que tínhamos em mente. E lógico que esse lucro objetivado deverá possuir "uma gordura" para erros, seja na projeção do volume de vendas, seja para realizar os custos conforme planejamos. Talvez o grande vilão entre esses dois elementos, volume de vendas e custos, seja o volume de vendas. Muitas variáveis podem afetar essa demanda sobre as vendas: reação de concorrentes; política governamental, como arrocho no crédito etc. Quanto maior a probabilidade de errar a previsão de vendas, maior deverá ser "a gordura" no lucro.

O modelo a ser proposto a seguir não é uma panaceia; simplesmente nos ajuda a criar metas de custos e vendas. As vendas operacionalmente serão distribuídas em cotas, e os custos, em rubricas orçamentárias. Durante a operação propriamente dita, o gestor terá sensibilidade para antecipar o efeito no lucro, conforme o volume e os custos vão ocorrendo. De qualquer forma, o modelo é baseado na formulação:

$$RECEITA = CUSTOS + LUCRO$$

Donde:

- Receita = preço × Quantidade (ou, volume de vendas)
- Custos = Custos Variáveis + Custos Fixos (ou Despesas Fixas)
- Lucro = um valor qualquer objetivado.

Para melhor compreender a formulação apresentada anteriormente, utilizaremos o exemplo da Empresa João Lima Ltda. como um estudo de caso ao assunto desse tópico.

12.3 O exemplo: a empresa João Lima Ltda.

A empresa João Lima Ltda. produz lapiseiras e, em 31/12/20x2, apresenta os seguintes resultados.

Demonstrativo de Resultados para o Ano de 20x2	
Vendas	$ 10.000.000
Menos: Custos das Mercadorias Vendidas	6.000.000
Lucro Bruto ou Margem Bruta	$ 4.000.000
Menos: Despesas de Vendas e Administração	3.000.000
Lucro Operacional	$ 1.000.000

Os custos fixos de fabricação da empresa eram de US$ 2,4 milhões e seus custos fixos de vendas e administrativos eram de US$ 2,2 milhões. As comissões de vendas, de 3%, estão incluídas nas despesas de vendas e administrativas.

No ano de 20x2, a empresa obteve as vendas de 2.000.000 de lapiseiras. Como os concorrentes vêm obtendo retorno superior ao da João Lima Ltda. e há pressão dos acionistas em aumentar o lucro da empresa em 40%, o presidente e o vice-presidente de marketing da João Lima Ltda., após uma pesquisa de mercado, percebem que há uma possibilidade de aumentar o volume de vendas em 20% (isto é, vender 2.400.000 lapiseiras), em 20x3, se o preço do produto for reduzido. A direção da empresa quer estabelecer a meta de lucro conforme a demanda dos acionistas, $ 1.400.000, com um volume de vendas de 2.400.000 lapiseiras. Esses elementos geram uma aparente incongruência: aumento no volume de vendas, através da redução do preço, e aumento no lucro. Por essa razão, a empresa o contratou para auxiliá-los na decisão do novo preço da lapiseira.

PERGUNTA-SE: Determine o novo preço da lapiseira.

.... (Procure responder antes de continuar)

12.3.1 Resposta ao exemplo: empresa João Lima Ltda.

De acordo com as informações do Exemplo 12.3, o comportamento de custos da empresa João Lima Ltda. é:

Custos Variáveis

Produção:	$ 1,80 por lapiseira
Vendas e Administração:	divididos em dois itens: (1) comissão de vendas: 3% sobre a receita; e, (2) outros: $ 0,25 por lapiseira

Custos Fixos

Produção:	$ 2.400.000
Vendas e Administração:	$ 2.200.000

Os objetivos da empresa são:

(1) Volume a ser comercializado (Q) = 2.400.000 lapiseiras

(2) Lucro = $ 1.400.000

Como:

Receita = Custos + Lucro

e,

Receita = preço × 2.400.000 lapiseiras

Custos = custos variáveis + custos fixos

Custos variáveis = custos variáveis de produção + custos variáveis de vendas e administração

Custos variáveis de produção = $ 1,80 × 2.400.000 = $ 4.320.000

Custos variáveis de vendas e administração = 3% da receita + $ 0,25 × 2.400.000 = 0,03 × (preço × 2.400.000) + $ 600.000 = (preço × 72.000) + $ 600.000

Custos variáveis = $ 4.320.000 + (preço × 72.000) + $ 600.000 = $ 4.920.000 + (preço× 72.000)

Custos fixos = custos fixos de produção + custos fixos de vendas e administração = $ 2.400.000 + $ 2.200.000 = $ 4.600.000

Custos = $ 4.920.000 + (preço × 72.000) + $ 4.600.000 = $ 9.520.000 + (preço × 72.000)

Então, como o lucro desejado é de $ 1.400.000, a equação de receita igual a custos mais lucro fica:

preço × 2.400.000 = 9.520.000 + (preço × 72.000) + 1.400.000

preço × (2.400.000 − 72.000) = 10.920.000

preço = 10.920.000/(2.328.000) = $ 4,6907 por lapiseira

12.4 Considerações

Na prática, o preço estabelecido deverá ser $ 4,70. E o próximo passo da direção da empresa é verificar se a redução de $ 0,30 no preço será suficientemente percebida pelo consumidor de forma a aumentar a demanda de 2.000.000 para 2.400.000 lapiseiras. A direção também pode descrever essa formulação numa planilha eletrônica e testar, para várias demandas, dado o objetivo de lucro de $ 1.400.000, qual deverá ser o preço da lapiseira.

É importante notar que essa formulação apresentada no exemplo 12.3 não considera o retorno sobre o investimento. O lucro, como foi definido, isto é um valor absoluto, mesmo que os gestores achem que esse é o valor desejado, não implica que o retorno esperado pelos acionistas será atingido. Para tanto, o modelo terá de considerar outros elementos, conforme exposto no capítulo que descreve o MODELO GM.

12.5 A Loja Sardinha Revelações – 1 Hora

José Carlos Sardinha quer deixar a carreira de professor e pretende investir numa loja de revelações em 1 hora. Estudando a viabilidade do negócio, verificou que o investimento inicial seria de R$ 120.000,00. A alternativa para aplicação desse recurso, sem risco, seria investir no mercado financeiro a uma taxa de 2,5% ao mês.

Analisando o mercado atual, estimou que no ponto pretendido obteria, em média, 2.500 revelações por mês. Cada revelação consistiria aproximadamente em 20 fotos. A estrutura de custo para operar a loja será dividida em duas categorias: (1) o custo por envelope (conhecido como custo variável); e (2) o custo fixo mensal da loja (que independe da quantidade de envelopes revelados). Esses custos estimados são apresentados a seguir.

CUSTO POR ENVELOPE			
Custo por foto		**Custo de 1 envelope com 20 fotos**	
Papel	$ 0,0686	Custo para 20 fotos	$ 1,80
Químicos	$ 0,0175	Custo por envelope	$ 0,36
Perdas	$ 0,0039	Custo de 1 envelope	$ 2,16
Custo por foto	$ 0,09		
Custo para 20 fotos	$ 1,80	**Outros custos que variam em função da receita**	
		Comissão + Encargos	1,50%
Custo por envelope para 20 fotos		Abat. Cartões de crédito	1,00%
Envelope	$ 0,07	Propaganda	3,00%
Álbum	$ 0,22	Aluguel *shopping*	5,00%
Sleever	$ 0,03	Impostos indiretos	11,20%
Etiqueta numerada/outros	$ 0,04	Cheque sem fundo	0,30%
Custo por envelope	$ 0,36	Outros custos: total	**22,00%**

CUSTO FIXO MENSAL DA LOJA				
Loja (condomínio etc.)	$ 1.200,	Seguros		$ 160,
Luz/Água	$ 350,	Salários fixos		$ 800,
Telefone	$ 200,	Diversos		$ 200,
Papelaria	$ 50,	IPTU		$ 60,
Contabilidade	$ 100,	Manutenção MiniLab		$ 500,
Manutenção da loja	$ 100,	*Leasing*/Depreciação		$ 4.000,
Materiais de limpeza	$ 15,	Pro-labore		$ 1.800,
Custo fixo mensal da loja: total				$ 9.535,00

A pergunta que o Prof. Sardinha fazia a si mesmo era: qual será o preço mínimo da revelação, de forma que recupere os custos operacionais e que o retorno sobre o investimento seja igual ao do mercado financeiro? O Imposto de Renda é de 30% sobre o lucro.

12.5.1 Estrutura de custos da empresa

VARIÁVEIS DE VENDAS		
Preço		?
Quantidade		2.500
VARIÁVEIS DE CUSTOS		
Custos	CF	CV
Variáveis por unidade (envelope)		$ 2,16/unid.
Variáveis em função da receita		22%
Custos Fixos mensais	$ 9.535,00	$ 0,15 (3% do preço)
Taxa do Imposto de Renda (30%)		$ 0,25/unid.

12.5.2 Resolva

	Formulação	Demonstrativo de Resultados
Q	2.500	
R		
CV		
MC		
CF		
LAIR		
IR		
LL		

Como: $R - CV = MC$; temos:

12.5.3 Solução

	Formulação	Demonstrativo de Resultados
Q	2.500	
R	p × 2.500	2.500 × p
CV	($ 2,16 × 2.500) + (0,22 × p × 2.500)	$ 5.400 + (550 × p)
MC		$ 13.820,71
CF		$ 9.535,00
LAIR	$ 3.000/(1 − 0,30)	$ 4.285,71
IR	30% do LAIR	
LL	2,5% de $ 120.000	$ 3.000,00

Como: $R - CV = MC$; temos:

$$(2.500 \times p) - (\$\ 5.400 + [550 \times p]) = \$\ 13.820,71$$

$$1.950 \times p = \$\ 19.220,71$$

$$p = \$\ 19.220,71/1.950 = \$\ 9,85678.... = \$\ 9,86 \text{ por envelope}$$

12.5.4 Considerações

Este exercício tem dois objetivos. Primeiro, reforçar seu conhecimento sobre a matéria, obrigando-o a refletir como deverá se desenvolver a linha de raciocínio. E fazê-lo entender que no desenvolvimento do algoritmo para calcular o preço levamos em consideração: (a) quantidade; (b) custo variável em função da unidade; (c) custo variável em função da receita (ou, do preço); e, (d) custo fixo. O custo variável em função da quantidade é $ 2,16, que é o somatório de vários itens, como papel, químicos etc. Da mesma maneira, o custo variável em função da receita é, também, o somatório de outros itens, como comissão mais encargos, propaganda etc. E o custo fixo segue a mesma linha de raciocínio: somam-se os itens que o compõem para determinar seu valor. Essa é a forma de lidarmos com as rubricas de custos que a empresa possui. Classificamos de acordo com essas categorias: se é um custo variável em função da unidade, se é custo variável em função da receita ou se é um custo fixo. E somamos, determinando o valor de cada categoria, a fim de empregá-los na formulação matemática: $R - CV = MC$.

12.6 Exercício de autoavaliação do Capítulo 12

Resolva o problema a seguir. Suas respostas encontram nas páginas subsequentes às perguntas. Caso erre, reveja o Capítulo 12.

A KLM Ltda. é uma empresa fabricante de camisas, com uma capacidade produtiva de 1.500.000 camisas. No ano passado, fabricou 1.000.000 de camisas, e seu Demonstrativo de Resultados, em $, apresentava as seguintes informações:

	DEMONSTRATIVO DE RESULTADOS	
	TOTAL	POR UNIDADE
Receita	$ 10.000.000	$ 10
Custos das Mercadorias Vendidas	6.000.000	6
Lucro Bruto	$ 4.000.000	$ 4
Despesas Operacionais	3.000.000	3
Lucro Operacional	$ 1.000.000	$ 1

Estudos do processo produtivo mostravam que: (1) 60% dos custos de produção eram variáveis; (2) havia uma capacidade ociosa de produção para 400.000 camisas; e, (3) as despesas operacionais variáveis são de 14% da receita, sendo 10% relativos à comissão de vendas e 4% a outras despesas relacionadas com volume operacional, como despachos etc.

A direção da KLM está sendo pressionada pelos acionistas quanto aos resultados econômicos: desejam o lucro da empresa superior em 53,5% ao apresentado no relatório do ano passado. A direção, estudando as possíveis alternativas para aumentar o lucro, verificou que há disponibilidade de produção no seu parque fabril. Um aumento na demanda naturalmente aumentaria o lucro da empresa.

Por essa razão, uma firma de pesquisa de mercado foi contratada. O relatório da pesquisa indicava haver possibilidade de aumentar as vendas em 35% se o preço de venda do produto fosse reduzido.

PEDE-SE

Que preço deverá ter o produto de forma a atingir os objetivos de: (1) 35% de aumento nas vendas; e, (2) 53,5% de aumento no lucro?

12.6.1 Resposta do exercício de autoavaliação do Capítulo 12

DADOS GERAIS

Quantidade (volume a ser vendido) = 1.000.000 × 1,35 = 1.350.000

Lucro esperado = 1.000.000 × 1,535 = $ 1.535.000

Custos Variáveis:

Custos Variáveis de Produção = 0,6 × 6.000.000 = $ 3.600.000

- Custos Variáveis Unitários de Produção = 3.600.000/1.000.000 = $ 3,60

Custos Fixos de Produção = 6.000.000 − 3.600.000 = $ 2.400.000

Custos Variáveis Operacionais = 0,14 × 10.000.000 = $ 1.400.000

Custos Variáveis Operacionais por Unidade = 1.400.000/1.000.000 = $ 1,40

- Comissão de Vendas por unidade = (10.000.000 × 0,10)/1.000.000 = $ 1,00
- Custos Variáveis Unitários Operacionais: outras despesas relacionadas com volume operacional = 1,40 − 1,00 = $ 0,40

Custos Fixos Operacionais = 3.000.000 − 1.400.000 = $ 1.600.000

FÓRMULA DE COMPORTAMENTO DOS CUSTOS:

Custos Variáveis:

da Produção = $ 3,60 por unid.

das Despesas Operacionais:

(a) Comissão de Vendas = preço × 10%

(b) Outras = $ 0,40 por unid.

Custos Fixos:

da Produção = $ 2.400.000

das Despesas Operacionais = $ 1.600.000

Como:

Receita = Custos + Lucro

e:

Receita = preço × 1.350.000

Custos = Custos Variáveis + Custos Fixos

Custos Variáveis = ($ 3,60 × 1.350.000) + (preço × 1.350.000 × 0,10) + ($ 0,40 × 1.350.000) = 5.400.000 + (preço × 135.000)

Custos Fixos = $ 2.400.000 + $ 1.600.000 = $ 4.000.000

Custos = 5.400.000 + (preço × 135.000) + 4.000.000 = (preço × 135.000) + 9.400.000

Lucro = 1.535.000

Portanto:

(preço × 1.350.000) = [(preço × 135.000) + 9.400.000] + 1.535.000

preço × (1.350.000 − 135.000) = 9.400.000 + 1.535.000

preço × 1.215.000 = 10.935.000

preço = 10.935.000/1.215.000 = $ 9,00.

Resposta:

Para satisfazer os objetivos desejados, o preço da camisa deverá ser $ 9,00.

13

Decisão de preço considerando a contribuição para o lucro por unidade do fator limitativo

13.1 Objetivos

- Quando a empresa tem mais de um produto, escolher qual o produto que deverá ser manufaturado; sendo a maximização do lucro a função objetiva.
- Apreçar o outro ou os outros produtos de forma que seja indiferente a escolha do que será produzido.

13.2 Introdução

Há situações em que a empresa possui mais de um produto e utiliza os mesmos fatores tecnológicos, isto é, se fabricar um produto não poderá produzir os demais. Em situações como essas a decisão será sobre o produto que gerar maior margem de contribuição considerando o fator tecnológico. Imagine uma empresa com dois produtos: X e Y. Ambos os produtos necessitam para serem fabricados da mesma máquina. Assim sendo, quando se fabrica X, não podemos produzir Y; e se estivermos manufaturando Y, nada faremos de X. Para produzir uma unidade de X necessita de meia (0,5) hora de máquina. E, para fabricar uma unidade de Y há de utilizar uma (1) hora de máquina. Em resumo, para cada hora de máquina teremos duas unidades de X ou uma unidade de Y.

O produto X é vendido por $ 10 e possui custos variáveis por unidade no valor de $ 4. Já o produto Y tem o preço de $ 15 e custos variáveis por unidade de $ 6. Assim sendo, a margem de contribuição unitária de cada produto será:

Por Unidade	X	Y
Preço de Venda	$ 10	$ 15
Custos Variáveis	$ 4	$ 6
Margem de Contribuição	$ 6	$ 9

À primeira vista, desejando maximizar o lucro, escolheremos manufaturar Y em detrimento a X. Visto que a margem de contribuição unitária de Y é maior que a de X. O problema é que a empresa tem como fator limitador o número de horas-máquina. Lembre-se, um dia, ou um turno, tem oito horas de trabalho. No máximo há 24 horas de trabalho por dia, se a produção for ininterrupta. Considerando que essa empresa só trabalha com um turno, o exemplo baseará em 8 horas por dia. O número de horas-máquinas disponível para a produção será o número de máquinas multiplicado pelas oito horas que temos no dia. Se a empresa possui 10 máquinas, a disponibilidade para trabalhar é de 80 horas-máquina por dia. Por dia, com essas horas-máquina, poderá produzir 160 unidades de X ou 80 unidades de Y. Como cada unidade de X gera $ 6 de margem de contribuição, 160 unidades gerarão $ 960. Enquanto, as 80 unidades de Y gerarão $ 720. Se o objetivo é maximizar o lucro a decisão de produção recairá para o produto X.

Simplificando, esse raciocínio poderá ser empregado utilizando a tabela a seguir:

Por unidade	A	B
Margem de Contribuição	$ 6	$ 9
Número de unidades por hora de máquina	2	1
Margem de Contribuição por hora de máquina	$ 12	$ 9

Para melhor compreender a formulação apresentada anteriormente utilizaremos o exemplo da Empresa Lu Ltda. como um estudo de caso ao assunto desse tópico.

13.3 O exemplo: a empresa Lu Ltda.[1]

A empresa Lu Ltda. produz componentes eletrônicos que podem ser vendidos: (1) no fim do primeiro processamento, onde o cliente é a indústria de

---

[1] Adaptado do exercício 4.31 do livro HORNEGREM, C. T. **Introdução à contabilidade gerencial**, 5. ed. PHB, 1981, p. 88.

eletrodoméstico (Produto 1); ou, (2) é processado adicionalmente e depois vendido como componentes especiais para equipamentos eletrônicos hospitalares (Produto 2). O preço cobrado pela indústria de eletrodoméstico, para o Produto 1, é de $ 2 por unidade. O Produto 2 é um produto em lançamento.

O diretor de marketing analisou o mercado e os custos do Produto 2. Em sua opinião, o preço por unidade deve ser de $ 5,10, permitindo um lucro operacional unitário duas vezes superior ao do Produto 1. O quadro a seguir mostra os preços de vendas e os custos por unidade do Produto 1 e do Produto 2.

Produto 1		
Preço de Venda		$ 2,00
Materiais Diretos	$ 1,00	
Mão de Obra Direta	$ 0,20	
Despesas Indiretas de Fabricação	$ 0,40	
Custo por Unidade		$ 1,60
Lucro por Unidade		$ 0,40

Produto 2		
Preço de Venda		$ 5,10
Custo Variável do Produto 1	$ 1,20	
Outros Materiais Diretos	$ 1,50	
Mão de Obra Direta	$ 0,40	
Despesas Indiretas de Fabricação	$ 1,20	
Custo por Unidade		$ 4,30
Lucro por Unidade		$ 0,80

O processo de produção permite que só um produto seja manufaturado por vez, de modo que todas as instalações quando se dedicam ao Produto 1 não poderão produzir o Produto 2. O inverso é, também, verdadeiro: ao industrializar o Produto 2, não poderá haver fabricação do Produto 1.

Os custos variáveis são os materiais diretos e a mão de obra direta. Todas as despesas indiretas de fabricação são fixas, sendo alocadas as unidades produzidas da seguinte maneira: faz-se uma previsão das despesas indiretas de fabricação para o próximo ano e divide-se pelo total de horas de capacidade de produção disponível. O total de horas de capacidade de produção disponível é de 600.000.

Leva-se uma hora para fazer 60 unidades do Produto 1 e duas horas mais para fazer 60 unidades do Produto 2.

PERGUNTA-SE: (1) A empresa deve dedicar suas instalações para o Produto 2, abandonando o Produto 1? Mostre seus cálculos. (2) Caso não abandone o Produto 1, qual deverá ser o preço mínimo do Produto 2?

.... (Procure responder antes de continuar)

13.3.1 Resposta ao exemplo: empresa Lu Ltda.

(1) À primeira vista um leigo diria que sim, pois, cada unidade do Produto 2 lucraria mais $ 0,40 do que a do Produto 1. Até para nós que viemos estudando decisão de preço e sabemos das vantagens em empregar o custeio por contribuição, devemos nos cuidar. Ao analisar a margem de contribuição de forma única e exclusiva, diríamos que a do Produto 2 é superior a do Produto 1. A tabela a seguir nos mostra esses cálculos.

Produto 1		
Preço de Venda		$ 2,00
Materiais Diretos	$ 1,00	
Mão de obra Direta	$ 0,20	
Custo Variável por Unidade		$ 1,20
Margem de Contribuição por Unidade		$ 0,80

Produto 2		
Preço de Venda		$ 5,10
Custo Variável do Produto 1	$ 1,20	
Outros Materiais Diretos	$ 1,50	
Mão de obra Direta	$ 0,40	
Custo Variável por Unidade		$ 3,10
Margem de Contribuição por Unidade		$ 2,00

O Produto 2 tem uma margem de contribuição por unidade de $ 2,00, enquanto o Produto 1 tem de $ 0,80. O ponto a considerar é: *as instalações são capazes de produzir 60 unidades do Produto 1 em uma hora, enquanto neste mesmo tempo só é capaz de manufaturar 20 unidades do Produto 2* (lembre-se: leva-se uma hora para fazer 60 unidades do Produto 1 e duas horas mais para fazer 60 unidades do Produto 2). Em uma hora de trabalho, se a empresa produz o Produto 1, obtém uma margem de contribuição no valor de $ 48/hora de trabalho (60 unid./hora de trabalho × $ 0,80/unid.); caso a opção de fabricação for para o Produto 2, a margem de contribuição por hora de trabalho será $ 40 (20 unid./hora de trabalho × $ 2,00/unid.). A hora de trabalho, neste caso, é o fator limitativo, o quadro a seguir mostra este comentário.

	Produto 1	Produto 2
Unidades por hora (a)	60	20
Margem de Contribuição (b)		
– Produto 1 (2,00 – 1,20) – Produto 2 (5,10 – [1,20 + 1,50 + 0,40])	$ 0,80	$ 2,00
Margem de Contribuição por Hora (a × b)	$ 48,00	$ 40,00
Contribuição Total (em 600.000 horas)	$ 28.800.000,00	$ 24.000.000,00

A produção do Produto 1 terá maior contribuição total para cobrir os custos fixos e, como consequência, irá gerar um maior lucro. Portanto, não havendo impedimento de mercado a empresa deverá dedicar suas instalações para o Produto 1.

(2) Critério para definir preço mínimo de Produto 2

> Quando a margem de contribuição do Produto 2 por hora for igual a do Produto 1, isso é, $ 48,00, denomina-se como ponto de indiferença. Pois, tanto faz produzir o Produto 1 ou o Produto 2 que o lucro será o mesmo (é indiferente para o tomador de decisão).

Como os custos variáveis por hora do Produto 2 deverão ser $ 62,00 ($ 3,10 × 20), no ponto de indiferença, a receita por hora deverá ser $ 110,00 ($ 62,00 + $ 48,00). Portanto, o preço mínimo por unidade do Produto 2 deverá ser:

$$\frac{\$\ 110,00/h}{20\ unid./h} = \$\ 5,50$$

13.4 Considerações

O modelo deste capítulo não considera restrições. Por exemplo, a solução escolhida para o Produto 1 considera que o mercado irá absorver toda a produção da empresa. Essa suposição nem sempre é verdadeira. Normalmente, há limitações de demanda. Razão pela qual as empresas usam os mesmos fatores tecnológicos para produzir mais de um produto. É bom salientar, que ao adquirir no mercado os equipamentos necessários a produção raramente irá conseguir que produzam exatamente o volume que se projeta. Lembre-se: (1) as máquinas são padronizadas e têm uma capacidade máxima e (2) a projeção contém erros. Dessa forma, ao escolher os equipamentos é razoável que se tenha certa folga. E a folga pode aumentar se a previsão tiver um erro para menor. Levando o empresário a buscar novos produtos que utilizem esses equipamentos.

Outro caminho que leva a empresa a produzir outros produtos com os mesmos meios de produção é observar que pode aumentar sua margem de contribuição. Em outras palavras, novos produtos no mercado permitem maiores lucros. Possuindo a "expertise" torna-se uma mudança natural. É verdade que a mudança pode ser realizada com o aumento do parque industrial; sem deixar de produzir o antigo produto.

Para desenvolver modelos com fatores limitativos, como o limite máximo a ser vendido para cada produto será necessário aplicar programação linear ou programação inteira. Assunto que não será discutido aqui.

13.5 A Empresa Limitada S.A.

A empresa Limitada S.A. possui dois produtos: A e B. Os produtos A e B são manufaturados utilizando os mesmos fatores tecnológicos (máquinas, funcionários etc.); o que significa, ao escolher fabricar o produto A, não se pode produzir o produto B ao mesmo tempo. As informações de preço de venda e custos variáveis por produto são apresentadas a seguir:

Por Unidade	A	B
Preço de Venda	$ 20	$ 30
Custos Variáveis	$ 16	$ 21
Margem de Contribuição	$ 4	$ 9
Índice de Margem de Contribuição	20%	30%

A diretoria de produção especifica que é capaz de produzir 3 unidades de A por hora de máquina, enquanto o produto B requer uma hora de máquina para cada unidade. A empresa tem disponíveis 10.000 horas de máquinas e os custos fixos são projetados em $ 60.000.

PEDE-SE:

1. Para maximizar o lucro da empresa, qual produto deverá ser programado para produção?
2. E qual deve ser o preço do outro produto de forma que seja indiferente programar qualquer um dos dois produtos?

RESOLVA ANTES DE LER A RESPOSTA:

RESPOSTA (1)

OBJETIVO: maximizar a Margem de Contribuição em função do Fator Limitativo, como Hora de Máquina.

Por unidade	A	B
Margem de Contribuição		
Número de unidades por hora de máquina		
Margem de Contribuição por hora de máquina		

Lucro se produzisse somente A ou B

Se Produzisse A	Cálculo	DRE para A
Margem de Contribuição		
Custos Fixos		
Lucro		

Se Produzisse B	Cálculo	DRE para B
Margem de Contribuição		
Custos Fixos		
Lucro		

DECISÃO:

RESPOSTA (2)

OBJETIVO: a margem de contribuição para o produto B (isto é, pelo fator limitativo) deverá ser igual ao do produto A, $ ....

Como são 10.000 h.m., a margem de contribuição por hora-máquina do produto ▬▬ será:

$$\text{margem de contribuição por hora-máquina de B} = \frac{\$\ ▬}{\text{h.m.}} = \$\ ▬/\text{h.m.}$$

CONFIRMANDO:

Refazendo os quadros da resposta (1) com o preço do produto ▬▬ igual ao preço de $ ▬▬, teremos:

Por unidade	A	B
Margem de Contribuição por unidade		
Número de unidades por hora de máquina		
Margem de Contribuição por hora de máquina		

Lucro se produzisse somente A ou B

Se Produzisse A	Cálculo	DRE para A
Margem de Contribuição		
Custos Fixos		
Lucro		

Se Produzisse B	Cálculo	DRE para B
Margem de Contribuição		
Custos Fixos		
Lucro		

13.5.1 Resposta ao exemplo: Empresa Limitada S.A.

RESPOSTA (1)

OBJETIVO: maximizar a Margem de Contribuição em função do Fator Limitativo, como Hora de Máquina.

Por unidade	A	B
Margem de Contribuição	$ 4	$ 9
Número de unidades por hora de máquina	3	1
Margem de Contribuição por hora de máquina	$ 12	$ 9

Lucro se produzisse somente A ou B

Se Produzisse A	Cálculo	DRE para A
Margem de Contribuição	$ 12/h.m. × 10.000 h.m.	$ 120.000
Custos Fixos		$ 60.000
Lucro		$ 60.000

Se Produzisse B	Cálculo	DRE para B
Margem de Contribuição	**$ 9/h.m. × 10.000 h.m.**	$ 90.000
Custos Fixos		$ 60.000
Lucro		$ 30.000

DECISÃO: produzir A

RESPOSTA (2)

OBJETIVO: a margem de contribuição para o produto B (isto é, pelo fator limitativo) deverá ser igual ao do produto A, $ 120.000.

Como são 10.000 h.m., a margem de contribuição por hora-máquina do produto B será:

$$\text{margem de contribuição por hora-máquina de B} = \frac{\$\ 120.000}{10.000\ \text{h.m.}} = \$\ 12\ /\text{h.m.}$$

A cada hora-máquina, produz uma unidade de B. Assim sendo, a margem de contribuição por unidade de B será $ 12/unid. (1 h.m/unid. × $ 12/h.m.). Como o custo variável de uma unidade de B é $ 21, o preço, para que seja indiferente escolher A ou B deverá ser $ 33 ($ 12 + $ 21).

CONFIRMANDO:

Refazendo os quadros da resposta (1) com o preço do produto B igual ao preço de $ 33, teremos:

Por unidade	A	B
Margem de Contribuição por unidade	$ 4	$ 12
Número de unidades por hora de máquina	3	1
Margem de Contribuição por hora de máquina	$ 12	$ 12

Lucro se produzisse somente A ou B

Se Produzisse A	Cálculo	DRE para A
Margem de Contribuição	$ 12/h.m. × 10.000 h.m.	$ 120.000
Custos Fixos		$ 60.000
Lucro		$ 60.000

Se Produzisse B	Cálculo	DRE para B
Margem de Contribuição	$ 12/h.m. × 10.000 h.m.	$ 120.000
Custos Fixos		$ 60.000
Lucro		$ 60.000

13.6 Considerações finais

Partindo de problemas similares aos apresentados nos capítulos para apreçar produtos, podemos nos certificar da vantagem de empregar o conceito de margem de contribuição. Todos esses modelos partiram do "conhecimento" de previsões (ou suposição) do lucro, da quantidade a comercializar e do comportamento de custos do produto. Para se ter sucesso neste tipo de decisão, o tomador de decisão uma vez que tenha determinado o preço, deverá confrontá-lo com a estratégia mercadológica de apreçamento. Caso não haja coerência, ele terá de retornar ao modelo numérico, modificando os valores de suas suposições. Esse processo se repete até que as relações políticas de preço e lucro estejam "alinhadas" com o preço do produto. A estratégia mercadológica de apreçamento é parte de livros de Marketing, portanto foi excluída deste trabalho.

Em adição há outras decisões que empregam o conceito de margem de contribuição, como adicionar ou retirar produto de linha; comprar ou fazer etc. Essas decisões, extremamente relevantes ao processo decisório da empresa, serão apresentadas a seguir.

14

Decisão de considerar-se o retorno sobre investimento (modelo General Motors)

14.1 Objetivos

- Conhecer as vantagens de empregar o modelo que considera o retorno sobre investimento na decisão de preço.
- Apresentar o modelo GM no cálculo do valor do carro.
- Desmistificar o modelo GM:
  ○ Explicar o conceito de Ativo.
  ○ Mostrar a importância do Ativo Permanente.
  ○ Apresentar os itens do Ativo Circulante e suas relações com o Demonstrativo de Resultado.
  ○ Definir o que é Capital de Giro.
  ○ Apresentar a importância do Ativo Circulante.
  ○ Definir o significado de Giro de Caixa, Giro de Contas a Receber e Giro de Estoque, bem como ensinar a calcular os valores desses itens do Ativo Circulante em função dos valores operacionais projetados e de políticas financeiras.
  ○ Apresentar as fontes de recursos com que uma empresa pode contar para financiar seus ativos. Em outras palavras, definir o conceito das contas do Passivo e Patrimônio Líquido.

○ Explicitar o significado de EVA (Economic Value Added) e do RONA (Retorno sobre Ativo).

○ Determinando o preço de um carro.

- Mostrar como se utiliza o modelo GM para empresa de varejo.
- Empregar o modelo GM para determinar *Mark-Up*.

14.2 Introdução

Independentemente das vantagens e desvantagens dos métodos por absorção ou por contribuição, eles não asseguram que o valor estipulado ao preço irá gerar uma margem, seja a margem bruta ou a margem de contribuição, para cobrir os custos, e que ainda haverá uma sobra para pagar o retorno desejado pelos investidores. Em outras palavras, os modelos apresentados anteriormente **não explicitam o retorno sobre investimento**. Como a decisão de preço tem de ser tomada *a priori*, dados um volume de operação desejado e projeção dos respectivos custos, esses modelos não permitem conferir se a margem de lucro escolhida garantirá o retorno desejado pelos investidores.

Os investimentos realizados por uma empresa são expressos através de suas contas do Ativo. Portanto, retorno sobre o ativo é retorno sobre o investimento: sendo uma medida de *performance* gerencial. Essa informação permite ao investidor conhecer se a empresa **A** teve *performance* superior a **B**, porque: (1) apesar de ambas apresentarem o mesmo resultado operacional, os ativos da empresa **A** são inferiores aos da empresa **B**; ou, (2) ambas possuem o mesmo investimento, mas a empresa **A** apresenta um lucro superior ao da empresa **B**. Esse conceito expressa que a empresa **A** é mais eficiente, pois exige menos recursos para obter os mesmos resultados, ou com os mesmos recursos, obtém resultados superiores.

Ao decidir em qual empresa um investidor deverá aplicar seu recurso, haverá sempre que considerar o item: **retorno sobre o investimento**. A empresa eficiente, isto é, a que obtém o retorno desejado pelos investidores, terá mais facilidade de obter recursos no mercado. Os banqueiros emprestarão cobrando juros mais baixos; propensos acionistas estarão dispostos a pagar ágio em emissão de ações; e, ainda, investidores em potencial aceitarão adquirir debêntures em melhores condições para a empresa. Em resumo: empresas eficientes, em uma indústria, conseguirão obter retorno esperado pelo mercado (isto é, pelos investidores).

A expectativa de lucro pelo mercado nada mais é do que o retorno sobre o investimento (ou ativo) multiplicado pelo investimento (ou ativo). Assim sendo, uma empresa com investimentos ociosos, para obter o retorno esperado pelo mercado, terá de conseguir um lucro superior ao da outra empresa que realizou aplicações eficientemente. *Uma tarefa quase impossível*. Pois, para obter esse lucro superior, o preço de seu produto terá de ser mais elevado, estimulando os consumidores a optarem inicialmente para o produto do concorrente. E o preço, o volume de vendas e os custos do produto afetam diretamente o lucro da empresa e, consequentemente, o retorno sobre o investimento.

Retornemos ao objetivo deste capítulo, que é determinar o preço considerando o retorno sobre o investimento ou retorno sobre o ativo. Assim sendo, ao determinar o preço que contemple um lucro refletindo o retorno desejado pelo mercado, o gestor terá também de projetar um volume de operação desejado e os respectivos custos do produto. Portanto, abordaremos aqui um modelo para decisão de preço, considerando essas variáveis explícitas neste parágrafo: o retorno sobre o investimento, o volume operacional e os respectivos custos do produto. Esse conceito não é novo, a General Motors o faz desde 1927.

14.3 O modelo da General Motors (GM)

O procedimento para determinar o preço, assim como alguns dizeres, são apresentados a seguir.[1]

> Em um artigo publicado no *NACA BULLETIN* em 1 de Janeiro de 1927, Albert Bradley descreveu a política de preços da General Motors Corporation. Naquela época, o Sr. Bradley era Tesoureiro Assistente Geral; posteriormente, ele tornou-se Vice-Presidente, Vice-Presidente Executivo e Presidente. Há razões para acreditarmos que a política atual é substancialmente a mesma descrita no depoimento de 1927... O retorno do investimento é a base da política da General Motors com relação à determinação do preço do produto. A consideração fundamental é o retorno médio durante um período de tempo prolongado, e não a taxa específica de retorno durante qualquer ano ou curto período de tempo em particular. A taxa de retorno do investimento a longo prazo representa o ponto de vista oficial quanto a mais alta taxa de retorno médio que pode ser esperada e que seja consistente com um sadio crescimento do negócio da qual podemos nos referir como o retorno econômico alcançável... A política de preços fundamental é completamente expressa na concepção de volume-padrão e retorno econômico alcançável. Por exemplo, se for a política aceita que o volume-padrão represente 80% da capacidade anual real, e que uma média de 20% ao ano deve ser ganho sobre o capital operacional, torna-se possível determinar o preço-padrão de um produto, ou seja, aquele preço com o qual as fábricas que operam a 80% da capacidade produzirão um retorno anual de 20% do investimento... Assim, o cálculo dos preços-padrão dos

---

[1] ANTHONY, R.; DEARDEN, J.; BEDFORD, N. **Management control system**. 6. ed. Homewood – Illinois, Irwin, 1989, p. 118.

produtos requer o estabelecimento de padrões de necessidade de capital, bem como de fatores de despesas, representativos da condição de operação média normal. O padrão para o capital empregado em ativo fixo é expresso como um percentual do custo da fábrica, e os padrões para o capital de giro são expressos, em parte, como um percentual das vendas e, em parte, como um percentual do custo da fábrica... O valor comprometido em itens de capital de giro deve ser diretamente proporcional ao volume do negócio. Por exemplo, as matérias-primas disponíveis devem estar em proporção direta às necessidades de fabricação... Esses elementos são combinados de forma a construir o preço-padrão, conforme demonstrado no Quadro 14.1. Observe que o retorno econômico alcançável (20% na ilustração)...[2]

Para melhor compreender o Quadro 14.1, apresentado adiante, faremos uma explicação quanto aos percentuais empregados, sejam eles em função do custo anual de produção ou da receita anual:

- O percentual do custo da fábrica é computado dividindo-se o investimento em Ativo Permanente (ou Ativo Fixo) pelo Custo Anual de Produção. Por exemplo: se projeta investir $ 15.000.000 em Ativo Permanente, que permite uma produção, a 100% da capacidade, de 50.000 carros ao ano, significa que operando a 80% da capacidade, o padrão esperado da produção (ou volume padrão de produção) será de 40.000 carros (80% × 50.000 carros). A projeção do custo de um carro, considerando-se o volume-padrão de produção, é de $ 1.000. Portanto, para 40.000 carros, o custo anual de produção será de $ 40.000.000. Com base nesses valores, calcula-se o percentual do custo anual da fábrica em função do investimento fixo (ou o coeficiente do investimento fixo em relação ao custo anual da fábrica, aqui denominado Coeficiente do Investimento Fixo):

$$\text{Coeficiente do investimento fixo} = \frac{\$\,15.000.000}{\$\,40.000.000} = 0{,}375$$

- Em outras palavras, a cada $ 1 que se despende na produção há de se investir $ 0,375 em Ativo Fixo (ou Imobilizado ou Ativo Permanente).
- Assim como há o coeficiente para o investimento em ativo fixo, as políticas expressas, no caso, para os investimentos nos itens do Capital de Giro são: (1) o giro de caixa é função da venda anual e deverá ser igual

---

[2] Uma pesquisa da Brookings Institution reportou que o principal objetivo da General Motors Corporation no estabelecimento de preços, nos anos 50, era 20% do investimento após os impostos. Veja Robert F. Lanzillotti, "Pricing. Objectives in large companies", **American Economic Review**, dezembro de 1958.

a 20; (2) o giro de contas a receber é, também, função da receita anual com o valor objetivado 10; (3) o giro do estoque de matéria-prima e de produtos em processo (ou trabalho em processo) é função do custo anual de produção e deverá ser 6; e, (4) o giro de estoque de produto acabado é, também, função do custo anual de produção com valor esperado de 12. Os conceitos de giro de caixa, giro de contas a receber, giro de estoque e capital de giro são explicados mais adiante, no item 14.4.2, quando mostra a simplicidade com que esse modelo da GM foi fundamentado.

- A determinação de um retorno, como os 20% acima, pode ser definido com base num Retorno sobre Ativo (RONA) que ao multiplicar o valor ao valor do Ativo terá um Valor Econômico Adicionado (EVA) igual a zero. A explicação desses conceitos é apresentada no item 14.5 (CONCEITO DAS CONTAS DO PASSIVO), mais especificamente nos itens 14.5.1 (EVA) e 14.5.2 (RONA).

- Em adição aos objetivos apresentados há, ainda, a meta de haver despesas com comercialização que atinjam o valor de 7% da receita anual.

Com base nessas informações, determinam-se dois itens: (a) e (b). O item (a) é em função da receita anual, e o item (b), o custo anual de produção.

Os coeficientes acima, como o coeficiente para o item Caixa, do Capital de Giro, com base nas vendas anuais, são obtidos dividindo o número 1 (um) pelo Giro definido pela administração. Por exemplo, o Caixa representa 5% das vendas, o que, em outras palavras, significa, que a cada $ 1 de vendas, os gestores desejam investir na conta Caixa $ 0,05. Da mesma forma, podemos expressar que Contas a Receber deverá representar 10% das vendas de um ano; o estoque de matéria-prima e trabalho em processo, 16,6666...% do Custo Anual de Produção. Assim sendo, o Investimento Total no Ativo deverá representar 15% das Vendas Anuais mais 62,5% do Custo Anual de Produção. Como o lucro desejado é de 20% do Ativo (ou Investimento Total), esses valores, 0,15 e 0,625, são multiplicados por 0,2, obtendo-se 0,03 e 0,125. Significa que o lucro com operação (EBIT)[3] deverá responder por 3% das Vendas Anuais mais 12,5% do Custo Anual de Produção. Ao valor do lucro relacionado às Vendas Anuais adiciona-se 7%, que é o objetivo com as despesas anuais de comercialização, obtendo-se os itens (a) igual 0,100 e (b) 0,125. Esses itens definem o coeficiente a ser multiplicado pelo custo de produção de um carro, através da fórmula:

$$\text{Preço de venda, como um coeficiente para o custo da fábrica} = \frac{1 + (b)}{1 - (a)} = \frac{1 + 0,125}{1 - 0,100} = 1,250$$

---

[3] EBIT significa Lucro Antes das Despesas de Juros e dos Impostos (*Earnig Before Interest and Taxes*). Os impostos a que se referem, no Brasil, são: Imposto de Renda e Contribuição Social Sobre o Lucro Líquido. Os impostos indiretos deverão ser um dos itens relacionados a Vendas, tais quais o Custo de Comercialização (ou Margem-Padrão para Despesas Comerciais).

Quadro 14.1 – Ilustração do método de determinação do preço

	Em relação a	Giro por ano de vendas	Coeficiente p/ base das vendas em um ano	Coeficiente p/ base do custo anual da fábrica
Caixa	Vendas	20 vezes	0,050	-.-
Títulos e contas a receber	Vendas	10 vezes	0,100	-.-
Matéria-prima e trabalho em processo	Custo da fábrica	6 vezes	-.-	0,166...(2/3)
Produto acabado	Custo da fábrica	12 vezes	-.-	0,083... (1/3)
Capital de giro bruto			0,150	0,250
Investimento fixo			-.-	0,375
Investimento total			0,150	0,625
Retorno econômico alcançável, 20%			-.-	-.-
Multiplicando a taxa de investimento por isto, a margem de lucro líquido necessária é alcançada a			0,030	0,125
Margem-padrão para despesas comerciais, 7%			0,070	-.-
Margem bruta sobre lucro da fábrica			0,100	0,125
			a	b

Se o custo de um carro é projetado para $ 1.000, o preço de venda deverá ser: $ 1.000 × 1,250 = $ 1.250. Esse método é interessante e inteligente. Contudo, sua compreensão fica a desejar se houver mudança. Por exemplo, suponha que os gestores desejem substituir o custo de comercialização de 7% para $ 250 por carro. Empregar essa nova política, de acordo com a formulação apresentada no Quadro 1, complica. Para responder a pergunta, isto é, calcular o preço do carro com mudança nessa variável, o leitor acaba tendo de percorrer toda teoria financeira e contábil, baseando-se numa simples forma em que receita é igual a custo (e despesas) mais lucro. Podendo ser apresentada a seguir:

Receita = Custos (e Despesas) + Lucro

Receita é obtida multiplicando-se preço pela quantidade. O volume, ou a quantidade, é uma projeção, que se obtém pesquisando o mercado. Custos são, no caso acima descrito, os de fabricação e o de comercialização. Custos definidos como de fabricação são de matérias-primas e dos fatores tecnológicos de produção, que por sua vez são estabelecidos pelos engenheiros. No caso, o custo de fabricação para os 40.000 carros deverá ser de $ 40.000.000. Os custos (ou despesas) de comercialização, assim como os administrativos, ambos conhecidos como despesas operacionais, são planejados à discrição gerencial, como os 7% da receita projetada ou $ 250 por carro vendido (considerando-se que se projeta vender 40.000 carros, a valor anual de $ 10.000.000).

A maior dificuldade está na determinação do Lucro. Sua fórmula é simples:

Lucro = retorno × Ativo

Contudo, compreender essa simples fórmula significa relacionar os itens do Ativo e Passivo (isto é, Exigibilidade mais Patrimônio Líquido) às variáveis operacionais: receita, custos e despesas. O Ativo representa os investimentos que a empresa empreenderá a fim de realizar o projeto, dividido em Ativo Circulante e Ativo Permanente. O Passivo é a fonte de financiamento desses investimentos, que, por sua vez, exigem retornos. Esses retornos podem ser reunidos em um único valor, que será a ponderação dos valores das várias fontes financiadoras e seus respectivos retornos. O Lucro Operacional, que é a diferença entre a Receita e os Custos e Despesas de Operação, para manter o equilíbrio,[4] deverá ser igual aos retornos exigidos pelos investidores. A compreensão dos elementos, bem como as respectivas interligações entre eles, são abordadas a seguir.

---

[4] Significa que o EVA (Economic Value Added) é igual a zero.

14.4 Conceito de ativo

A compreensão do conceito de ATIVO está diretamente ligada ao entendimento do objetivo da contabilidade, que tem sua definição mais corriqueira oriunda do *Accounting Terminology Bulletin* nº 1 do American Institute of Certified Public Accounting (AICPA), de 1941:

> Contabilidade é a arte de registrar, classificar e resumir, de forma significativa e em termos monetários, transações e eventos que são, pelo menos em parte, de características financeiras [...].[5]

A definição da AICPA nos faz "olhar" o ATIVO de uma forma estática, como *bens e direitos que uma empresa possui e que foram adquiridos a um custo monetário mensurável*,[6] e não de maneira que possa permitir mensurar eficiência, como *aplicações capazes de gerar receitas em períodos futuros*.[7] A forma estática pode induzir à tomada de decisão errada, devida a equívocos em percepção na informação, pois indica que uma empresa possui mais bens e direitos que outra. Essa, contudo, pode possuir ativos ociosos afetando sua mensuração quanto à *performance*.

Por exemplo, duas empresas, **A** e **B**, trabalham na mesma indústria, produzindo produtos similares. O ativo de **A** é valorado em $ 1.000, enquanto o de **B**, em $ 2.000. Os resultados de ambas as empresas são iguais: vendas $ 1.000, custos $ 900 e lucro $ 100. Se considerarmos a definição de que ATIVOS são bens e direitos, deveremos, consequentemente, escolher a empresa **B** como superior à empresa **A** – porque o ativo da empresa **B** é superior.

Investidores, de forma diferente da definição estática (bens e direitos), mesmo leigos em contabilidade, optarão em investir na empresa **A**: investiriam menos recursos para obter o mesmo resultado. Dessa forma, o nosso aplicador estará em vantagem competitiva, pois seu retorno sobre o investimento será superior.

Procurando expressar de forma mais adequada, a Accounting Principles Board (APB), no *Statement nº 4*, de Outubro de 1970, refere-se à contabilidade como conceito de informação.

> Contabilidade é uma atividade de serviço. Sua função é fornecer informações quantitativas, de preferência de natureza financeira, sobre entidades econômicas, com a intenção de ser útil à tomada de decisões, permitindo uma escolha razoável entre cursos alternativos de ações [...].[8]

---

[5] MOST, K. S. **Accounting theory**. Columbus – Ohio, Grid, 1977, p. 1.
[6] ANTHONY, R. **Contabilidade gerencial**. São Paulo: Atlas, 1981, p. 45.
[7] GARRISON, R. H. **Managerial accounting**: concepts for planning, control, decision making. 5. ed. Plano – Texas, BPI, 1988, p. 280.
[8] MOST, K. S. **Op. cit.**, p. 2.

A conceituação contemporânea da contabilidade fez, também, evoluir o conceito e valoração do ATIVO, **um bem tem valor se for moeda ou um item que provavelmente seja convertido em moeda ou se espera que beneficie o futuro funcionamento da empresa**,[9] permitindo ao investidor avaliar os investimentos das empresas de forma pertinente. Pois investimentos adequados gerarão **Vantagens Competitivas em Custos**: o retorno sobre o investimento deverá ser superior, por uma das seguintes razões.

1. Preço mais baixo do que o do concorrente induz a uma demanda superior pelos consumidores. Demanda maior do que a esperada significa lucro acima do esperado.
2. Preço igual ao da concorrência, lucratividade por produto é superior. Em demandas iguais, consequentemente, o lucro será superior.

O ativo é, portanto, uma medida que reflete o investimento na operação da empresa, e esse pode ser dividido em dois grandes grupos: **Ativo Permanente** e **Ativo Circulante**.

14.4.1 Ativo permanente

Os investimentos no parque fabril, como prédio, máquinas, equipamentos etc., compreendem os valores apresentados no item **Ativo Permanente**. Esses investimentos representam a capacidade produtiva da empresa, que, geralmente, é um fenômeno limitador.

Imaginemos o exemplo da GM, uma empresa automobilística que deseja produzir 40.000 carros por período. Sua política é que o parque fabril tenha uma capacidade máxima de 80% da produção desejada. Os investimentos no **Ativo Permanente** da fábrica permitirão produzir no máximo 50.000 carros (40.000 divididos por 80%). O valor do investimento para esta unidade fabril será de $ 15.000.000.

Os investimentos em **Ativo Permanente** têm efeito de longo prazo, pois serão utilizados por mais de um período contábil (que normalmente é de um ano). Os custos relacionados a esses investimentos são apropriados como *despesas de depreciação* nos exercícios contábeis em que a empresa se utiliza desse **Ativo Permanente**. Em empresa manufatureira, as despesas de depreciação da área industrial são alocadas ao custo do produto, enquanto as despesas de depreciação das áreas comerciais e administrativas são consideradas despesas do período.

Os custos do produto são apropriados às contas estoques, e quando o produto é vendido, seu custo é confrontado com o valor da receita. O método de valorar

---

[9] ANTHONY, R. **Op. cit.**, p. 45.

este custo é o de custeio por absorção, no qual os custos fixos são alocados ao produto. Esse procedimento pode, também, ser empregado para projeção. Neste caso, os custos dos insumos de produção e o volume de operação são projetados. No nosso caso, a intenção é produzir 40.000 carros, o que deverá acarretar um custo total de produção de $ 40.000.000. Uma parte deste valor é o custo de depreciação da unidade fabril. O custo de fabricação por unidade é, por sua vez, projetado em $ 1.000 ($ 40.000.000/40.000 carros).

As despesas do período, termo empregado quando se utiliza o método de custeio por absorção, são relacionadas aos insumos dos setores de vendas e de administração. Elas são "carregadas" ao item despesas operacionais, do Demonstrativo de Resultados, independentemente de haver alguma venda do produto. A determinação de seu valor em projeção é uma decisão à discrição dos gestores, que costuma empregar um marco (isto é, *benchmark* ou *rule of thumb*), tal qual: 7% sobre o valor da receita ou $ 250 por carro. No primeiro caso, expressaremos:

Despesas Operacionais = 0,07 × Receita = 0,07 × preço × 40.000 carros

No segundo caso, as despesas operacionais seriam iguais a:

Despesas Operacionais = $ 250 × 40.000 carros

Em empresa produtora de bens, o investimento em **Ativo Permanente** é um dos principais elementos na definição da *eficiência* da empresa. Sem **Ativos Permanentes**, a empresa não pode gerar produtos e estoques.

> Espera-se que uma empresa industrial possa ganhar mais com seus **Ativos Permanentes** do que com seus **Ativos Circulantes**. Os **Ativos Permanentes** representam os verdadeiros *ativos rentáveis* da empresa [...] Em geral, os **Ativos Circulantes** da empresa, excetuando-se os títulos negociáveis, *não são ativos rentáveis* [...] Se a empresa pudesse ganhar mais dinheiro comprando estoques do que produzindo ou investindo seu dinheiro em títulos negociáveis, não deveria estar no ramo industrial. Em outras palavras, caso uma empresa não possa obter mais nos investimentos em **Ativo Permanente** do que nos investimentos em **Ativos Circulantes**, deve vender todos os seus **Ativos Permanentes** e usar os proventos para adquirir **Ativos Circulantes**.[10]

A decisão de investimentos em **Ativos Permanentes** merece a maior atenção possível da alta administração, porque eles comprometem a empresa por longo período de tempo. Investimentos ociosos ou desatualizados permitem que concorrentes, com investimentos adequados, tirem *vantagem competitiva em custo*.

---

[10] GITMAN, L. J. **Princípios de administração financeira**. 3. ed. São Paulo: Harbra, 1984, p. 284.

Não obstante, somente o investimento em **Ativo Permanente** não é suficiente para que uma empresa opere. A empresa tem de alocar recursos em contas necessárias à sua operação corrente. O grupo dessas contas é denominado **Ativo Circulante**, também, conhecido como **Capital De Giro**.

14.4.2 Ativo circulante

Desconsiderar as questões sobre o **Capital de Giro** pode causar inúmeros dissabores, como mostra experiência recente de empresas que apresentavam condições aparentemente saudáveis e foram incapazes de atender aos seus compromissos de curto prazo, caracterizando a situação conhecida como *insolvência técnica*.

No mundo real, os executivos passam a maior parte de seu tempo administrando seus ativos e passivos circulantes, em um processo tão repetitivo que acaba por obscurecer sua importância. No Brasil, entre as maiores empresas em termos de vendas em 1992, o capital de giro líquido (ou capital circulante líquido) representava, na média, cerca de 20% do patrimônio líquido, e era da ordem de 15% e 40%, entre as maiores empresas industriais e comerciais, respectivamente.

Por essas razões, a Política e a Administração do Capital de Giro desempenham papel importante na gestão de qualquer empresa. Enquanto a primeira estabelece o nível a ser mantido de cada categoria dos ativos circulantes – Caixa e Títulos, Contas a Receber e Estoques – e a forma de financiá-los, a Administração do Capital de Giro se preocupa em assegurar que as metas estabelecidas sejam seguidas.

Mas em que consiste, de fato, o capital de giro de uma empresa? O termo *capital de giro* foi cunhado a partir da atividade desenvolvida pelo caixeiro-viajante do passado, que enchia sua carroça com mercadorias e saía pelos povoados buscando vendê-las. Essas mercadorias tinham o nome de capital de giro (*working capital* em inglês), porque era isso que ele vendia, ou *girava*, trocando-as por dinheiro. Por exemplo, se o caixeiro-viajante tem uma carroça capaz de carregar 100 unidades de um produto, ao custo de $ 1,00/unid., e o resultado dessas vendas gerou um valor de $ 150, ao retornar (*turnover*), este homem deverá: (1) utilizar $ 100 como o capital necessário para adquirir as mesmas mercadorias e (2) considerar $ 50 como lucro da empreitada. A carroça e o cavalo constituíam seus ativos permanentes, enquanto o valor necessário para adquirir as mercadorias (isto é, $ 100) é um dos itens que compõem o investimento em capital de giro (ou *working capital*).[11]

---

[11] BRIGHAM, E. F. **Fundamentals of financial management**. 5. ed. Fort Worth – Texas, Dryden, 1989, p. 269.

Note que seu lucro ao fim de um dado período, como um ano, seria a função do número de viagens realizadas (isto é, do giro ou *turnover*). Por exemplo, se o vendedor, ao fim de um ano, conseguisse realizar 10 viagens (um giro de 10), teria um lucro anual de:

$$\text{Lucro no Ano} = \text{Lucro por Viagem} \times \text{Giro no Ano}$$
$$\text{Lucro no Ano} = 50 \times 10 = \$\ 500$$

Como visto acima, o **Ativo Circulante** representa investimentos em contas necessárias à operação corrente. Mais especificamente, a empresa necessita de estoques para atender à demanda dos clientes. Idealmente, o investimento em estoque deveria ser ZERO. Dessa forma, quando o cliente chega para adquirir o produto, esse mesmo produto estaria, também, chegando do fabricante. Se fosse numa fábrica, o produto estaria acabando de ser produzido. Em resumo, não haveria como estocá-lo, visto ir direto para o consumidor.

Infelizmente, projetar esse procedimento é inviável. Pois o consumidor, não encontrando a marca desejada, provavelmente adquirirá o produto do concorrente, podendo a empresa perder a oportunidade de vender e a lealdade do consumidor.

Os investimentos nas contas do **Ativo Circulante** estão relacionados com o **risco de insolvência técnica (incapacidade da empresa de pagar suas contas no vencimento)**, sendo mensurados "através do montante do Capital Circulante Líquido ou do Índice de Liquidez Correntes. Supõe-se que: *quanto maior o montante de Capital Circulante Líquido (definido como: Ativo Circulante menos o Passivo Circulante) menos risco a empresa apresenta*".[12]

O valor investido na conta **Caixa** é um dos principais elementos que têm por fim evitar insolvência técnica. Ele amortiza as diferenças existentes no fluxo de entrada e saída de caixa e evita possíveis problemas quando a entrada de caixa não ocorre como projetada. A diferença entre o fluxo de entrada e saída de caixa também ocorre por haver períodos em que o volume de pagamentos será superior ao de recebimentos. Como consequência, necessita-se haver um saldo de caixa para cobrir essa diferença.

Os investimentos em contas do **Capital Circulante Líquido** são denominados de **Capital de Giro Próprio**; o **Ativo Circulante** é conhecido por **Capital de Giro**. Essa denominação, **Capital de Giro**, é devida ao fluxo em que os investimentos em **Estoques**, ao serem vendidos a clientes, tornam-se **Contas a Receber**. E, finalmente, ao transformar essas dívidas em **Caixa**, ocorre um **Giro Operacional** na

---
[12] GITMAN, L. J. **Op. cit.**, p. 283.

empresa. O dinheiro regressa à conta **Caixa** que, por sua vez, irá adquirir novamente **Estoque**, recomeçando o **Giro**.

Os valores dos **Giros** das contas do **Ativo Circulante** mensuram quão eficientemente a firma gerencia seus investimentos operacionais. Apesar de não existir um valor ótimo para cada uma dessas contas, o giro é uma medida que pode ser empregada para responder à seguinte pergunta: *Em vista dos níveis operacionais correntes ou projetados, o valor investido em cada item do ativo é **razoável, baixo ou alto?***[13]

Os conceitos fundamentais sobre a determinação dos valores para cada um dos **Giros** podem ser expressos por:

Giro de Caixa (GC): *refere-se ao número de vezes por ano que o caixa da empresa realmente se reveza*.[14] É calculado dividindo-se 360 (o suposto número de dias do ano) pelo **Ciclo de Caixa** (CC). O **Ciclo de Caixa** é definido como o período de tempo que vai do ponto em que a empresa faz um desembolso para adquirir matérias-primas até o ponto em que é recebido o dinheiro da venda do produto acabado, feito com aquelas matérias-primas. Então, uma das formulações do **Giro de Caixa** pode ser expressa por:

$$\text{Giro de Caixa} = \frac{360}{\text{Ciclo de Caixa}}$$

O **Giro de Caixa** (GC) pode, também, ser determinado pela divisão dos desembolsos totais anuais pelo saldo médio de caixa.[15]

A prática tem mostrado que muitas empresas fazem sua política de caixa, isto é, do giro de caixa, em função da receita ao invés da projeção de desembolsos totais anuais. Segundo Marco Antônio Bologna (presidente da TAM): *as companhias aéreas devem manter disponível um volume de recursos equivalente a dois ou três meses de receita. A TAM atualmente tem caixa que equivale à receita de um mês, ou seja, cerca de R$ 450 milhões. Afirma ele: "nosso setor exige liquidez, pois é excessivamente volátil"*.[16] Dois ou três meses de receita significam um giro de caixa de seis ou quatro. Bill Gates, da Microsoft, adota uma política em que o giro de caixa deve ser 1 (um). Em outras palavras, a empresa poderá pagar suas contas durante um ano sem receber US$ 1 de receita. A revista *Isto É Dinheiro*, avaliando a Microsoft, comenta que um dos seus pontos fortes é o volume de caixa, US$ 37 bilhões, em um faturamento anual de US$ 40 bilhões.[17] O valor do caixa, quando se refere à política de caixa, não tem de ser exatamente igual, mas próximo.

---

[13] BRIGHAM, E. F. **Op. cit.**, p. 268.
[14] GITMAN, L. J. **Op. cit.**, p. 303.
[15] GITMAN, L. J. **Op. cit.**, p. 306.
[16] Revista *Isto É Dinheiro*, de 10/2/2005, p. 64.
[17] Revista *Isto É Dinheiro*, de 5/10/05, p. 46.

$$\text{Giro de Caixa} = \frac{\text{Projeção de Desembolsos Totais Anuais}}{\text{Investimento na Conta CAIXA}}$$

$$\text{Investimento na Conta CAIXA} = \frac{1}{\text{Giro de Caixa}} \times \text{Projeção de Desembolsos Totais Anuais}$$

Sendo a decisão de preço uma informação de planejamento, o saldo médio de caixa pode ser substituído pelo valor do investimento desejado na conta **Caixa**. A General Motors (GM), na sua política de preço,[18] calcula o valor a ser investido na conta **Caixa** em função da receita. Mais especificamente, os valores das contas do Capital de Giro, como foram apresentados anteriormente e explicitados no Quadro 1, *são expressos em função dos itens operacionais, como: receita e custo de produção*. O caixa e o valor de contas a receber são correlacionados com a receita. Os estoques, com o custo de produção.

Em casos similares, como os apresentados supra, a equação para o Investimento na Conta Caixa pode ser reescrita para:

$$\text{Investimento na Conta CAIXA} = \frac{1}{\text{Giro de Caixa}} \times \text{Receita}$$

Por exemplo, no Quadro 14.1, o exemplo tem como política operar com um **Giro de Caixa** igual a 20. A equação acima fica, então:

$$\text{Investimento na Conta CAIXA} = \frac{1}{20} \times \text{Projeção de Receita Anual}$$

$$\text{Investimento na Conta CAIXA} = 0{,}05 \times \text{Projeção de Receita Anual}$$

Significando que, a cada $ 1,00 de **Venda**, haverá $ 0,05 de investimento na conta **Caixa**. Como a Projeção de Receita Anual é igual ao preço do carro multiplicado pelo volume de vendas projetado (que, programamos para 40.000 carros), a equação fica:

$$\text{Investimento na Conta CAIXA} = 0{,}05 \times (\text{preço} \times 40.000 \text{ carros})$$

Dizer que a política da empresa é de ter um **Giro de Caixa** igual a 20 significa: *a cada 18 dias a caixa da empresa se revezará*. O inverso é, também, verdadeiro:

---

[18] ANTHONY, R.; DEARDEN, J.; BEDFORD, N. **Op. cit.**, p. 118.

podemos partir de um **Ciclo de Caixa** projetado, 18 dias, e determinarmos o **Giro De Caixa**, 20.

Giro de Contas a Receber (GCaR): *refere-se ao indicador de velocidade com a qual mostra a capacidade da empresa cobrar suas Contas a Receber.*[19] E é calculado dividindo-se as Vendas Líquidas pelo Custo de Vendas Anuais. O **Giro de Contas A Receber** pode, também, ser determinado a razão de 360 pelo Período Médio de Recebimento sobre Vendas:

$$\text{Giro de Contas a Receber} = \frac{360}{\text{Período Médio de Recebimento sobre Vendas}}$$

O item Contas a Receber, no Ativo, expressa o investimento da empresa para financiar seus clientes ao comprar os produtos. Naturalmente, quanto maior for o prazo de pagamento, maior será o espectro de clientes e, como consequência, o volume de vendas. Em contrapartida, maior será a probabilidade de Devedores Duvidosos.

O Giro de Conta a Receber é uma forma de representar o número de dias que a empresa leva, em média, para receber de seus clientes. Em outras palavras, o número de dias a se receber dos clientes tem sua média obtida pela relação entre o número de dias no ano (360) com o Giro de Contas a Receber. Esse valor é conhecido como o Prazo Médio de Recebimento das Vendas (PMRV) e também como Prazo Médio de Cobrança. O PMRV indica o tempo decorrido entre a venda dos produtos e o efetivo recebimento desses recursos. É a política de crédito da empresa. Em geral, esse valor é determinante do mercado, pois, se nossa política de crédito for menor do que a dos outros, estaremos perdendo clientes. Caso contrário, nós estaremos correndo um risco maior de inadimplência. Em muitos negócios, o comerciante não tem condições de computar o Giro de Contas a Receber como mencionado supra, mas ele conhece o PMRV. Nesse caso, o Giro de Contas a Receber pode ser calculado por:

$$\text{Giro de Contas a Receber} = \frac{360}{\text{PMRV}}$$

Conhecer o Giro de Contas a Receber permite planejar os recursos a serem alocados (ou investidos) nessa conta: a relação 1/Giro de Contas a Receber, mostra para cada $ 1 que se obtém de Receita quantos centavos são investidos em Contas a Receber. Por exemplo, se uma empresa leva em média 36 dias para receber os

---

[19] ANTHONY, R. **Op. cit.**, p. 225.

valores das mercadorias vendidas, isto é, seu PMRV é igual a 36, logo o Giro de Contas a Receber será:

$$\text{Giro de Contas a Receber} = \frac{360}{PMRV}$$

$$\text{Giro de Contas a Receber} = \frac{360}{36} = 10$$

Outra fórmula de se determinar o **Giro de Contas a Receber** (GCaR) é dividir a receita anual pelo valor médio de contas a receber.[20] Como a decisão de preço é uma informação de planejamento, o saldo médio de contas a receber pode ser substituído pelo valor do investimento desejado na conta **Contas a Receber**.

$$\text{Giro de Contas a Receber} = \frac{\text{Projeção de Receita Anual}}{\text{Investimento na Conta CONTAS A RECEBER}}$$

A equação pode ser reescrita para:

$$\text{Investimento na Conta CONTAS A RECEBER} = \frac{1}{\text{Giro de Contas a Receber}} \times \text{Projeção de Receita Anual}$$

No exemplo apresentado no Quadro 14.1, a política quanto ao período médio de recebimento sobre vendas (PMRV) é de 36 dias; o **Giro de Contas a Receber**, como consequência é 10.

$$\text{Giro de Contas a Receber} = \frac{360}{PMRV} = \frac{360}{36} = 10$$

Para operar com um **Giro de Contas a Receber** igual a 10, a equação do *Investimento em* **Contas a Receber** fica:

$$\text{Investimento na Conta CONTAS A RECEBER} = \frac{1}{10} \times \text{Projeção de Receita Anual}$$

$$\text{Investimento na Conta CONTAS A RECEBER} = 0{,}1 \times \text{Projeção de Receita Anual}$$

---

[20] GITMAN, L. J. **Op. cit.**, p. 331.

Significando que a cada $ 1,00 de **Venda**, haverá $ 0,10 de investimento na conta **Contas A Receber**. Como a Projeção de Receita Anual é igual ao preço do carro multiplicado pelo volume de vendas projetado (que programamos para 40.000 carros), a equação fica:

Investimento na Conta CONTAS A RECEBER = 0,1 × (*preços* × 40.000 *carros*)

Giro de Estoque (GE): *refere-se ao indicador de velocidade com a qual a mercadoria se move através da empresa.*[21] E é calculado dividindo-se Custo das Mercadorias (ou Produtos) Vendidas Anuais pelo Estoque Médio. Sendo a decisão de preço uma informação de planejamento, o saldo médio de conta **Estoque** pode ser substituído pelo valor do investimento desejado na conta **Estoque**.

$$\text{Giro de Estoque} = \frac{\text{Projeção de Custos das Mercadorias Vendidas Anuais}}{\text{Investimento na Conta ESTOQUE}}$$

$$\text{Investimento na Conta ESTOQUE} = \frac{1}{\text{Giro de Estoque}} \times \text{Projeção de Custos das Mercadorias Vendidas Anuais}$$

A decisão quanto ao giro de estoque é o grande desafio aos administradores. Há sempre o desejo de manter o menor nível de estoque possível. Portanto, girar o estoque a níveis elevados pode mostrar eficiência gerencial, pois está de acordo com a filosofia *Just In Time*. Por outro lado, o risco de perder vendas aumenta, porque o consumidor não encontra o produto desejado no seu momento de compra. Ter um giro de estoque baixo (isto é, um nível de estoque alto), porém, pode significar investimento ocioso que obriga na busca em obter um retorno similar ao do mercado ter preços mais elevados. Esse dilema será uma constante. Normalmente, a decisão quanto ao giro de estoque é descrita pelo *número de dias, em média, que a empresa pode vender sem renovar seu estoque*.

Apesar de na prática ser mais simples determinar o número de dias, em média, que a empresa pode vender sem renovar seu estoque, esse valor pode, também, ser obtido ao dividir-se o número de dias no ano, por exemplo, 360 dias, pelo Giro de Estoque, o que é, também, conhecido como o *Prazo Médio de Renovação dos Estoques* (PMRE). Em outras palavras, o PMRE é o número de dias que decorrem, em média, entre a compra e a venda ou, também, o número de dias, em média,

---

[21] ANTHONY, R. **Op. cit.**, p. 226.

em que os estoques ficam parados na empresa. Em uma loja, por exemplo, se a empresa leva, em média, 15 dias para renovar seus estoques, o **Giro de Estoque** é:

$$\text{Giro de Estoque} = \frac{360}{15} = 24$$

No exemplo do Quadro 14.1, o modelo empregado pela General Motors (GM) para decisão de preço, o valor da *Projeção de Custos das Mercadorias Vendidas Anuais* é substituído por *Projeção de Custos da Produção Anual*. Visto, a estoques constantes, o valor dos Custos das Mercadorias Vendidas em um ano é o mesmo que os Custos da Produção Anual.

Em adição, no modelo apresentado, a empresa trata a política de estoque dividindo-a em dois itens: estoque de matérias-primas e de produtos em processo, e estoque de produtos acabados. Ambas contas de ESTOQUE são determinadas empregando-se a mesma equação básica: o **Estoque de Matérias-Primas e Prod. em Processo** emprega o Giro de Estoque de Matérias-Primas e Produto em Processo; enquanto o **Estoque de Produto Acabado**, o Giro de Estoque de Produto Acabado.[22] A equação básica fica, portanto:

$$\text{Investimento na Conta ESTOQUE} = \frac{1}{\text{Giro de Estoque}} \times \text{Projeção de Custo de Produção Anual}$$

Por exemplo, no Quadro 14.1, a fábrica tem como política: **Giro de Estoque de Matérias-Primas e Prod. em Processo** igual a 6, e **Giro de Estoque de Produto Acabado** igual a 12. Significando: (1) a empresa pode produzir por dois meses sem haver suprimento por parte dos fornecedores; e (2) a empresa pode vender por um mês sem produzir carro algum. Assim sendo, as equações relativas a essas contas ficam:

$$\text{Investimento na Contas ESTOQUES de M. Primase P. em Processo} = \frac{1}{6} \times \text{Projeção dos Custos de Produção Anual}$$

$$\text{Investimento na Contas ESTOQUES de Produtos Acabados} = \frac{1}{12} \times \text{Projeção dos Custos de Produção Anual}$$

As duas contas de **Estoque**, por serem funções da *Projeção dos Custos de Produção Anual*, podem ser compiladas em uma única conta.

---

[22] ANTHONY, R.; DEARDEN, J.; BEDFORD, N. **Op. cit.**, p. 118.

$$\text{Investimento nas Contas ESTOQUES} = \left(\frac{1}{16} + \frac{1}{12}\right) \times \text{Projeção dos Custos de Produção Anual}$$

$$\text{Investimento nas Contas ESTOQUES} = (0{,}25) \times \text{Projeção dos Custos de Produção Anual}$$

Significando que a cada $ 1,00 de custo na Produção haverá $ 0,25 de investimento nas contas ESTOQUES; sendo $ 0,1666... na conta ESTOQUE de Matérias-primas e Produtos em Processo, e $ 0,0833... na conta ESTOQUE de Produtos Acabados. Como os custos projetados na produção, para 40.000 carros, é de $ 40.000.000, a conta ESTOQUES pode ser expressa por:

$$\text{Investimento nas Contas ESTOQUES} = (0{,}25) \times (\$\ 40.000.000)$$
$$\text{Investimento nas Contas ESTOQUES} = \$\ 10.000.000$$

14.5 Conceito das contas do passivo

O custo de capital é a taxa de retorno que uma empresa precisa obter sobre seus investimentos, de forma a manter inalterado o valor de mercado da empresa.[23] Essa taxa compreende várias fontes de financiamento e pode ser considerada como o retorno exigido pelos investidores a fim de atrair o financiamento necessário a custo razoável. O investidor estará sempre procurando obter uma taxa de retorno composta: (1) do custo de juros livre do risco do empreendimento; e (2) do prêmio de risco do empreendimento. A taxa de retorno desejada pelo investidor pode ser expressa pela seguinte equação matemática:

$$k = j + r$$

onde:

k = taxa de retorno desejado pelo investidor

j = custo dos juros livre do risco

r = prêmio exigido pelo risco percebido pelo investidor

Portanto, projetos com taxa de retorno abaixo do custo de capital diminuirão o valor da firma: o preço da ação será reduzido e investidores de renda fixa (debêntures, bancos etc.) exigirão juros superiores para financiar a empresa (pois a taxa de risco será mais alta). Por outro lado, projetos com taxas de retorno

---

[23] GITMAN, L. J. **Op. cit.**, p. 479.

superiores à do custo de capital aumentarão o valor da empresa: acionistas terão o preço da ação elevado, e outros investidores aceitarão financiar a empresa a juros que embutem prêmio de risco mais baixo.

14.5.1 EVA: Economic Value Added (ou Valor Econômico Adicionado)

Nos anos recentes, surgiu uma métrica que se baseia na necessidade de os executivos obterem um lucro na operação capaz de pagar a demanda dos financiadores. Essa métrica ficou popularmente conhecida como EVA – *Economic Value Added* (ou Valor Econômico Adicionado). A história do EVA começa na década de 1980, em Nova York, quando foi desenvolvido pela empresa de consultoria Stern Stewart & Company.

> *O que é exatamente o EVA? O EVA é uma forma a verdadeira lucratividade das operações. O custo de capital de terceiros (a despesa de juros) é deduzido quando os contadores calculam o lucro líquido, mas nenhum custo é deduzido para levar em conta o custo do capital próprio. Portanto, num sentido econômico, o lucro líquido superestima o "verdadeiro" lucro. O EVA sobrepõe essa deficiência da contabilidade tradicional. O EVA é encontrado tomando-se o lucro operacional após impostos e subtraindo o custo anual de todo o capital que a empresa utiliza [...] O presidente de Aveias Quaker, William Smithburg, disse que "o EVA faz com que os gestores ajam como acionistas. É a verdadeira crença da empresa nos anos 90." [...] Surpreendentemente, muitos executivos de sociedades anônimas não têm nenhuma ideia de quanto capital estão utilizando, ou de quanto custa esse capital. O custo do capital obtido via endividamento é fácil de determinar, porque aparece nas demonstrações financeiras como despesas de juros; entretanto, o custo do capital próprio, que é, em realidade, muito maior do que o custo do capital obtido por endividamento, não aparece nas demonstrações financeiras. O EVA se baseia na noção de lucro econômico (também conhecido como lucro residual), que considera que a riqueza é criada apenas quando a empresa cobre todos os seus custos operacionais e também o custo do capital.*[24]

Como resultado disso, os gerentes frequentemente consideram o capital próprio como capital sem custo, mesmo que, na verdade, ele tenha um alto custo. Assim, até que uma equipe de gerentes determine o custo do capital, ela não pode saber se está cobrindo todos os custos e, portanto, acrescentando valor à empresa. Ainda que o EVA seja, talvez, o conceito mais amplamente discutido em finanças hoje, ele não é novo. A necessidade de ganhar mais do que o custo do capital é uma das ideias mais antigas no mundo dos negócios. No entanto, esta ideia

---

[24] BRIGHAM, Eugene F.; GAPENSKI, L. C.; EHRHARDT, M. C. **Administração financeira**: teoria e prática. São Paulo: Atlas, 2001. p. 64-65.

frequentemente é deixada de lado por causa de um enfoque equivocado, centrado na contabilidade convencional.[25]

O EVA é computado pela fórmula:

$$EVA = [LO \times (1 - \text{taxa do IR})] - CC$$

donde:

EVA = Economic Value Added

LO = Lucro Operacional (ou EBIT = *Earning Before Interest and Taxes*)

Taxa do IR = taxa do Imposto de Renda

CC = Custo de Capital

O Custo de Capital (CC), por sua vez, é calculado multiplicando-se o Custo Médio Ponderado de Capital (cmpc) pelo Ativo:

$$CC = cmpc \times Ativo$$

O Custo Médio Ponderado de Capital (cmpc) compreende a proporcionalidade dos retornos desejados pelos investidores, sendo calculado através:

$$cmpc = \sum_{i=1}^{n} cc_i \times p(cc_i) \times (1 - \text{taxa do IR}) + \sum_{j=1}^{m} cc_j \times p(cc_j)$$

donde:

cmpc = Custo Médio Ponderado de Capital, que na realidade é o valor esperado do custo de capital da empresa.

cc_i = custo do capital explícito de um investidor i, classificado como uma Exigibilidade; i de 1 a n significa poder haver n investidores exigindo custos de seus dinheiros diferenciados.

$p(cc_i)$ = percentagem em relação ao Ativo do investimento da Exigibilidade i (essa percentagem é a probabilidade de ocorrência do investidor i no ativo total da empresa).

taxa do IR = taxa do Imposto de Renda.

---

[25] YOUNG, David S.; O'BYRNE, Stephen F. **EVA e gestão baseada em valor**: guia prático para implementação. Porto Alegre: Bookman, 2003, p. 20.

$ccj =$ custo do capital do acionista j; j de 1 a m, significa poder haver m contas do Patrimônio Líquido com custos diferenciados.

$p(cci) =$ percentagem em relação ao Ativo do valor da conta j do Patrimônio Líquido (essa percentagem é a probabilidade de ocorrência da conta j do Patrimônio Líquido no ativo total da empresa).

É importante ressaltar que se a conta de terceiros for um Passivo Não Oneroso, o custo explícito desse capital é zero (0). Por exemplo, fornecedores, mesmo vendendo a preço superior, visto o pagamento ser a prazo, o custo explícito do dinheiro da matéria-prima para o comprador é zero. A compreensão fica mais esclarecedora quando confrontamos a compra de um produto à vista por $ 80 e $ 90, para pagamento em 60 dias. Se a empresa decidir pagar em 60 dias, o valor da nota fiscal a ser emitida no ato da compra (ou venda) será de $ 90. O produto entra no Estoque ao valor de $ 90 e, quando é vendido, vai para conta Custo das Mercadorias Vendidas por $ 90. O custo explícito dessa fonte de financiamento é zero, embora haja um custo implícito. Caso a empresa compradora capte no banco um empréstimo de $ 80, o produto terá a nota fiscal emitida a $ 80. Entrará no Estoque a $ 80 e, quando vendido, será debitado à conta Custo das Mercadorias Vendidas por $ 80. No Demonstrativo de Resultado, contudo, surgirá um valor na conta Despesas de Juros, relativo ao empréstimo realizado. O valor captado no banco tem um custo de capital explícito.

Procurando mostrar a aplicabilidade da fórmula em computar o Custo Médio Ponderado de Capital (cmpc), imaginemos um exemplo simples de uma empresa com o seguinte Balanço:

ATIVO		PASSIVO	
Ativo Circulante	$ 800	Fornecedores	$ 200
Ativo Permanente	$ 1.200	Exigibilidade	$ 800
		Patrimônio Líquido	$ 1.000
Ativo – Total	$ 2.000	Passivo – Total	$ 2.000

Considere que os banqueiros (isto é, Exigibilidade) cobrem uma taxa de juros de 10% ao ano. Os acionistas (Patrimônio Líquido) desejam um retorno de 16% ao ano. Como já foi explicado anteriormente, o item Fornecedores é considerado Custo de Capital Não Oneroso, isto é, o custo explícito de seu capital é zero. A taxa do IR é de 50%. Assim sendo, o cmpc será computado por:

$$cmpc = [0 \times 0{,}1 \times (1 - 0{,}5)] + [0{,}1 \times 0{,}4 \times (1 - 0{,}5)] + [0{,}16 \times 0{,}5]$$

$$cmpc = 0 + 0{,}02 + 0{,}08 = 0{,}10 \text{ (ou, 10%)}$$

Lembre-se que:

$cc_{i,1}$ = custo do capital explícito do fornecedor $i1$, cujo custo explícito é zero.

$p(cc_{i1})$ = percentagem em relação ao Ativo do investimento do Fornecedor $i1$ (que se obtém dividindo $ 200 por $ 2.000), isto é, 0,1 ou 10%.

cc_{i2} = custo do capital explícito da exigibilidade (banqueiro) $i2$, cujo custo explícito é 10%, ou 0,10.

$p(cc_{i2})$ = percentagem em relação ao Ativo do investimento do Banqueiro $i2$ (que se obtém dividindo $ 800 por $ 2.000), isto é, 0,4 ou 40%.

taxa do IR = taxa do Imposto de Renda, que é 50%, ou 0,5.

cc_j = custo do capital do acionista j; representado pela conta Patrimônio Líquido, cujo custo exigido por seu investimento é 16%, ou 0,16.

$p(cc_i)$ = percentagem em relação ao Ativo do valor da conta do Patrimônio Líquido (que se obtém dividindo $ 1.000 por $ 2.000), isto é, 0,5 ou 50%.

Com base nesses valores, calculamos o Custo de Capital, multiplicando o valor do Ativo pelo Custo Médio Ponderado de Capital (cmpc).

$$CC = \$\ 2.000 \times 0,10 = \$\ 200$$

EVA zero significa que o Lucro Operacional obtido com a utilização do Ativo na operação consegue fazer frente à demanda dos investidores, isto é, paga os diferentes retornos exigidos por aqueles que financiaram o Ativo. A fórmula do EVA é:

$$EVA = [\ LO \times (1 - taxa\ do\ IR)] - CC$$

Sendo: EVA = 0; CC = $ 200; e a taxa do IR = 0,5, o LO pode ser calculado por:

$$0 = [LO \times (1 - 0,5)] - \$\ 200$$

$$LO = \$\ 200/0,5 = \$\ 400$$

Em outras palavras, quando o Retorno sobre Ativo (RONA) for de 20% ($ 400 dividido por $ 2.000) a demanda dos investidores será satisfeita, pois o EVA será zero.

14.5.2 RONA: Return on Asset (ou Retorno sobre Ativo)

Uma maneira simples de calcular o Lucro Operacional (LO) que obtivemos anteriormente, quando EVA é zero, será apresentada a seguir. O procedimento é iniciar pelo último item do Demonstrativo de Resultado, o Lucro Líquido, e vir computando os itens acima até o Lucro Operacional. Assim sendo, procura-se determinar que valores os investidores desejam como retorno em suas aplicações, que são representados nos itens do Demonstrativo de Resultado através do Lucro Líquido (que representa o retorno aos acionistas) e Despesas de Juros (que se destinam a pagar as taxas de investidores em Exigibilidade, como os banqueiros).

No exemplo supra, os acionistas desejam 16% sobre o Patrimônio Líquido, isto é, o Lucro Líquido (LL) tem de ser $ 160 ($ 1.000 × 0,16). O próximo item a ser calculado é o Lucro Antes do Imposto de Renda (LAIR), que é determinado dividindo-se o LL por (1 – taxa do IR). Nesse caso: $ 160/(1 – 0,5) = $ 320. Como o LO menos as Despesas de Juros (DJ) determinam o LAIR, podemos expressar que:

$$LO = DJ + LAIR$$

A DJ representa 10% do financiamento obtido com os banqueiros. Como esse financiamento é de $ 800, o valor da Exigibilidade, a DJ, será $ 80 ($ 800 × 0,10). Consequentemente, LO será $ 400 ($ 80 + $ 320). Essa descrição poderá ser apresentada mostrando-se os cálculos dos itens de Demonstrativo de Resultado passo a passo:

Passo nº 1: Determinar o Lucro Líquido.

DEMONSTRATIVO DE RESULTADOS		
ITEM	FÓRMULA	VALOR ($)
Receita		
(–) Custo das Mercadorias Vendidas		
(=) Lucro Bruto		
(–) Despesas Operacionais		
(=) Lucro Operacional		
(–) Despesas de Juros		
(=) Lucro Antes do Imposto de Renda		
(–) Imposto de Renda		
(=) Lucro Líquido	16% de $ 1.000	$ 160

Passo nº 2: Determinar o Lucro Antes do Imposto de Renda.

DEMONSTRATIVO DE RESULTADOS		
ITEM	FÓRMULA	VALOR ($)
Receita		
(–) Custo das Mercadorias Vendidas		
(=) Lucro Bruto		
(–) Despesas Operacionais		
(=) Lucro Operacional		
(–) Despesas de Juros		
(=) Lucro Antes do Imposto de Renda	$ 160/(1 – 0,5)	$ 320
(–) Imposto de Renda		
(=) Lucro Líquido	16% de $ 1.000	$ 160

Passo nº 3: Determinar a Despesa de Juros.

DEMONSTRATIVO DE RESULTADOS		
ITEM	FÓRMULA	VALOR ($)
Receita		
(–) Custo das Mercadorias Vendidas		
(=) Lucro Bruto		
(–) Despesas Operacionais		
(=) Lucro Operacional		
(–) Despesas de Juros	10% de $ 800	$ 80
(=) Lucro Antes do Imposto de Renda	$ 160/(1 – 0,5)	$ 320
(–) Imposto de Renda		
(=) Lucro Líquido	16% de $ 1.000	$ 160

Passo nº 4: Determinar o Lucro Operacional.

DEMONSTRATIVO DE RESULTADOS		
ITEM	FÓRMULA	VALOR ($)
Receita		
(–) Custo das Mercadorias Vendidas		
(=) Lucro Bruto		
(–) Despesas Operacionais		
(=) Lucro Operacional	$ 320 + $ 80	$ 400
(–) Despesas de Juros	10% de $ 800	$ 80
(=) Lucro Antes do Imposto de Renda	$ 160/(1 – 0,5)	$ 320
(–) Imposto de Renda		
(=) Lucro Líquido	16% de $ 1.000	$ 160

A representação matemática para o procedimento acima é:

$$RONA = \sum_{i=1}^{n}(cc_i \times p(cc_i)) + \sum_{j=1}^{n} \frac{cc_j \times p(cc_j)}{(1 - taxa\ do\ IR)}$$

donde:

$RONA =$ taxa de retorno sobre o ativo.

$cc_i =$ custo do capital explícito de um investidor i, classificado como uma Exigibilidade; i de 1 a n, significa poder haver n investidores exigindo custos de seus dinheiros diferenciados.

$p(cc_i) =$ percentagem em relação ao Ativo do investimento da Exigibilidade i (essa percentagem é a probabilidade de ocorrência do investidor i no ativo total da empresa).

$taxa\ do\ IR =$ taxa do Imposto de Renda.

$cc_j =$ custo do capital do acionista j; j de 1 a m, significa poder haver m contas do Patrimônio Líquido com custos diferenciados.

$p(cc_i) =$ percentagem em relação ao Ativo do valor da conta j do Patrimônio Líquido (essa percentagem é a probabilidade de ocorrência da conta j do Patrimônio Líquido no ativo total da empresa).

Assim sendo, o *RONA* será computado por:

$$RONA = [0 \times 0,1] + [0,1 \times 0,4] + [(0,16 \times 0,5) / (1 - 0,5)]$$

$$RONA = 0 + 0,04 + 0,16 = 0,20 \text{ (ou, 20\%)}$$

Lembre-se:

$cc_{i,1}$ = custo do capital explícito do fornecedor $i1$, cujo custo explícito é zero.

$p(cc_{i1})$ = percentagem em relação ao Ativo do investimento do Fornecedor $i1$ (que se obtém dividindo $ 200 por $ 2.000), isto é, 0,1 ou 10%.

cc_{i2} = custo do capital explícito da exigibilidade (banqueiro) $i2$, cujo custo explícito é 10%, ou 0,10.

$p(cc_{i2})$ = percentagem em relação ao Ativo do investimento do Banqueiro $i2$ (que se obtém dividindo $ 800 por $ 2.000), isto é, 0,4 ou 40%.

taxa do IR = taxa do Imposto de Renda, que é 50%, ou 0,5.

cc_j = custo do capital do acionista j; representado pela conta Patrimônio Líquido, cujo custo exigido por seu investimento é 16%, ou 0,16.

$p(cc_i)$ = percentagem em relação ao Ativo do valor da conta do Patrimônio Líquido (que se obtém dividindo $ 1.000 por $ 2.000), isto é, 0,5 ou 50%.

Como a taxa do *RONA* é de 20%, o Lucro Operacional será a multiplicação dessa taxa pelo valor do Ativo, que no exemplo é:

$$LO = \$ 2.000 \times 0,20 = \$ 400$$

O valor computado ao *RONA* é empregado na fórmula da GM, a fim de definir-se o Lucro Operacional que servirá de base à determinação do preço desejado do carro.

14.6 Determinação do preço do carro

Uma vez compreendidos os conceitos de retorno sobre ativo (RONA), cujo EVA é igual à zero, assim como os de Capital de Giro, podemos explicitar, de forma simplificada, o funcionamento do modelo da GM. Reapresentaremos o método através da fórmula: Receita = Custo (e Despesas) + Lucro. Cada uma dessas variáveis será decomposta em elementos operacionais, tais como o preço, o custo do carro, a despesa de comercialização, o giro de caixa etc. Contudo, a base fundamental sobre a qual repousa o modelo é o *retorno médio* durante um período de tempo prolongado (de longo prazo), e não a taxa específica de retorno durante qualquer ano ou um curto período de tempo particular.[26]

A taxa que multiplicará o valor a ser investido no Ativo para definir o lucro, de forma a remunerar os investidores, deverá ser a do RONA. O cálculo dessa taxa, RONA, pode empregar a formulação exposta na seção anterior.

A política de preços é estabelecida a partir de um volume de produção estimado – o **volume-padrão** – e do retorno médio desejado. O modelo fica mais claro a partir do exemplo que foi apresentado no Quadro 14.1, em que a planta tenha uma capacidade de produção de 50.000 unidades (carros)/ano, que o volume-padrão seja de 80% dessa capacidade e o retorno desejado sobre os recursos investidos (RONA) seja, na média, de 20% ao ano. Para se obter essa capacidade produtiva (40.000 carros), é necessário um investimento em ativos fixos no valor de US$ 15.000.000,00. Em adição, as seguintes informações nos são fornecidas no caso:

- o custo de produção unitário está projetado em US$ 1.000,00 por carro;
- os giros de caixa e de contas a receber, funções das vendas, sejam, respectivamente, 20 e 10;
- os giros dos estoques de matérias-primas e de produtos em processo, e dos estoques de produto acabado, funções do custo de produção, sejam, respectivamente, 6 e 12;
- o dispêndio em despesas administrativas e de vendas deverá representar 7% da Receita.

PEDE-SE:

Nessas condições, como calcular o preço que asseguraria o retorno desejado, de 20%?

.... (Procure responder antes de continuar)

Resposta:

A resposta, como já foi mencionada, parte da equação que relaciona receitas, custos e lucros:

$$RECEITA = CUSTO + LUCRO$$

---

[26] ANTHONY R.; DEARDEN, J.; BEDFORD, N. **Op. cit.**, p. 115.

Além disso, no cálculo do lucro, há que se levar em conta todos os recursos investidos, incluídos aí aqueles necessários à manutenção do ciclo operacional da empresa (Ativo Circulante). Em outras palavras, os recursos a serem investidos nos itens do ativo circulante são funções do nível operacional. Com isso em mente, temos:

Receita = Custo Total + Lucro

Receita = preço do produto × quantidade

Custo Total =   Custos Variáveis de Produção + Custos Fixos de Produção + Custos Variáveis de Comercialização e Administrativos + Custos Fixos de Comercialização e Administrativos

Custos Variáveis =   Custos Variáveis por unidade do produto × quantidade (essa fórmula é válida tanto para os custos de produção como para os de comercialização e administrativos)

Custos Fixos = K[27]

Lucro = retorno desejado × Ativo

Portanto, no caso apresentado anteriormente:

Receita = preço × 40.000 carros = (40.000 × preço)

Custo de Produção = $ 1.000 × 40.000 carros = $ 40.000.000

Custo de Administração e Vendas =   7% da receita = 0,07 × preço × 40.000 carros = 2.800 × preço

Custo Total = 40.000.000 + (2.800 × preço)

Lucro = retorno desejado × Ativo

Ativo = Ativo Circulante + Ativo Permanente

Ativo Circulante = Caixa + Contas a Receber + Estoques

Caixa =   (1/Giro de Caixa) × Receita = (1/20) × preço × 40.000 carros = 2.000 × preço

Contas a Receber =   (1/Giro de Contas a Receber) × Receita = (1/10) × preço × 40.000 carros = 4.000 × preço

---

[27] São constantes para o intervalo relevante de produção, isto é, o intervalo de produção compatível com a capacidade instalada. Para realizar uma produção maior, seria necessário ampliar a capacidade, ou seja, mudar o nível dos custos fixos.

Estoques[28] = (1/Giro de Estoque) × (Custo Total de Produção)

⇒ Estoque de Matérias-Primas e Prod. em Processo = (1/6) × $ 40.000.000

Estoque de Produtos Acabados = (1/12) × $ 40.000.000

Estoques = [(1/6) + (1/12)] × $ 40.000.00

= [(2/12) + (1/12)] × $ 40.000.000

= (3/12) × $ 40.000.000 = (1/4) × $ 40.000.000

Estoques = $ 10.000.000

Ativo Circulante = (2.000 × preço) + (4.000 × preço) + 10.000.000

= (6.000 × preço) + 10.000.000

Ativo Permanente = não será alterado para o intervalo relevante de produção (até 50.000 unidades), portanto, é igual a $ 15.000.000

Ativo = (6.000 × preço) + 10.000.000 + 15.000.000

= (6.000 × preço) + 25.000.000

Lucro = retorno desejado × [(6.000 × preço) + 25.000.000]

= 0,20 × [(6.000 × preço) + 25.000.000]

= (1.200 × preço) + 5.000.000

Relacionando-se o valor da receita com os valores dos custos e do lucro, teremos:

Receita = Custo Total + Lucro

(40.000 × preço) = [40.000.000 + (2.800 × preço)] + [(1.200 × preço) + 5.000.000]

(40.000 × preço) = 45.000.000 + ([2.800 + 1.200] × preço)

(40.000 × preço) = 45.000.000 + (4.000 × preço)

([40.000 − 4.000] × preço) = 45.000.000

---

[28] A conta Estoques compreende as contas: (1) Estoque de Matéria-Primas e Produtos em Processo, e; (2) Estoque de Produtos Acabados. Esta equação só mostra a formulação básica.

(36.000 × preço) = 45.000.000

preço = 45.000.000/36.000 = 1.250

O preço de um carro, para obter um retorno sobre o investimento no Ativo, deverá ser:

preço = $ 1.250 por carro

A projeção do Demonstrativo de Resultados e do Ativo para a operação do exercício será:

PROJEÇÃO DO DEMONSTRATIVO DE RESULTADOS		
	VALOR	**PERCENTUAL**
Receita	$ 50.000.000	100%
Custo de Produtos Vendidos	$ 40.000.000	80%
Lucro Bruto	$ 10.000.000	20%
Despesas Operacionais	$ 3.500.000	7%
Lucro Operacional	$ 6.500.000	13%

PROJEÇÃO DO ATIVO		
	VALOR	**FÓRMULA**
ATIVO CIRCULANTE		
Caixa	$ 2.500.000	0,05 × 50.000.000
Contas a Receber	$ 5.000.000	0,10 × 50.000.000
Estoques: M.-Primas e P. em Proc.	6.666.666,66..	(1/6) × 40.000.000
Estoques: Prod. Acabado	3.333.333,33..	(1/12) × 40.000.000
Estoques – Total	$ 10.000.000	
ATIVO CIRCULANTE – Total	$ 17.500.000	
ATIVO PERMANENTE	$ 15.000.000	
ATIVO – Total	$ 32.500.000	

Como pudemos certificar, o Lucro Operacional de $ 6.500.000 é de 20% (vinte por cento) do Ativo, $ 32.500.000.

O emprego do método supra permite facilmente substituir o custo de comercialização de 7% da receita para $ 250 por carro, basta substituir esse valor nas equações de custos, sem modificar o *rationale* da formulação:

Custo de Produção = $ 1.000 × 40.000 carros = $ 40.000.000

Custo de Administração e Vendas = $ 250 × 40.000 carros = $ 10.000.000

Custo Total = $ 50.000.000

Relacionando, novamente, o valor da receita com os valores dos custos e do lucro, teremos:

Receita = Custo Total + Lucro

(40.000 × preço) = [50.000.000] + [(1.200 × preço) + 5.000.000]

(40.000 × preço) = 55.000.000 + (1.200 × preço)

([40.000 − 1.200] × preço) = 55.000.000

(38.800 × preço) = 55.000.000

preço = 55.000.000/38.800 = 1.417,53

Outro procedimento interessante é empregar o método de custeio por contribuição. A vantagem de empregar o método de custeio por contribuição é simular várias alternativas. Por exemplo, uma vez estabelecido o preço, considerando o retorno desejado, podemos verificar o retorno que obteremos se o nível de atividade for diferente do projetado, como 30.000 carros em vez de 40.000. Outra situação a simular é determinar o preço do carro para diferentes níveis de atividades, como: dado que o retorno desejado é de 20%, quais deverão ser os preços do carro se o mercado nos demandar, produzir e comercializar, 30.000, 40.000 ou 50.000 carros?

14.7 Considerações sobre a formulação da General Motors

Interessante é perceber que há indícios de que essa formulação ainda seja empregada nos dias de hoje pela GM. Um artigo publicado no jornal *O Globo* por Joelmir Beting, no início dos anos 1990, mostra que o carro, após definida sua produção, isto é, projeto concluído, só teria um retorno econômico a US$ 13,4 mil. A esse preço seria inviável vendê-lo no mercado. Um estudo de reengenharia, ou custo-meta, foi realizado. O carro foi vendido a US$ 9,8 mil. A esse preço, o retorno esperado seria alcançado. Outro ponto a considerar: esse modelo pode, também, ser empregado quando o produto tem preço limitado pelo mercado (lembre-se: o carro deveria custar na faixa de US$ 10 mil). Caso seu preço, a obter um retorno que compense a aplicação dos investidores, esteja acima do mercado, uma reengenharia há de ser feita no projeto.

A Parceria Mundial

HANNOVER – Um carro elétrico chamado Chico, já na boca da produção seriada. Exibição da Volkswagen. A MercedesBenz prefere mostrar um automóvel movido a hidrogênio. Funciona. Mas o tanque ainda é mais caro do que o veículo. A Ford alemã esnoba a vizinhança: demonstra um motor sintético, sem qualquer matéria-prima natural. A Renault apresenta o primeiro automóvel completamente reciclável. Ou melhor: inteiramente construído com materiais reciclados.

A atração maior da Feira de Hannover, entre as montadoras europeias, desfila num discreto estande da Opel, perdido num dos gigantescos pavilhões da subcontratação industrial. Não é um carro, não é um motor, não é um avião. É um simples sistema de produção. Divisão europeia da General Motors, a Opel desenvolveu um revolucionário sistema de global *sourcing* – traduzido por contratos de parceria de alcance mundial. Um folheto de luxo explica a façanha da Opel: é hoje a empresa de maior sucesso de vendas no concorridíssimo mercado europeu.

Tudo começou em 1986, Opel com um pé na cova. A empresa entrevistou nada menos de 110 mil consumidores europeus. Obteve deles as indicações de um carro ideal – na faixa de US$ 10 mil. Foi um sufoco. A primeira armação não saiu por menos de US$ 13,4 mil. Então, a Opel partiu para uma subcontratação de parceria no mundo inteiro, Brasil no meio. Em concorrência pública, os fornecedores fundiram as respectivas cucas e conseguiram rebaixar todos os custos na média exigida pela montadora. Eles simplesmente repetiram a operação de parceria com os respectivos fornecedores.

Sem paralelo na indústria moderna: o repasse da baixa de custos na contramão do sistema natural de formação de preços. Exemplo isolado: a Izusu japonesa ganhou o câmbio. Obteve dos seus fornecedores reduções de até 50%. Todos saíram ganhando na cadeia de produção. No fim da linha, o consumidor roda hoje num Opel de US$ 13,4 mil, adquirido por US$ 9,8 mil. Chama-se Astra.

O sistema de parceria GMOpel, sem registro em cartório, está sendo copiado hoje em meio mundo. E não apenas no automóvel.[29]

---

[29] BETING, Joelmir, **O Globo**, 7 de abril de 1992, Caderno Economia, p. 28.

14.8 Aplicação do modelo à empresa de varejo

Ao aplicar este modelo a uma empresa de varejo na determinação de preço de um produto específico, a diferença em relação ao modelo para indústria é que o valor do Estoque é determinado pela divisão do Custo das Mercadorias Vendidas pelo Giro de Estoque. Na indústria, esse valor do Estoque é definido pela divisão do Custo de Produção pelo Giro do Estoque. É bom lembrar que, na indústria, quando o estoque se mantém constante, o Custo de Produção é igual ao Custo dos Produtos Vendidos.

A CIA. PAMPA E

CONSIDERANDO

RETORNO SOBRE INVESTIMENTO

A Cia. Pampa decidiu representar no Brasil um produto coreano. O produto seria adquirido por $ 10,00 a unidade e o objetivo seria comercializar 1.200.000 unidades ao ano. Para tanto, a empresa teria as seguintes despesas adicionais:

1. Comissão de Vendas, 5% sobre o valor das vendas.
2. Custos fixos, $ 1.826.000,00 por ano.

Além das informações fornecidas, a companhia coreana, proprietária da marca, exigia os seguintes investimentos nas contas do Ativo Circulante:

- CAIXA

O giro de caixa é função da receita, e seu valor deverá ser de 30, significando que o valor investido em caixa deverá suportar 12 dias de operações sem respectivas vendas.

- CONTAS A RECEBER

As vendas são recebidas em média 45 dias após serem efetivadas, portanto o giro anual de contas a receber é de 8.

- ESTOQUE

O valor do investimento na conta Estoque é função do valor dos custos dos produtos vendidos e deverá ter um giro anual de 6, isto é, a empresa terá estoque para 60 dias de operação sem haver necessidade de ressuprimento.

A empresa irá investir em **Ativos Permanentes** no valor de $ 500.000,00. Pede-se o preço que deverá ser estabelecido para vendas, de forma que o retorno sobre o ativo seja de 20%.

SOLUÇÃO:

Receita = Custo + Lucro

Receita = preço (p) × 1.200.000 = 1.200.000p

Custo = Custo das Mercadorias Vendidas (CMV) + Comissão de Vendas + Custos Fixos

CMV = $ 10 × 1.200.000 = $ 12.000.000

Comissão de Vendas = 5% da receita = 0,05 × 1.200.000p = 60.000p

Custos Fixos = $ 1.826.000

Custo = 12.000.000 + (60.000p) + 1.826.000 = $ 13.826.000 + 60.000p

Lucro = retorno × Ativo

Retorno = 20% ou 0,20

Ativo = Ativo Circulante + Ativo Permanente

Ativo Permanente = $ 500.000

Ativo Circulante = Caixa + Contas a Receber + Estoque

Caixa = (1/Giro de Caixa) × Receita = (1/30) × 1.200.000p

Contas a Receber = (1/Giro de Contas a Receber) × Receita = (1/8) × 1.200.000p

Estoque = (1/Giro de Estoque) × CMV = (1/6) × $ 12.000.000 = $ 2.000.000

Ativo Circulante = [(1/30) × 1.200.000p] + [(1/8) × 1.200.000p] + $ 2.000.000

Ativo Circulante = 40.000p + 150.000p + $ 2.000.000

Ativo Circulante = 190.000p + $ 2.000.000

Ativo = 190.000p + $ 2.000.000 + $ 500.000 = $ 2.500.000 + 190.000p

Lucro = 0,20 × ($ 2.500.000 + 190.000p) = $ 500.000 + 38.000p

Lucro = $ 500.000 + 38.000p

Custo = $ 13.826.000 + 60.000p

Custo + Lucro = $ 14.326.000 + 98.000p

Receita = 1.200.000p

Receita = Custo + Lucro

1.200.000p = $ 14.326.000 + 98.000p

(1.200.000 − 98.000)p = 14.326.000

p = 14.326.000/1.102.000 = $ 13,00

14.9 Empregando o modelo da General Motors para determinar *Mark-Up*

Como expressamos anteriormente, o **Mark-Up** é um fator que determina a relação entre o Custo da Mercadoria Vendida e o Preço do produto, e é muito útil para empresas varejistas ou com um número significativo de diferentes produtos. Tal qual apresentado anteriormente no capítulo cujo título é **Análise Custo-Volume-Lucro para vários produtos com a mesma Política de Preço e *Mark-Up*: As Ferramentas para o Comércio**, o conceito do *Mark-Up* continua simples e emprega o "gráfico de pizza", no qual a receita é 100% e os outros itens serão um percentual desse valor. Voltemos ao exemplo apresentado da loja R&L. A loja R&L é uma butique de vestuário feminino para alta sociedade. A empresa planeja que despesas operacionais anuais, fixas, sejam no valor de $ 720.000, e são representadas por: aluguel, contador, força e luz, telefone, salários dos empregados etc. O governo cobra, de impostos, 20% da receita. Para motivar as vendedoras, há como política que a comissão de vendas será 5% da receita. Para valer o investimento, a loja deverá gerar um lucro anual de $ 480.000. Projeta-se que a receita anual seja de $ 2.400.000. A proprietária deseja estabelecer uma política de preço a fim de apreçar cada produto individualmente. Ao relacionar o custo que será a base para computar o preço dos produtos com a receita, está dizendo que o *Mark-Up* divisor será Y% (ou, 25%) da receita ou que a receita é 4 vezes o valor do referido custo; o importante é que: X = 1/Y ou Y = 1/X. Basta olhar o "gráfico de pizza" com os dados do problema temos:

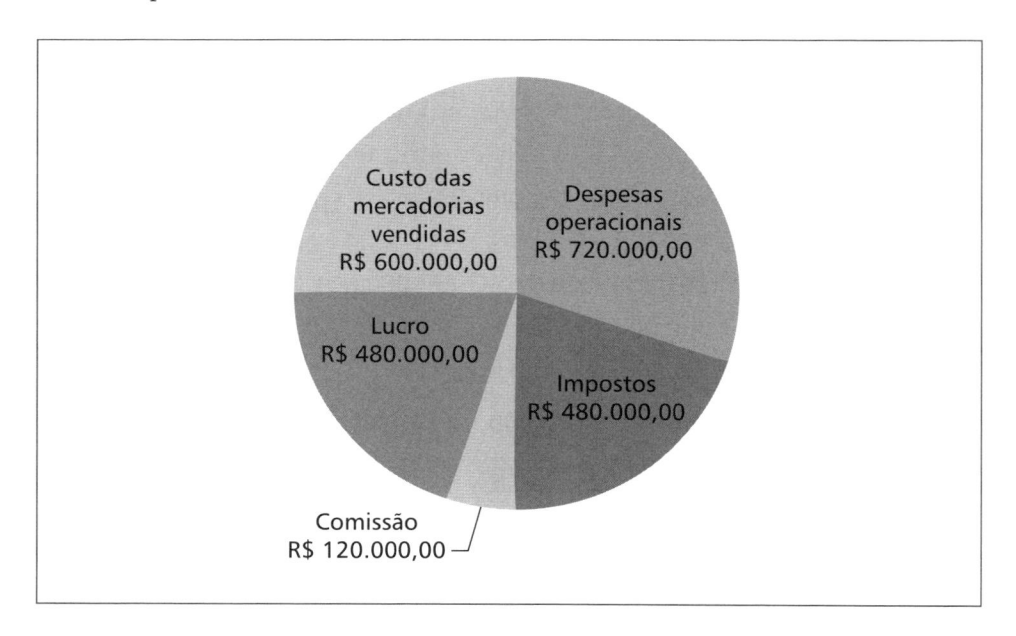

Custo das mercadorias vendidas R$ 600.000,00
Despesas operacionais R$ 720.000,00
Lucro R$ 480.000,00
Impostos R$ 480.000,00
Comissão R$ 120.000,00

A **Receita**, por definição, é o somatório dos custos e das despesas mais o lucro. No caso de empregar o conceito da General Motors para determinar o *Mark-Up* a diferença dos modelos até então apresentada neste capítulo está no cálculo do **Lucro**. O conceito e a fórmula de calcular continuam os mesmos. No exemplo da Loja R&L, apresentado no capítulo anterior, o lucro é simplesmente definido, como acima foi mencionado: R$ 480.000,00. Já no modelo da General Motors, o lucro será determinado pelo retorno (isto é, o RONA) multiplicado pelo **Ativo**. O **Ativo** é o somatório do **Ativo Circulante** com o **Ativo Permanente**, tal qual já fizemos em todo este capítulo. A determinação do **Ativo Circulante** é idêntica à empregada nos exemplos deste capítulo. Há de se definirem as políticas de Giro de Caixa, Giro de Contas a Receber e Giro de Estoque, bem como o valor da receita. Os valores de Caixa e de Contas a Receber são funções de seus respectivos **Giros** e do valor da receita. Já o valor do Estoque é função do Custo das Mercadorias Vendidas e do Giro de Estoque. Por sua vez, o valor do Custo das Mercadorias Vendidas é uma percentagem, Y%, do valor da Receita. Essa percentagem é nada mais nada menos que o *Mark-Up* Divisor.

Além dos itens acima mencionados, o gestor tem de projetar os outros custos e despesas operacionais, bem como o investimento no Ativo Permanente. É bom lembrar que ao planejar vendas o empresário terá de se preparar para atender essa demanda, que são as despesas operacionais, como força, salários de funcionários, comissões de vendas, impostos etc. Entre esses itens há o investimento em Ativo Permanente, sendo este um dos itens mais importantes, visto que se projetado menor que a demanda gerará desconforto com os clientes, levando perda dos mesmos, e se for muito superior gerará um *Mark-Up* que o colocará fora da competição com os concorrentes. Achar o valor do Custo das Mercadorias Vendidas é simplesmente subtrair a receita das demais despesas e dos custos operacionais. A vantagem de determinar o *Mark-Up* é definir uma política para atribuir um fator aos custos de cada produto na determinação de seus respectivos preços de venda. Para melhor elucidar, iremos apresentar um exemplo a seguir:

LOJA NO RIO-SUL

João Maria quer abrir uma loja de roupa no Rio-Sul. Ele possui bom relacionamento na sociedade e é reconhecido pelo bom gosto em se vestir e por conhecer fornecedores de marcas famosas. Em pesquisa realizada no mercado, verificou que a venda mínima no valor de $ 400.000 seria facilmente atingida.

PERGUNTA:

Como João Maria é adverso a risco, ele gostaria de saber que *mark-up* divisor e multiplicador deverá alocar ao custo das mercadorias vendidas, a fim de obter as seguintes condições:

- A receita bruta no valor de $ 600.000 no ano.
- Os impostos indiretos representam 15% das vendas.
- A comissão de vendas será de 5% da receita bruta.
- Os custos fixos mensais estão projetados em $ 11.250.
- O investimento em Ativo Permanente deverá ser $ 100.000.
- As seguintes políticas financeiras deverão ser contempladas:
  - o estoque deverá durar 30 dias; o giro de estoque será 12;
  - em média, os clientes pagam suas dívidas em 45 dias, isto é, o giro de contas a receber é 8;
  - deverá haver caixa equivalente a 15 dias de vendas. O giro de caixa será 24;
  - o retorno sobre investimento deverá ser de 20%.

Resposta:

Definindo o **Mark-Up** divisor como Y%, teremos:

Ativo Circulante = Caixa + Contas a Receber + Estoques

Caixa = Receita/Giro de Caixa = 600.000/24

Caixa = $ 25.000

Contas a Receber = Receita/Giro de Contas a Receber = 600.000/8

Contas a Receber = $ 75.000

Estoques = Custo das Mercadorias Vendidas/Giro do Estoque = 600.000Y%/12

Estoques = 50.000Y%

Ativo Circulante = 50.000Y% + $ 100.000

Ativo Permanente = $ 100.000

Ativo = 50.000Y% + 200.000

Lucro = retorno × Ativo = 0,2 × (50.000Y% + $ 200.000)

Lucro = 10.000Y% + $ 40.000

Receita = Custo + Lucro

600.000 = 600.000Y% + 255.000 + 10.000Y% + 40.000

305.000 = 610.000Y% $\Rightarrow$ Y% = *Mark-Up* Divisor = 0,5

Donde:

Mark-Up Multiplicador = 1/Y% = 2

14.9.1 Reforço do conhecimento

A MODA SORUM LTDA.

A Moda Sorum Ltda. é uma empresa que comercializa vestes femininas, com sucesso na alta sociedade. Seus diretores desejam um estudo para determinar o Mark-*Up*, Divisor e Multiplicador, da empresa. Sua estrutura de custo é:

- Comissão de Vendas = 3% sobre o valor das vendas.
- Impostos Indiretos = 17% sobre o valor de vendas.
- Custos fixos = $ 348.000,00.

Além das informações acima, a companhia deseja operar com os seguintes investimentos nas contas do Ativo Circulante:

CAIXA: O giro de caixa é função da receita e seu valor deverá ser 24, significando que o valor investido em caixa deverá suportar 15 dias de operações sem respectivas vendas.

ESTOQUE: O valor do investimento na conta Estoque é função do valor dos custos das mercadorias vendidas e deverá ter um giro anual de 12, isto é, a empresa terá estoque para vender durante 30 dias sem haver necessidade de ressuprimento.

CONTAS A RECEBER: As vendas são recebidas em média 45 dias após serem efetivadas, portanto o giro anual de contas a receber é de 8.

A empresa tem expectativa de vender $ 1.200.000,00 e irá investir em **Ativos Permanentes** no valor de $ 200.000,00. O retorno desejado sobre o ativo é de 30% sobre o **Ativo**.

SOLUÇÃO:

Tente resolver, depois veja a resposta que se encontra na próxima página.

Resposta:

Informação Básica:

Receita = Custo + Lucro

Y% = *Mark-Up* Divisor

Receita = $ 1.200.000

Custo = Custo das Mercadorias Vendidas + Comissão + Impostos Indiretos + Custos Fixos

Custo das Mercadorias Vendidas = Y% × 1.200.000 = 1.200.000Y%

Comissão = 3% da Receita = 0,03 × 1.200.000 = $ 36.000

Impostos Indiretos = 0,17 × 1.200.000 = $ 204.000

Custos Fixos = $ 348.000

Custo = 1.200.000Y% + $ 588.000

Lucro = retorno × Ativo

Ativo = Ativo Permanente + Ativo Circulante

Ativo Permanente = $ 200.000

Ativo Circulante = Caixa + Contas a Receber + Estoques

Caixa = Receita/Giro de Caixa = 1.200.000/24

Caixa = $ 50.000

Contas a Receber = Receita/Giro de Contas a Receber

= 1.200.000/8

Contas a Receber = $ 150.000

Estoques = Custo das Mercadorias Vendidas/Giro do Estoque

= 1.200.000Y%/12

Estoques = 100.000Y%

Ativo Circulante = Caixa + Contas a Receber + Estoques

= 50.000 + 150.000 + 100.000Y%

Ativo Circulante = $ 200.000 + 100.000Y%

Ativo = $ 200.000 + 100.000Y% + $ 200.000

Ativo = 100.000Y% + $ 400.000

Lucro = retorno × Ativo

= 0,3 × (100.000Y% + $ 400.000)

Lucro = 30.000Y% + $ 120.000

Retornando a info. básica: Receita = Custo + Lucro

Receita = $ 1.200.000

Custo = 1.200.000Y% + $ 588.000

Lucro = 30.000Y% + $ 120.000

1.200.000 = (1.200.000Y% + $ 588.000) + (30.000Y% + $ 120.000)

1.200.000 = 1.230.000Y% + 708.000

1.230.000Y% = 492.000 $\Rightarrow$ Y% = $Mark\text{-}Up_{Divisor}$ = 492.000/1.230.000 = 0,40

$Mark\text{-}Up_{Multiplicador}$ = 1/Y% = 1/0,40 = 2,50

15

Decisão de retirar ou adicionar produtos ou departamentos

15.1 Objetivos

- Saber determinar **eliminação ou acréscimo** de produtos ou departamentos, de forma que a função objetiva seja a opção de maior lucro.
- Saber distinguir custos ou despesas evitáveis e inevitáveis, empregando esses conceitos para evitar decisões que reduzam o lucro da organização.
- Saber argumentar quanto à decisão que evite a redução no lucro, por considerar adequadamente o comportamento das variáveis em estudo.

15.2 Introdução

A apresentação de relatórios de lucratividade por produto ou departamento é comum. Neles, os custos são alocados aos produtos ou departamentos, seja através do seu consumo direto ou por rateio, a fim de que a gerência possa compreender suas lucratividades. Produtos ou departamentos que apresentam prejuízos são considerados para eliminação. O problema é que, ao analisar as informações para a tomada de decisão, deveremos dividir os custos fixos rateados em: **evitáveis** e **inevitáveis**.

Custos **evitáveis** são aqueles que deixarão de existir se o produto (ou o departamento) for eliminado. Em outras palavras, esses custos podem ser **Evitados** se o produto for extinto, o que quer dizer que seus valores devem estar diretamente relacionados com o mesmo. Os custos evitáveis são específicos ao produto. Por exemplo, numa fábrica, se um produto como lavadora de prato for eliminado, o valor relacionado ao funcionário de montagem do produto, a despesa de depreciação das ferramentas específicas, a produção dessa máquina de lavar prato etc. serão eliminados. É bom salientar que esses ativos permanentes como máquinas e ferramentas específicas para produção serão disponibilizados para venda.

Contudo, os custos **inevitáveis** continuarão ocorrendo, independentemente da existência ou inexistência de qualquer produto. Eles estão correlacionados com a capacidade operacional da empresa, e não com um produto específico. Por exemplo, os diretores da empresa, os funcionários do setor de contabilidade, o aluguel da fábrica ou da loja, o imposto predial, a energia etc. continuarão existindo se a previsão for manter a capacidade de venda. A redução desses custos inevitáveis só ocorrerá em situações drásticas, como: perspectiva de queda permanente nas vendas, extinção do negócio etc. Na avaliação de lucratividade dos produtos os custos fixos **inevitáveis** são comuns, pois beneficiam dois ou mais produtos ou departamentos. A exclusão de um produto ou departamento normalmente não gera modificação nos custos fixos **inevitáveis**. Assim sendo, ao eliminar uma linha de produto, esses custos inevitáveis serão alocados (ou, rateados) às outras linhas de produtos que permanecem à venda. Por exemplo, um supermercado possui três linhas de produtos – A, B e C –, cujo relatório de lucratividade por produto é apresentado a seguir.

15.3 O exemplo do supermercado Aki-Pod

O supermercado Aki-Pod possui três produtos A, B e C. Em recente reunião de diretoria, alguns diretores estão propondo a eliminação do Produto A como elemento para aumentar o lucro da empresa. O relatório de lucratividade por linha de produto é apresentado a seguir. O presidente, ansioso com as posições de seus assessores, deseja um estudo mais aprofundado se retira ou não o produto A de operação.

Relatório de Lucratividade por Linha de Produto				
	A	B	C	Total
Receita	$ 1.000	$ 600	$ 400	$ 2.000
Custos Variáveis	$ 700	$ 300	$ 100	$ 1.100
Margem de Contribuição	$ 300	$ 300	$ 300	$ 900
Custos Fixos	$ 350	$ 210	$ 140	$ 700
Lucro	$ (50)	$ 90	$ 160	$ 200

Nesse relatório, o diretor financeiro explica que o rateio dos custos fixos é calculado em função do percentual da receita obtida. Como a linha de produto A tem 50% da receita, os custos fixos alocados ao produto A serão de 50% do seu valor. Assim sendo, a primeira impressão, ao ler este relatório, é de se a linha de produto A for eliminada, a empresa aumentará seu lucro para $ 250. Contudo, o consultor, ao analisar detalhadamente os custos fixos, do total de $ 700, verifica que $ 600 são **inevitáveis** e estão relacionados aos seguintes itens: salário do gerente da loja, despesas relacionadas diretamente a sua administração, aluguel do imóvel, seguro do imóvel, força, segurança, imposto predial e manutenção do imóvel. Dos $ 100 restantes, $ 50 é de pessoal que trabalha diretamente com a linha de produto A, $ 30 com pessoal da linha de produto B e $ 20 com o pessoal da linha de produto C.

15.3.1 Resposta ao exemplo: supermercado Aki-Pod

Ao eliminar a linha de produto A, os custos fixos **inevitáveis**, que totalizam $ 600, continuarão a existir. Os únicos custos que deixarão de existir serão os custos variáveis, que totalizam $ 700, e os custos fixos relacionados com o pessoal que trabalha diretamente com a linha de produto A, no valor de $ 50 (conhecidos como **custos fixos evitáveis**). Ao empregar esse conceito, podemos verificar que se retirarmos a linha de produto A da operação, o lucro da entidade será:

Demonstrativo de Resultado considerando as Linhas de Produto B e C			
	B	C	Total
Receita	$ 600	$ 400	$ 1.000
Custos Variáveis	$ 300	$ 100	$ 400
Margem de Contribuição	$ 300	$ 300	$ 600
Custos Fixos			$ 650
Lucro			$ (50)

Em resumo, o demonstrativo de resultado acima mostra que, ao invés de aumentar o lucro para $ 250, a empresa irá para uma posição com prejuízo de $ (50). Note que o rateio não é relevante e, nesse caso, pode induzir a decisões incongruentes, tal como a apresentada acima. O importante nesse processo decisório em que se considera a retirada de um produto é somente acatar quando o **Lucro Específico** do produto, que é computado depois dos custos fixos evitáveis, for inferior a zero. Pode-se confirmar essa posição empregando o primeiro demonstrativo de resultado com os três produtos, mas explicitando a informação sobre os custos fixos evitáveis e inevitáveis:

Relatório de Lucratividade por Linha de Produto				
	A	B	C	Total
Receita	$ 1.000	$ 600	$ 400	$ 2.000
Custos Variáveis	$ 700	$ 300	$ 100	$ 1.100
Margem de Contribuição	$ 300	$ 300	$ 300	$ 900
Custos Fixos Evitáveis	$ 50	$ 30	$ 20	$ 100
Lucro Específico	$ 250	$ 270	$ 280	$ 800
Custos Fixos Inevitáveis				$ 600
Lucro				$ 200

O produto A contribui com um **Lucro Específico** de $ 250 para pagar os custos fixos inevitáveis. Ao retirá-lo, essa contribuição reduzirá o lucro de $ 200 por esse montante; razão do surgimento do prejuízo de $ (50). Outra decisão que pode ser levada em consideração é a substituição do produto A por outro que o **Lucro Específico** seja superior a $ 250.

Finalmente, se desejarmos alocar os custos fixos inevitáveis evitando incongruência, deve-se alocar na proporção do **Lucro Específico** de cada produto com o somatório desses lucros. Assim sendo, o produto A terá alocado um percentual que é determinado pela divisão de $ 250 por $ 800 (isto é $ 250/$ 800) e depois multiplicado por $ 600; B, [($ 270/$ 800) × $ 600]; e C, [($ 280/$ 800) × $ 600]. Significa dizer que o produto A contribui com 31,25% (que é $ 250/$ 800) com seu lucro específico para pagar os custos fixos inevitáveis de $ 600; já o produto B contribui com 33,75% (que é $ 270/$ 800) para pagar os custos fixos inevitáveis, que são $ 600. Por fim, o produto C contribui com 35,00% (que é $ 280/$ 800) para pagar os custos fixos inevitáveis, que totalizam $ 600. Assim sendo, os custos fixos inevitáveis alocados ao produto A serão $ 187,50 (que é multiplicação de $ 600 por 0,3125); B, $ 202,50 ($ 600 × 0,3375); e, C, $ 210,00 ($ 600 × 0,3500). Essas alocações, bem como o lucro por produto, podem ser vistos no demonstrativo de resultado a seguir.

Relatório de Lucratividade por Linha de Produto				
	A	B	C	Total
Receita	$ 1.000	$ 600	$ 400	$ 2.000
Custos Variáveis	$ 700	$ 300	$ 100	$ 1.100
Margem de Contribuição	$ 300	$ 300	$ 300	$ 900
Custos Fixos Evitáveis	$ 50	$ 30	$ 20	$ 100
Lucro Específico	$ 250	$ 270	$ 280	$ 800
Custos Fixos Inevitáveis	$ 187,50	$ 202,50	$ 210	$ 600
Lucro	$ 62,50	$ 67,50	$ 70	$ 200

15.4 Reforço do conhecimento: a empresa 3R S.A.

A empresa 3R S.A. opera no ramo de produtos domésticos, possuindo 3 linhas de negócios: Produtos Alimentícios; Mercadorias em Geral; e Remédios. Na reunião de diretoria do ano recém-encerrado, o Diretor de Marketing sugeriu acabar com a linha de negócio *Produtos Alimentícios*, dado que seu resultado não foi satisfatório. Os demonstrativos de resultados de cada produto, para o período em discussão, são apresentados a seguir (os resultados são em milhares de reais).

	Produtos Alimentícios	Mercadorias em Geral	Remédios	Total
Receita	1.000	900	100	2.000
Despesas Variáveis	850	630	40	1.520
Margem de Contribuição	150	270	60	480
Despesas Fixas	200	180	20	400
Lucro Operacional	(50)	90	40	80

O presidente, confuso sobre o problema de eliminar a linha de produto que deu origem à empresa, e sem compreender claramente o significado dos valores apresentados, solicitou ao Sr. Pompa, o Diretor Financeiro da empresa, uma exposição detalhada das contas acima.

Sr. Pompa explicou que as despesas variáveis referem-se aos custos dos produtos vendidos, mais os impostos indiretos sobre as respectivas vendas, como ICMS etc. As despesas fixas, totalizando $ 400.000, foram rateadas pelos negócios de acordo com a receita obtida por cada linha de negócio. A discriminação das contas que compõem as despesas fixas é:

Itens	Valor
Despesas fixas específicas com Produtos Alimentícios	$ 140.000
Despesas fixas específicas com Mercadorias em Geral	$ 100.000
Despesas fixas específicas com Remédios	$ 15.000
Despesa com pessoal da administração geral (diretores etc.)	$ 70.000
Outras despesas com a administração geral	$ 50.000
Propaganda institucional	$ 20.000
Segurança	$ 4.000
Imposto predial: escritório da administração central	$ 1.000
Despesas Fixas: Total	$ 400.000

Os diretores, nesse ponto da reunião ficaram completamente mudos, cada um deles procurando nos olhos dos companheiros uma resposta: tirariam, ou não, o negócio de linha?

O presidente, sabendo da sua (o aluno) competência, o contratou para aconselhar a diretoria se tira ou não o negócio de linha.

15.4.1 Solução

TENTE RESOLVER: a resposta encontra-se na próxima página.

Custos Exclusivos dos Produtos			
	Produtos Alimentícios	Mercadorias em Geral	Remédios
Custos Variáveis			
Custos Fixos$_{Exclusivos}$			

OBJETIVO: Obter o maior lucro possível (maximizar lucro).

EMPREGANDO O CONCEITO DO "GRAND TOTAL".

A retirada dos Produtos Alimentícios permite que todos os custos variáveis, assim como os custos fixos pertencentes exclusivamente ao produto, sejam eliminados.

DEMONSTRATIVO DE RESULTADO		
	ATUAL: COM TODOS OS PRODUTOS	SEM OS PRODUTOS ALIMENTÍCIOS
R		
CV		
MC		
$CF_{EVITÁVEIS}$		
$CF_{INEVITÁVEIS}$		
L		

CONSIDERANDO OS PRODUTOS INDIVIDUALMENTE				
	Produtos Alimentícios	Mercadorias em Geral	Remédios	Total
R				
(–) CV				
(=) MC				
(–) $CF_{EVITÁVEIS}$				
(=) *Lucro Específico*				
(–) $CF_{INEVITÁVEIS}$				
(=) L				

DECISÃO:

Resposta:

Custos Exclusivos dos Produtos			
	Produtos Alimentícios	Mercadorias em Geral	Remédios
Custos Variáveis	$ 850.000	$ 630.000	$ 40.000
Custos Fixos Exclusivos	$ 140.000	$ 100.000	$ 15.000

OBJETIVO: Obter o maior lucro possível (maximizar lucro).

EMPREGANDO O CONCEITO DO "GRAND TOTAL".

A retirada dos Produtos Alimentícios permite que todos os custos variáveis, assim como os custos fixos pertencentes exclusivamente ao produto, sejam eliminados.

DEMONSTRATIVO DE RESULTADO		
	ATUAL: COM TODOS OS PRODUTOS	SEM OS PRODUTOS ALIMENTÍCIOS
R	$ 2.000.000	$ 1.000.000
CV	$ 1.520.000	$ 670.000
MC	$ 480.000	$ 330.000
$CF_{EVITÁVEIS}$	$ 255.000	$ 115.000
$CF_{INEVITÁVEIS}$	$ 145.000	$ 145.000
L	$ 80.000	$ 70.000

CONSIDERANDO OS PRODUTOS INDIVIDUALMENTE				
	Produtos Alimentícios	Mercadorias em Geral	Remédios	Total
R	$ 1.000.000	$ 900.000	$ 100.000	$ 2.000.000
(–) CV	$ 850.000	$ 630.000	$ 40.000	$ 1.520.000
(=) MC	$ 150.000	$ 270.000	$ 60.000	$ 480.000
(–) $CF_{EVITÁVEIS}$	$ 140.000	$ 100.000	$ 15.000	$ 255.000
(=) *Lucro Específico*	$ 10.000	$ 170.000	$ 45.000	$ 225.000
(–) $CF_{INEVITÁVEIS}$				$ 145.000
(=) L				$ 80.000

- **Regra de decisão para exclusão:** Só se retiram de linha produtos cuja contribuição para pagar os custos fixos inevitáveis seja negativa; ou,
- Haja outro produto que o substitua e gere uma contribuição superior.

15.5 Exercício de autoavaliação[1]

Eliminação de uma linha de produtos. Uma loja da Woolworth vende muitos produtos. Tem um restaurante com um balcão quase do comprimento da loja. A administração está pensando em acabar com o restaurante, que vem sempre apresentando prejuízo operacional. Seguem-se os demonstrativos de resultados previstos em milhares de dólares (para facilitar a análise, só foram apresentadas três linhas de produtos):

	Total	Mercadorias em Geral	Produtos para Jardinagem	Restaurante
Vendas	5.000	4.000	400	600
Despesas variáveis	3.390	2.800	200	390
Margem de contribuição	1.610 (32%)	1.200 (30%)	200 (50%)	210 (35%)
Despesas fixas (remuneração, depreciação, impostos sobre a propriedade imobiliária, seguros)	1.110	750	50	310
Lucro Operacional	500	450	150	(100)

Os $ 310.000 de despesas fixas incluem a remuneração dos empregados do restaurante, no valor de $ 100.000. Estes empregados serão liberados se o restaurante for fechado. Todos os balcões e equipamentos já estão inteiramente depreciados, de modo que nenhuma parcela desse valor diz respeito a esses itens. Além do mais, seus valores de venda serão compensados exatamente pelos custos de retirada e remodelamento.

Se o restaurante for fechado, o gerente usará o espaço vago para (a) mais mercadorias em geral, ou (b) se houvesse uma ampliação dos produtos de jardinagem, seria preciso contratar mais uma pessoa a um custo anual de $ 25.000. O gerente acha que as vendas de mercadorias em geral aumentariam em $ 300.000

---

[1] HORNEGREN, C. T. **Introdução à contabilidade gerencial**. 5. ed. Rio de Janeiro: PHB, 1985, p. 84.

e as dos produtos de jardinagem em $ 200.000. As modestas previsões do gerente baseiam-se em parte no fato de ele achar que o restaurante ajuda a atrair fregueses para a loja, melhorando, com isso, as vendas em geral. Se o restaurante for fechado, esta atração deixará de existir.

Pede-se:

O restaurante deve ser fechado? Explique, mostrando seus cálculos.

RESOLVA ANTES DE OLHAR O RESULTADO (que se encontra na próxima página).

Empregar o conceito do **Grand Total**.

Cálculo verificando somente a retirada do Restaurante, sem adicionar Mercadoria em Geral ou Produto p/ Jardinagem.

	ATUAL: COM TODOS PRODUTOS	ATUAL: SEM O RESTAURANTE
Receita		
(–) CV		
(=) MC		
(–) $CF_{EVITÁVEIS}$		
(–) OUTROS CF		
(=) Lucro		

Obs.:
- o $CF_{EVITÁVEIS}$ apresentado só é do RESTAURANTE.
- Os OUTROS CF continuarão existindo se o restaurante sair.

CÁLCULO VERIFICANDO A RETIRADA DO RESTAURANTE E ADICIONANDO MERCADORIA EM GERAL.

	ATUAL: SEM O RESTAURANTE	MERCADORIAS EM GERAL (adicional)	NOVO TOTAL
Receita			
(–) CV			
(=) MC			
(–) $CF_{EVITÁVEIS}$			
(–) OUTROS CF			
(=) Lucro			

Obs.:

- Os custos variáveis são .....% da receita de Mercadorias em Geral; assim sendo a margem de contribuição é de ......% da receita. Em outras palavras, a cada $ ...... de venda de Mercadorias em Geral, seu custo variável é $ ......
- Não há CF adicional por utilizar o espaço para Mercadoria em Geral.
- Os OUTROS CF continuarão existindo se o restaurante sair.

CÁLCULO VERIFICANDO A RETIRADA DO RESTAURANTE E ADICIONANDO PRODUTO PARA JARDINAGEM.

	ATUAL: SEM O RESTAURANTE	JARDINAGEM (adicional)	NOVO TOTAL
Receita			
(–) CV			
(=) MC			
(–) $CF_{EVITÁVEIS}$			
(–) OUTROS CF			
(=) Lucro			

Obs.:

- Os custos variáveis são ....% da receita Jardinagem; assim sendo a margem de contribuição é de .....% da receita. Em outras palavras, a cada $ ...... de venda de Jardinagem, seu custo variável é $ ....
- o $CF_{EVITÁVEIS}$ apresentado só é do PRODUTO P/ JARDINAGEM, que é a contratação de mais uma pessoa por $ ....
- Os OUTROS CF continuarão existindo se o restaurante sair.

DECISÃO:

15.5.1 Resposta

Empregar o conceito do **Grand Total**.

Cálculo verificando somente a retirada do Restaurante, sem adicionar Mercadoria em Geral ou Produto p/ Jardinagem.

	ATUAL: COM TODOS PRODUTOS	ATUAL: SEM O RESTAURANTE
Receita	$ 5.000.000	$ 4.400.000
(–) CV	$ 3.390.000	$ 3.000.000
(=) MC	$ 1.610.000	$ 1.400.000
(–) $CF_{EVITÁVEIS}$	$ 100.000	
(–) OUTROS CF	$ 1.010.000	$ 1.010.000
(=) Lucro	$ 500.000	$ 390.000

Obs.:
- o $CF_{EVITÁVEIS}$ apresentado só é do RESTAURANTE.
- Os OUTROS CF continuarão existindo se o restaurante sair.

CÁLCULO VERIFICANDO A RETIRADA DO RESTAURANTE E ADICIONANDO MERCADORIA EM GERAL.

	ATUAL: SEM O RESTAURANTE	MERCADORIAS EM GERAL (adicional)	NOVO TOTAL
Receita	$ 4.400.000	$ 300.000	$ 4.700.000
(–) CV	$ 3.000.000	$ 210.000	$ 3.210.000
(=) MC	$ 1.400.000	$ 90.000	$ 1.490.000
(–) $CF_{EVITÁVEIS}$			
(–) OUTROS CF	$ 1.010.000	$ 0	$ 1.010.000
(=) Lucro	$ 390.000	$ 90.000	$ 480.000

Obs.:
- Os custos variáveis são 70% da receita de Mercadorias em Geral; assim sendo a margem de contribuição é de 30% da receita. Em outras palavras,

a cada $ 1,00 de venda de Mercadorias em Geral, seu custo variável é $ 0,70.
- Não há CF adicional por utilizar o espaço para Mercadoria em Geral.
- Os OUTROS CF continuarão existindo se o restaurante sair.

CÁLCULO VERIFICANDO A RETIRADA DO RESTAURANTE E ADICIONANDO PRODUTO PARA JARDINAGEM.

	ATUAL: SEM O RESTAURANTE	JARDINAGEM (adicional)	NOVO TOTAL
Receita	$ 4.400.000	$ 200.000	$ 4.600.000
(–) CV	$ 3.000.000	$ 100.000	$ 3.100.000
(=) MC	$ 1.400.000	$ 100.000	$ 1.500.000
(–) $CF_{EVITÁVEIS}$		$ 25.000	$ 25.000
(–) OUTROS CF	$ 1.010.000	$ 0	$ 1.010.000
(=) Lucro	$ 390.000	$ 90.000	$ 465.000

Obs.:
- Os custos variáveis são 50% da receita Jardinagem; assim sendo a margem de contribuição é de 50% da receita. Em outras palavras, a cada $ 1,00 de venda de Jardinagem, seu custo variável é $ 0,50.
- o $CF_{EVITÁVEIS}$ apresentado só é do PRODUTO P/ JARDINAGEM, que é a contratação de mais uma pessoa por $ 25.000.
- Os OUTROS CF continuarão existindo se o restaurante sair.

DECISÃO: continuar com o restaurante é mais lucrativo.

16

Decisão de comprar ou fazer

16.1 Objetivos

- Ser capaz de: determinar sobre **comprar ou fazer** produtos de forma que a função de decisão recaia sobre a opção de menor custo.
- Saber distinguir custos ou despesas evitáveis e inevitáveis, empregando os conceitos decisão de comprar ou fazer, evitando que se aumente o custo da organização.

Obs.: A decisão de comprar ou fazer tem elementos quantitativos e qualitativos a serem considerados. Nosso objetivo, contudo, é enfatizar o elemento quantitativo, que tem como objetivo evitar a redução no lucro.

16.2 Introdução

Para se obter um produto final, a ser adquirido por consumidores que não objetivam sua comercialização, existem muitos "caminhos a serem percorridos". Primeiramente, matérias-primas básicas têm de ser obtidas, tais como mineração, plantação, criação de animal etc. O próximo passo é processar essas matérias--primas básicas, removendo suas impurezas ou extraindo as matérias que serão utilizadas em processos adicionais. A seguir, esse material utilizável entra num processo de fabricação para tomar uma forma desejada e servir como um insumo básico para produtos que serão manufaturados em processos adicionais. Finalmente, a obtenção do produto destinado ao consumidor final utiliza um ou vários insumos básicos no seu processo de produção. Uma vez pronto, o produto é distribuído ao consumidor final.

Se uma empresa está envolvida em todos os passos descritos acima, pode-se classificá-la como uma companhia **integrada verticalmente**. Algumas entidades empregam a integração vertical para controlar todas as atividades relacionadas com seus produtos. Outras preferem ter integração em escala inferior, fabricando certas partes e, às vezes, não produzindo insumo básico algum.

A decisão de produzir um desses componentes (isto é, insumo básico) ou adquiri-lo externamente de um fornecedor é denominada **decisão de comprar ou fazer**. Assim sendo, decidir se compra ou faz é uma decisão relacionada ao processo de integração vertical ou de terceirização da empresa. Esse processo decisório, comprar ou fazer, tem considerações qualitativas e quantitativas.

As considerações qualitativas têm a ver com itens como: ficar dependente de fornecedores; controlar a qualidade dos insumos básicos; relacionamento com fontes externas; mudança de tecnologia etc. Firmas integradas são menos dependentes de fornecedores; teoricamente são capazes de assegurar o fluxo de insumos básicos à produção com mais segurança do que se esses fossem adquiridos de fontes externas. Além do mais, empresas que operam com alto grau de integração acham que controlam melhor a qualidade desses insumos básicos, em seus processos produtivos. Há, também, aqueles que procuram na integração manter seus segredos de produção, tendo a percepção de que obtêm vantagem competitiva com os concorrentes.

As vantagens acima são contrabalanceadas com alguns problemas oriundos da integração. Firmas que produzem seus próprios insumos básicos correm o risco de destruir o relacionamento de longo prazo com fornecedores, podendo, até, gerar autofagia. Os avanços tecnológicos desenvolvidos por esses fornecedores, visto serem especialistas no assunto, só são repassados aos clientes costumeiros. O custo do investimento em pesquisa para avanços tecnológicos pode ser caro para empresas altamente integradas. As firmas especializadas diluirão esses custos por terem capacidade produtiva superior, dado estarem fornecendo a vários clientes. Em adição: demandas ocasionais podem não ser supridas por fontes externas, pois essas entidades estarão atendendo seus clientes. Esse ponto pode ser relevante: a empresa pode perder fatia de mercado para concorrente, permitindo que os clientes passem a ser leais aos concorrentes.

Outro ponto importante a considerar na terceirização é de que esta permite a empresa focar seus processos, assim como seus funcionários, em suas atividades básicas, deixando para os fornecedores os itens operacionais em que estes são especialistas. Finalmente, mudança de tecnologia, na produção das partes, exigirá que a organização faça constante investimento em ativo permanente, tornando o processo e o custo dessa mais caros na produção interna do que na externa. Esses investimentos na fonte externa seriam diluídos nos vários clientes.

A **abordagem quantitativa** do problema – comprar ou fazer – lida com custo: qual é o custo de produzir, comparado com o custo de adquirir o produto? Tal como a decisão de adicionar ou retirar produto ou departamento, os custos evitáveis e inevitáveis são os elementos relevantes à decisão. A diferença entre essas duas decisões é de que a de adicionar ou retirar explicita o lucro como critério, a alternativa que permite o maior lucro é a desejada. No caso atual, a decisão de comprar ou fazer tem por função objetiva a situação com o menor custo.

16.3 O exemplo da empresa JCS Ltda.

A JCS Ltda., produtora da linha branca, no seu processo produtivo fabrica 8.000 peças de XYZ, que são empregados na montagem de forno de micro-ondas. O Departamento de Contabilidade relata o custo para produzir a peça XYZ:

Custo Unitário da Peça XYZ		
	Unitário	8.000 unidades
Material Direto	$ 6	$ 48.000
Mão de Obra Direta	$ 4	$ 32.000
Custos Indiretos Variáveis	$ 1	$ 8.000
Salário do Supervisor da peça XYZ	$ 3	$ 24.000
Depreciação do equipamento específico para a peça XYZ	$ 2	$ 16.000
Custos Indiretos Alocados à peça XYZ	$ 5	$ 40.000
Custo Unitário – Total	$ 21	$ 168.000

A JCS Ltda. recebeu uma proposta da empresa LLL Ltda. em fornecer as 8.000 peças XYZ por $ 19 cada. O setor de marketing ficou muito entusiasmado com a oferta, pois irá reduzir o custo de produção, permitindo descontos mais agressivos na venda dos aparelhos de micro-ondas. A pergunta a ser feita é: vale a pena comprar fora? Quanto irá reduzir do custo?

16.3.1 Resposta ao exemplo: JCS Ltda.

À primeira vista, o preço de $ 19 é inferior ao custo de produção da peça, $ 21. Contudo, ao analisar detalhadamente a estrutura de custo apresentada pela tabela anterior, tem-se que os custos evitáveis referentes à peça são: Material Direto; Mão de Obra Direta; Custos Indiretos Variáveis; Salário do Supervisor; e, Depreciação do Equipamento Específico para a peça. Esses custos deixarão de existir se a peça não for mais fabricada. Os custos variáveis estão relacionados com número de unidades produzidas. Os custos com supervisor e a depreciação da máquina específica para a peça são fixos, mas deixarão de existir. O supervisor será despedido ou alocado para outra função, e a máquina, que gera a despesa depreciação, será vendida.

Os custos indiretos alocados à peça são inevitáveis e continuarão existindo, mesmo que a peça não seja mais fabricada. Eles referem-se às despesas com a gerência da fábrica e de apoio à produção: salário do gerente; secretária; engenharia etc. A redução desses custos irá comprometer a capacidade operacional e produtiva da fábrica.

Como visto, a produção das 8.000 peças de XYZ absorve um custo total de $ 168.000. Se parar de fabricar essa peça os custos serão reduzidos em $ 128.000. Os $ 40.000 dos custos indiretos alocados à peça continuarão existindo. Portanto, os custos evitáveis de uma peça XYZ são de $ 16.

Se, porventura, a JCS deixar de produzir a peça, os custos serão: (1) o custo de adquirir as peças da LLL Ltda., $ 152.000, que é $ 19 multiplicado por 8.000 peças; e, (2) os custos inevitáveis da organização que são alocados à peça, $ 40.000. Dessa forma, esses dois custos montarão ao valor de $ 192.000. A organização estará reduzindo seu lucro em $ 24.000 (que é a diferença entre $ 192.000 com $ 168.000), já que o custo da organização ficará mais caro nesse montante.

DECISÃO:

Se considerar a análise quantitativa, a empresa deverá continuar produzindo a peça. Essa mesma análise poderá ser feita considerando-se somente os custos evitáveis. Se produzir, os custos evitáveis por unidade são $ 16. Se comprar da LLL Ltda. serão $ 19. A diferença de $ 3 por unidade, em favor da produção interna, significará um aumento de custo total em $ 24.000 (que é $ 3 por unidade multiplicada por 8.000 unidades).

16.4 Reforço do conhecimento: a Fábrica do Vovô e o dilema de comprar ou fazer

Vovô, em sua expansão nos negócios, adquiriu uma fábrica. Em sua primeira reunião na empresa, os administradores discutiam se deveriam comprar ou fazer a peça XKY. O Diretor Industrial, Sr. Bocaer, estava eloquente, de acordo com o relatório realizado por sua equipe e apresentado a seguir, a peça é fabricada por $ 11,00 a unidade. E, em seu argumento, esta era mais cara do que a do fornecedor externo, que venderia a unidade por $ 10,00. Em resumo, dizia ele, *"os custos dos produtos que efetivamente comercializamos ficarão mais baratos"*.

Custo de Produção da Peça XKY		
	Custo Total 20.000 unidades	Custo por unidade
Materiais diretos	$ 20.000	$ 1
Mão de obra direta	$ 80.000	$ 4
Despesas indiretas variáveis de fábrica	$ 40.000	$ 2
Despesas indiretas fixas de fábrica	$ 80.000	$ 4
Custos Totais	$ 220.000	$ 11

O Diretor de Marketing, Sr. Branco, estava relutante com o argumento apresentado.

> Compreendo perfeitamente seu ponto de vista, Sr. Bocaer. O custo mais barato da peça poderá reduzir os custos finais dos produtos comercializados pela empresa. Produtos mais baratos me darão condições comerciais mais favoráveis, pois poderei reduzir preço sem diminuir a rentabilidade da empresa. Minha preocupação está na qualidade da peça a ser fornecida e se teremos disponibilidade em adquirir a peça XKY quando assim for necessário. Pelo pouco que entendo da produção, essa peça requer mão de obra qualificada e sua encomenda pode ser irregular. Como você sabe, essa peça é empregada em produtos com vendas sazonais. Meu medo é termos uma demanda inesperada, que é comum no nosso negócio, e não encontrarmos a peça neste ou em outros fornecedores.

Vovô, com sua experiência de outros problemas e evitando que esta discórdia se transformasse em discussão mais acirrada, achou melhor que o especialista de custo, Sr. Lee, opinasse sobre o caso. Ao analisar as despesas indiretas fixas de fábrica, o Sr. Lee as dividiu de acordo com o quadro a seguir:

Despesas Indiretas Fixas da Fábrica	
Imposto sobre a propriedade industrial	$ 2.000
Seguro contra fogo e lucro cessante	$ 8.000
Ordenados dos gerentes industriais	$ 7.000
Depreciação do imóvel	$ 5.000
Depreciação de outros setores, alocada à peça	$ 10.000
Depreciação das máquinas específicas à peça	$ 15.000
Outras despesas indiretas alocadas à peça	$ 8.000
Ordenado de funcionários especializados na peça	$ 25.000
Total das despesas indiretas fixas alocadas à peça	$ 80.000

PEDE:SE

Deve o Vovô fazer ou comprar a peça XKY?

Obs.: A resposta encontra-se na próxima página. Tente resolver primeiro, determinando os custos fixos inevitáveis e evitáveis.

16.4.1 Resposta

Objetivo financeiro na decisão de Comprar ou Fazer

- OBJETIVO: minimizar os custos totais.
- A DECISÃO OCORRE SE: os custos totais ao comprar o produto (ou matéria-prima) tornam-se menores do que fazer o produto internamente na organização.

Determinando os Custos Fixos Inevitáveis	
Despesas Indiretas Fixas Inevitáveis	
Itens Relacionados às Despesas Inevitáveis	Valor
Imposto sobre a propriedade industrial	$ 2.000
Seguro contra fogo e lucro cessante	$ 8.000
Ordenados dos gerentes industriais	$ 7.000
Depreciação do imóvel	$ 5.000
Depreciação de outros setores, alocada à peça	$ 10.000
Outras despesas indiretas alocadas à peça	$ 8.000
Total das despesas indiretas fixas inevitáveis	$ 40.000

Objetivo financeiro na decisão de Comprar ou Fazer

CUSTO TOTAL SE COMPRAR A PEÇA:

Custo de Comprar 20.000 unid. = 20.000 unid. × $ 10/peça = $ 200.000

Custo Total = Custo da Compra + Custos Inevitáveis = $ 200.000 + $ 40.000 = $ 240.000

CUSTO TOTAL DA PEÇA SE FOR FEITA NA CASA:

Custo Total (enunciado) = $ 220.000

DECISÃO: continuar produzindo a peça.

16.5 Exercício de autoavaliação[1]

Uma fábrica de peças de automóveis quase sempre contrata serviços de outros fabricantes, dependendo de se suas instalações estarem plenamente utilizadas. A

---

[1] HORNEGREN, C. T. **Introdução à contabilidade gerencial**. 5. ed. Rio de Janeiro: PHB, 1985, p. 106.

empresa está em vias de tomar algumas decisões finais com relação ao uso de suas instalações de produção no próximo ano.

Abaixo, são apresentados os custos de fabricação da peça K426, um componente básico de um sistema de controle de emissão.

	Custo Total de 60.000 unidades	Custo por Unidade
Material direto	$ 300.000	$ 5
Mão de obra direta	$ 480.000	$ 8
Despesas indiretas variáveis de fábrica	$ 360.000	$ 6
Despesas indiretas fixas de fábrica	$ 300.000	$ 5
Total dos custos de fabricação	$ 1.440.000	$ 24

Outro fabricante ofereceu-se para vender a mesma peça à empresa por $ 22 cada. As despesas fixas consistem em depreciação, impostos sobre propriedade imobiliária, seguros e salários de supervisores. Todas as despesas fixas indiretas continuariam se a empresa comprasse o componente, a não ser pelo fato de que os custos de $ 120.000 relativos a alguns supervisores e vigias podem ser evitados.

PEDE-SE:
- Suponhamos que a capacidade ora utilizada para a produção da peças fique ociosa se elas passarem a ser compradas. As peças devem ser produzidas na própria empresa ou compradas? Mostre seus cálculos.

RESOLVA ANTES DE OLHAR O RESULTADO (que se encontra na página seguinte)

Custo Fixos = $ 300.000
- Custos Fixos Evitáveis =
- Custos Fixos Inevitáveis =

Custo da Compra das 60.000 unidades
- Custo da Compra = $..... / unid. × .... unid. = $.............
- Custos Fixos Inevitáveis = $...............
- Custo Total com a Compra =

Custo de Produzir as 60.000 unidades =
DECISÃO:

16.5.1 Resposta

Custos Fixos = $ 300.000

- Custos Fixos Evitáveis = $ 120.000
- Custos Fixos Inevitáveis = $ 180.000

Custo da Compra das 60.000 unidades

- Custo da Compra = $ 22/unid. × 60.000 unid. = $ 1.320.000
- Custos Fixos Inevitáveis = $ 180.000
- Custo Total com a Compra = $ 1.320.000 + $ 180.000 = $ 1.500.000

Custo de Produzir as 60.000 unidades = $ 1.440.000

DECISÃO: continuar produzindo a peça.

17

Determinar a estrutura do comportamento de custos, partindo de informações do demonstrativo de resultados

17.1 Objetivos

- Saber determinar os custos/as despesas variáveis e fixos, partindo de um balancete ou de um demonstrativo de resultados, quando se conhece o volume produzido e comercializado em dois períodos.

- Aplicar as informações sobre os custos/as despesas variáveis e fixos computados no item acima, para determinar o ponto de equilíbrio ou determinar um volume com objetivo de lucro.

- Saber determinar a relação custos variáveis/receita, bem como os custos/as despesas fixas, partindo de um balancete ou de um demonstrativo de resultado, quando não se conhece o volume produzido e comercializado em dois períodos.

- Aplicar as informações sobre a relação dos custos variáveis/receita e dos custos e despesas fixas computados no item acima, para determinar o ponto de equilíbrio ou determinar um volume com objetivo de lucro.

- Utilizar a técnica apresentada para analisar a concorrência ou os investimentos, partindo das informações discutidas nos itens acima ou de informações apresentadas em jornais.

17.2 Introdução

O emprego da técnica a ser apresentada é interessante para: (a) estudar como os concorrentes trabalham sua estrutura de custos e (b) definir de uma forma simples e barata qual é o ponto de equilíbrio ou qual é o volume de vendas que a empresa tem de obter a fim de alcançar um lucro desejado. Sua utilização se baseia no conceito de que os custos fixos se mantiveram constantes durante o período ou que sua variação tenha sido insignificante quando comparada com o custo total.

Alguns outros elementos serão considerados para solução desse problema: (1) o custo total é composto da soma dos custos variáveis com os custos fixos; (2) o custo variável por unidade se mantém constante, o que afeta o valor do custo total é o volume de operação. Para compreender o significado de o custo fixo se manter constante, de o custo variável por unidade não variar (ou, ser constante) e que o custo total é a soma do custo fixo com o custo variável, imagine que a Empresa KI-C tem um custo fixo de $ 100,00 (o custo fixo será representado por CF), um custo variável por unidade de $ 8,00 (representado por cv). Se a empresa comercializar 100 unidades (representado por Q_1), seu custo total será de $ 900,00 (esse custo total será representado por CT_1); $ 800,00 do custo variável ($ 8,00 por unidade multiplicada por 100 unidades e que será representado por CV_1) e $ 100,00 do custo fixo (CF). Já se comercializar 120 unidades (representado por Q_2), seu custo total será $ 1.060,00 (esse custo total será representado por CT_2); pois, $ 960,00 serão do custo variável ($ 8,00 por unidade multiplicada por 120 unidades e que será representado por CV_2) e $ 100,00 do custo fixo (CF). Como se pode atestar, a variação do custo total ocorre única e exclusivamente por causa do volume.

Como podemos perceber, a variação dos custos totais, $ 1.060,00 menos $ 900,00, será igual à variação dos custos variáveis, $ 960,00 menos $ 800,00. Ambas totalizam $ 160,00. É lógico: ao subtrair os dois custos totais estaremos subtraindo os dois custos variáveis e os dois custos fixos. Como os custos fixos são iguais, eles se anulam, como se pode confirmar a seguir, através das equações:

$$CT_2 = CV_2 + CF = \$\ 960 + \$\ 100 = \$\ 1.060,00$$

$$CT_1 = CV_1 + CF = \$\ 800 + \$\ 100 = \$\ 900,00$$

$$CT_2 - CT_1 = (CV_2 + CF) - (CV_1 + CF) = (\$\ 960 + \$\ 100) - (\$\ 800 + \$\ 100) = \$\ 960 + \$\ 100 - \$\ 800 - \$\ 100 = \$\ 960 - \$\ 800 = \$\ 160,00$$

É bom lembrar que os custos variáveis, tanto CV_1 como CV_2, são obtidos multiplicando-se o custo variável por unidade (cv) pelas quantidades. No caso de CV_1 a quantidade será Q_1; já para CV_2, a quantidade será Q_2. Portanto, a diferença entre os custos variáveis (CV_2 menos CV_1) pode ser expressa pela multiplicação do custo variável unitário (*cv*) pela diferença entre as quantidades (Q_2 menos Q_1).

$$CV_2 = cv \times Q_2 = \$ 8/\text{unidade} \times 120 \text{ unidades} = \$ 960$$
$$CV_1 = cv \times Q_1 = \$ 8/\text{unidade} \times 100 \text{ unidades} = \$ 800$$
$$CV_2 - CV_1 = cv \times Q_2 - cv \times Q_1 = cv \times (Q2 - Q1) = \$ 8/\text{unidade} \times (120 - 100) =$$
$$\$ 8/\text{unidade} \times 20 \text{ unidades} = \$ 160$$

Dessa forma, se há a informação de dois custos totais em dois períodos de tempo e os respectivos volumes, podem-se computar o custo variável por unidade e o custo fixo; mantendo as premissas expressas anteriormente. O custo variável por unidade é determinado pela divisão da diferença entre os custos totais pela diferença entre os volumes. Com base em um dos volumes, calcula-se o custo variável, que é o produto do custo variável por unidade pelo volume. O custo fixo, por sua vez, é determinado subtraindo o custo total pelo custo variável. Neste caso, conhecem-se os custos totais, $ 1.060 para 120 unidades e $ 900 para 100 unidades; o custo variável por unidade e o custo fixo seriam computados da seguinte forma:

$$cv = (CT_2 - CT_1)/(Q_2 - Q_1) = (\$ 1.060 - \$ 900)/(120 - 100) = \$ 160/20 = \$ 8/\text{unidade}$$
$$CV_1 = cv \times Q_1 = \$ 8/\text{unidade} \times 100 \text{ unidades} = \$ 800$$
$$CF = CT_1 - CV_1 = \$ 900 - \$ 800 = \$ 100$$

Se ao invés de utilizar o CV_1 deseja-se empregar CV_2, o resultado do *CF* seria o mesmo, visto que CV_2 teria como resultado $ 960 ($ 8/unidade × 120 unidades) e o *CF* seria a subtração a CT_2 ($ 1.060) de CV_2 ($ 960). Para melhor compreender esse processo, será empregado a seguir um exemplo.

17.3 O exemplo da empresa Fernandes produção e comércio de HD Ltda.

A Empresa Fernandes Produção e Comércio de HD Ltda. deseja saber que nível de atividade deverá ter a fim de obter um lucro de $ 30.900. A empresa não tem informações sobre seus custos variáveis e fixos, contudo, durante os períodos março e fevereiro deste ano apresentou os seguintes Demonstrativos de Resultados.

	FEVEREIRO	MARÇO
Número de unidades comercializadas	100	150
Receita	$ 45.000	$ 67.500
Menos: Custos dos Produtos Vendidos	$ 25.000	$ 32.500
Igual: Margem Bruta	$ 20.000	$ 35.000
Menos: Despesas Operacionais	$ 9.500	$ 11.750
Igual: Lucro	$ 11.500	$ 23.250

17.3.1 Resposta ao exemplo da empresa Fernandes produção e comércio de HD Ltda.

O **Custo Total** é, também, o somatório dos Custos dos Produtos Vendidos com as Despesas Operacionais. Da mesma forma, esse mesmo **Custo Total** é somatório dos **Custos e Despesas Variáveis** com os **Custos e Despesas Fixas**. No mês de fevereiro o **Custo Total** é $ 34.500 ($ 25.000 + $ 9.500); enquanto no de março, $ 44.250 ($ 32.500 + $ 11.750). As informações de custos apresentadas nos Demonstrativos de Resultado são de características funcionais, como já expostas anteriormente, isto é, os Custos dos Produtos Vendidos referem-se aos custos de produção, enquanto as Despesas Operacionais, às despesas das áreas de Vendas e Administração. Naturalmente, o somatório dos custos de produção com as despesas de vendas e administração resulta nos custos totais podendo denominar, que podem por sua vez ser subdivididas em fixas e variáveis. Ao subtrairmos os custos totais entre dois períodos, o custo fixo estará eliminado, isto é, o resultado é zero. E, como já exposto a diferença dos custos totais será igual à diferença dos custos variáveis. No caso do exemplo acima, a diferença, $ 9.750, isto é, $ 44.250 menos $ 34.500, significa a diferença dos custos variáveis quando a operação passa de 100 para 150 unidades. Em outras palavras, $ 9.750 é o custo variável para 50 unidades (150 unidades menos 100 unidades).

Consequentemente, o custo variável por unidade será:

Custo variável por unidade = $ 9.750/50 *unidades* = $ 195/*unidade*

Se empregarmos a mesma estrutura de informação que a utilizada no item 10.2, o processo de cálculo seria o mesmo. A diferença entre os custos totais, $ 44.250 (CT_2) menos $ 34.500 (CT_1), divididos pela diferença de volume, 150 unidades (Q_2) menos 100 unidades (Q_1):

$$cv = (CT_2 - CT_1)/(Q_2 - Q_1) = (\$\ 44.250 - \$\ 34.500)/(150\ unidades - 100\ unidades) =$$
$$\$\ 9.750/50\ unidades = \$\ 195/unidade$$

Na determinação do **Custo Fixo**, será empregado o custo total para 150 unidades, $ 44.250, que é o somatório dos custos variáveis, $ 29.250 (que é determinado pela multiplicação do custo variável por unidade, $ 195, por 150 unidades) mais o custo fixo. Desta forma, temos que:

Custo Total = Custo Variável + Custo Fixo; donde

$$\$\ 44.250 = \$\ 29.250 + Custo\ Fixo$$

Custo Fixo = $ 44.250 − $ 29.250 = $ 15.000

O preço de venda do produto é obtido pela divisão da receita pelo número de unidades comercializadas.

Preço por unidade = $ 67.500/150 *unidades* = $ 450

Com as informações acima, pode-se determinar o nível de atividade para se obter um lucro igual a $ 30.900

Receita	$450 \times Q$
Menos: Custos Variáveis	$\underline{150 \times Q}$
Igual: Margem de Contribuição	$255 \times Q$
Menos: Custos Fixos	$\underline{15.000}$
Igual: Lucro	30.900

Como já mencionado: Margem de Contribuição menos Custos Fixos é igual ao Lucro, assim sendo:

$$255 \times Q - 15.000 = 30.900$$

donde:

$Q = 45.900/255 = 180$ unidades

O que significa: se a Empresa Fernandes Produção e Comércio de HD Ltda. comercializar 180 unidades, obterá um Lucro igual a $ 30.900.

17.4 Reforço do conhecimento: a Cia. LL Vidros

A Cia. LL Vidros teve os seguintes resultados. Pede-se: o volume operacional para um lucro de $ 18.000,00.

Mês	Fevereiro	Março
Volume	350 lotes	400 lotes
Receita	$ 103.250,00	$ 118.000,00
Materiais Diretos	$ 61.250,00	$ 70.000,00
Mão de Obra Direta	$ 8.575,00	$ 9.800,00
Mão de Obra Indireta	$ 4.700,00	$ 4.800,00
Força	$ 2.375,00	$ 2.500,00
Supervisores	$ 4.000,00	$ 4.000,00
Depreciação	$ 13.000,00	$ 13.000,00
Outros Custos Indiretos de Fabricação	$ 4.850,00	$ 4.900,00
Custos Totais:	$ 98.750,00	$ 109.000,00
Lucro:	$ 4.500,00	$ 9.000,00

Tente resolver sem olhar a solução.

DADOS DO PROBLEMA:

	Fevereiro	Março	Diferença
Lotes (Q)	350	400	50
Receita (R)	$ 103.250	$ 118.000	$ 14.750
Custos Totais (CT)	$ 98.750	$ 109.000	$ 10.250

SUPOSIÇÃO:

Os custos fixos (CF) se mantêm constantes.

SOLUÇÃO:

$CT2 = CV2 + CF$

$CT1 = CV1 + CF$

$CT2 - CT1 = (CV2 - CV1) + 0$

Como:

$$CV2 = cv \times Q2$$
$$CV1 = cv \times Q1$$

Temos:

$$CT2 - CT1 = (cv \times Q2) - (cv \times Q1) = cv \times (Q2 - Q1)$$

$ .... – $ .... = cv × (.............. lotes – .... lotes)

cv = $ ..../.............. lotes = $ ..../lote

Como: $CT2 = CV2 + CF$

$ .... = ($ ..../lote × .... lotes) + CF

CF = $ .... – $ .... = $ ....

Determinação do preço do lote

$$R2 = p \times Q2$$

$ .... = p × .... lotes

p = $ ..../.............. lotes = $ ..../lote

Demonstrativo de Resultado	
Receita (R)	$ .... × Q
(–) Custos Variáveis (CV)	$ .... × Q
(=) Margem de Contribuição (MC)	$........... × Q
(–) Custos Fixos (CF)	$ ....
(=) Lucro (L)	$ ....

MC – CF = Lucro

($ .... × Q) – $............ = $ ....

Q = ($ .... + $ ....)/$............ = $ ..../$ ....

Q = ... lotes

17.4.1 Resposta

DADOS DO PROBLEMA

	Fevereiro	Março	Diferença
Lotes (Q)	350	400	50
Receita (R)	$ 103.250	$ 118.000	$ 14.750
Custos Totais (CT)	$ 98.750	$ 109.000	$ 10.250

SUPOSIÇÃO:
Os custos fixos (CF) se mantêm constantes.

SOLUÇÃO:

$$CT2 = CV2 + CF$$
$$CT1 = CV1 + CF$$
$$CT2 - CT1 = (CV2 - CV1) + 0$$

Como:

$$CV2 = cv \times Q2$$
$$CV1 = cv \times Q1$$

Temos:

$$CT2 - CT1 = (cv \times Q2) - (cv \times Q1) = cv \times (Q2 - Q1)$$
$$\$\ 109.000 - \$\ 98.750 = cv \times (400 \text{ lotes} - 350 \text{ lotes})$$
$$cv = \$\ 10.250/50 \text{ lotes} = \$\ 205/\text{lote}$$

Como: $CT2 = CV2 + CF$

$$\$\ 109.000 = (\$\ 205/\text{lote} \times 400 \text{ lotes}) + CF$$
$$CF = \$\ 109.000 - \$\ 82.000 = \$\ 27.000$$

Determinação do preço do lote

$$R2 = p \times Q2$$

$ 118.000 = p \times 400$ lotes

$p = \$ 118.000/400$ lotes $= \$ 295$/lote

Demonstrativo de Resultado	
Receita (R)	$ 295 × Q
(–) Custos Variáveis (CV)	$ 205 × Q
(=) Margem de Contribuição (MC)	$ 90 × Q
(–) Custos Fixos (CF)	$ 27.000
(=) Lucro (L)	$ 18.000

$MC - CF =$ Lucro

$(\$ 90 \times Q) - \$ 27.000 = \$ 18.000$

$Q = (\$ 27.000 + \$ 18.000)/\$ 90 = \$ 45.000/\$ 90$

$Q = 500$ lotes

17.5 Exercício de autoavaliação

A FÁBRICA DO TITIO E OS PADRÕES DE COMPORTAMENTO DOS CUSTOS

Os Demonstrativos de Resultados para os meses de julho e agosto da Fábrica do Titio são apresentados a seguir. Titio deseja saber qual é o ponto de equilíbrio. Durante o mês de julho, a empresa fabricou e comercializou 500 camisas; no mês de agosto, a produção e as vendas totalizaram 700 unidades.

Demonstrativos de Resultado		
Mês	Julho	Agosto
Quantidade	500	700
Receita	$ 2.500	$ 3.500
Custos das Mercadorias Vendidas	$ 550	$ 750
Margem Bruta	$ 1.950	$ 2.750
Despesas Operacionais	$ 175	$ 225
Lucro	$ 1.775	$ 2.525

DADOS DO PROBLEMA:

Custos Totais = Custos das Mercadorias Vendidas + Despesas Operacionais, assim como:

Custos Totais = Custos Variáveis (CV) + Custos Fixos (CF)

	Julho	Agosto	Diferença
Quantidade (Q)			
Receita (R)			
Custos Totais (CT)			

SUPOSIÇÃO:
Os custos fixos (CF) se mantêm constantes.

SOLUÇÃO:

$$CT2 = CV2 + CF$$
$$CT1 = CV1 + CF$$
$$CT2 - CT1 = (CV2 - CV1) + 0$$

Como:

$$CV2 = cv \times Q2$$
$$CV1 = cv \times Q1$$

Temos:

$$CT2 - CT1 = (cv \times Q2) - (cv \times Q1) = cv \times (Q2 - Q1)$$
$$\$............ - \$............ = cv \times (............ - ....)$$
$$cv = \$............/............ = \$............/unid.$$

Como: $CT2 = CV2 + CF$

$$\$............ = (\$............/unid. \times .... unid.) + CF$$
$$CF = \$............ - \$............ = \$............$$

Determinação do preço do produto

$$R2 = p \times Q2$$
$$\$\ldots\ldots\ldots = p \times \ldots\ldots\ldots \text{ unid.}$$
$$p = \$\ldots\ldots\ldots/\ldots\ldots\ldots \text{ unid.} = \$\ldots\ldots\ldots/\text{unid.}$$

Demonstrativo de Resultado	
Receita (R)	$ .... × Q
(–) Custos Variáveis (CV)	$ .... × Q
(=) Margem de Contribuição (MC)	$ .... × Q
(–) Custos Fixos (CF)	$ ....
(=) Lucro (L)	$ ....

$$MC - CF = \text{Lucro}$$
$$(\$\ldots\ldots\ldots \times Q) - \$\ldots\ldots\ldots = \$\ldots\ldots\ldots$$
$$Q = (\$\ldots\ldots\ldots + \$\ldots\ldots\ldots)/\$\ldots\ldots\ldots$$
$$Q = \ldots\ldots\ldots \text{ unid.}$$

17.5.1 Resposta

DADOS DO PROBLEMA:

Custos Totais = Custos das Mercadorias Vendidas + Despesas Operacionais, assim como:

Custos Totais = Custos Variáveis (CV) + Custos Fixos (CF)

	Julho	Agosto	Diferença
Quantidade (Q)	500	700	200
Receita (R)	$ 2.500	$ 3.500	$ 1.000
Custos Totais (CT)	$ 725	$ 975	$ 250

SUPOSIÇÃO:

Os custos fixos (CF) se mantêm constantes.

SOLUÇÃO:

$$CT2 = CV2 + CF$$
$$CT1 = CV1 + CF$$
$$CT2 - CT1 = (CV2 - CV1) + 0$$

Como:

$$CV2 = cv \times Q2 = cv \times 700$$
$$CV1 = cv \times Q1 = cv \times 500$$

Temos:

$$CT2 - CT1 = (cv \times Q2) - (cv \times Q1) = cv \times (Q2 - Q1)$$
$$\$\,975 - \$\,725 = cv \times (700 - 500)$$
$$cv = \$\,250/200 = \$\,1{,}25/unid.$$

Como: $CT2 = CV2 + CF$

$$\$\,975 = (\$\,1{,}25/unid. \times 700\ unid.) + CF$$
$$CF = \$\,975 - \$\,875 = \$\,1000$$

Determinação do preço do produto

$$R2 = p \times Q2$$
$$\$\,3.500 = p \times 700\ unid.$$
$$p = \$\,3.500/700\ unid. = \$\,5/unid.$$

Demonstrativo de Resultado	
Receita (R)	$ 5,00 × Q
(–) Custos Variáveis (CV)	$ 1,25 × Q
(=) Margem de Contribuição (MC)	$ 3,75 × Q
(–) Custos Fixos (CF)	$ 100
(=) Lucro (L)	$ 0

$$MC - CF = Lucro$$
$$(\$\,3{,}75 \times Q) - \$\,100 = \$\,0$$
$$Q = (\$\,0 + \$\,100)/\$\,3{,}75$$
$$Q = 26{,}67\ unid.\ ou\ 27\ unid.$$

17.6 Quando não há quantidade e o objetivo é determinar a receita

Existem situações em que a quantidade não é relevante para definir os objetivos, e sim a receita. Por exemplo, loja de roupas, loja de ferragens, companhia seguradora, ferrovia etc. Esses tipos de organizações trabalham com vários produtos, e seu objetivo é obter uma receita que pague seus custos fixos e variáveis e obtenham o lucro projetado/desejado. Tal qual o modelo apresentado na **Parte II, Capítulo 6**, em que a análise Custo-Volume-Lucro é para vários produtos com a mesma política de preço, as duas suposições empregadas serão: tanto a relação custo variável sobre receita, como os custos fixos, se mantêm constantes ao longo dos períodos. Além de que o custo total é o somatório dos custos fixos com os custos variáveis.

Como já visto anteriormente: **A Diferença dos Custos Totais é igual à Diferença dos Custos Variáveis**. A diferença dos custos variáveis é, por sua vez, o custo variável unitário multiplicado pela diferença das quantidades. Esse enunciado pode ser expresso pelas seguintes equações:

$$CT_2 - CT_1 = CV_2 - CV_1 = cv \times (Q_2 - Q_1)$$

Por sua vez, a diferença das receitas pode ser expressa pelo preço multiplicado pela diferença das quantidades:

$$P_2 - P_1 = p \times (Q_2 - Q_1)$$

Se dividirmos a diferença dos custos totais pela diferença da receita, teremos a relação **Custo Variável sobre Receita ou Custo Variável de uma Unidade sobre o Preço**.

$$\frac{CT2 - CT1}{P2 - P1} = \frac{cv \times (Q2 - Q1)}{p \times (Q2 - Q1)} = \frac{cv}{p}$$

A divisão do custo variável unitário pelo preço é igual à divisão do custo variável pelo preço para qualquer nível de atividade, visto que a divisão entre as quantidades que multiplica o custo variável unitário e o preço será igual a 1 (um), pois são iguais. Para ajudar, empreguemos um exemplo: A Cia. Sobre e Sobre vende um produto ao preço de $ 24, o custo variável dessa unidade é $ 12 e o custo fixo para operar a empresa é $ 1.000.

Se a empresa vender 100 unidades, a receita será de $ 2.400 ($ 24/unid. × 100 unid.) e o custo total será $ 2.200; o custo variável será $ 1.200 ($ 12/unid.

× 100 unidades) mais $ 1.000 do custo fixo. Já se vender 150 unidades, a receita será $ 3.600 ($ 24/unid. × 150 unid.) e o custo total será $ 2.800; o custo variável será $ 1.800 ($ 12/unid. × 150 unidades) mais $ 1.000 do custo fixo. A diferença dos custos totais será $ 600 ($ 1.800 menos $ 1.200) e a diferença entre as receitas será $ 1.200 ($ 3.600 menos $ 2.400). Portanto, a relação **Custo Variável sobre Receita** será: 0,5 ($ 600/$ 1.200). Como você pode confirmar a relação **Custo Variável de uma Unidade** ($ 12) **Sobre o Preço** ($ 24) é, também, 0,5. Se empregarmos a fórmula dessa relação apresentada acima, essa será expressa por:

$$\frac{\$\,2.800 - \$\,2.200}{\$\,3.600 - \$\,2.400} = \frac{\$\,12 \times (150 - 100)}{\$\,24 \times (150 - 100)} = \frac{\$\,12}{\$\,24}$$

Como pode ser atestado, o valor do custo variável de $ 600 é equivalente ao valor do custo variável unitário ($ 12) multiplicado pelo volume de 50 unidades. Já a receita de $ 1.200 é equivalente ao valor do preço ($ 24) multiplicado pela venda de 50 unidades. Se pegarmos qualquer quantidade, como, 1.250 unidades, o custo variável é determinado pela multiplicação do custo variável unitário de $ 12 pelo número de unidades, 1.250. A receita para esse volume de atividade será o preço unitário, $ 24, multiplicado por 1.250 unidades. A relação custo variável sobre receita será 0,5, pois será obtida dividindo-se o custo variável ($ 12 /unid. × 1.250 unidades) pela receita ($ 24/unid. × 1.250 unidades). Em outras palavras, a relação **Custo Variável sobre Receita** será sempre a divisão do custo variável unitário pelo preço; como a quantidade no numerador será sempre igual a do divisor seu resultado será 1 (um).

$$\frac{CV}{R} = \frac{cv \times Q}{p \times Q} = \frac{\$\,12 \times Q}{\$\,24 \times Q} = \frac{\$\,12 \times 1.250}{\$\,24 \times 1.250} = \frac{\$\,12}{\$\,24} = 0,5$$

Naturalmente, o objetivo desta seção é mostrar como se pode encontrar a relação custo variável sobre receita e o custo fixo, que com o lucro objetivado define-se a receita que será objetivada. No exemplo anterior foram apresentados o custo variável unitário e o preço, para facilitar a compreensão de que a relação custo variável sobre o preço será constante para todo nível de atividade. Assim sendo, se são fornecidos: (1) o custo total para dois níveis de atividade, como $ 2.800 e $ 3.600; e, (2) a receita para esses níveis de atividades, $ 3.600 e $ 2.400, a relação custo variável sobre receita é obtida pela expressão já apresentada:

$$\frac{CV}{R} = \frac{\$\,2.800 - \$\,2.200}{\$\,3.600 - \$\,2.400} = \frac{\$\,12 \times (150 - 100)}{\$\,24 \times (150 - 100)} = \frac{\$\,12}{\$\,24} = 0,5$$

Essa relação informa que o custo variável será 50% da receita. Portanto, para o nível de atividade que a receita é $ 3.600, o custo variável será $ 1.800 ($ 3.600 multiplicado por 0,5). Empregando o conceito que o custo total é o somatório do custo variável com o custo fixo, nesse nível de atividade em que o custo total é $ 2.800, o custo variável é $ 1.800; o custo fixo será obtido pela subtração do custo total pelo custo variável:

$$CF = CT - CV = \$\ 2.800 - \$\ 1.800 = \$\ 1.000$$

Com base nessas duas informações, relação custo variável sobre a receita e o valor do custo fixo, pode-se obter a receita objetivada, por exemplo, para o ponto de equilíbrio.

Receita	R
Menos: Custos Variáveis	$\underline{0,5 \times R}$
Igual: Margem de Contribuição	$\underline{0,5 \times R}$
Menos: Custos Fixos	$\underline{100}$
Igual: Lucro	0

Como já mencionado, sabemos que Margem de Contribuição menos Custos Fixos é igual ao Lucro, assim sendo:

$$0,5 \times R - 100 = 0$$

Donde:

$$R = 100/0,5 = \$\ 200$$

Para melhor compreender esse processo, um outro exemplo será empregado a seguir. Nesse exemplo, os valores fornecidos serão os custos totais e receitas para dois períodos.

17.7   O exemplo da Loja do Vovô

Determinando o ponto de equilíbrio, partindo do Demonstrativo de Resultado

Vovô possui uma loja de roupa. Para um volume de venda de $ 300, seus custos totalizam $ 280. Quando sua receita atinge o valor de $ 500, seu lucro é de $ 100. Quanto vovô tem de vender para atingir o ponto de equilíbrio?

RESOLVA ANTES DE OLHAR A RESPOSTA:

	Período 2	Período 1	Diferença
Receita (R)	$ 500	$ 300	$ 200
Custos Totais (CT)	$ 400	$ 280	$ 120
Lucro	$ 100	$ 20	$ 80

Como:

$CV/R = (\$\ldots\ldots - \$\ldots\ldots)/(\$\ldots\ldots - \$\ldots\ldots) = \ldots\ldots$ ou $\ldots\ldots\%$

$CF = \$\ldots\ldots - (\$\ldots\ldots \times \ldots\ldots\%)$

$CF = \$\ldots\ldots - \$\ldots\ldots = \$\ldots\ldots$

Demonstrativo de Resultado	
Receita (R)	$ R
(–) Custos Variáveis (CV)	$\ldots\ldots \times \$ R$
(=) Margem de Contribuição (MC)	$\ldots\ldots \times \$ R$
(–) Custos Fixos (CF)	
(=) Lucro (L)	$ 0

$MC - CF = $ Lucro

$(\ldots\ldots \times \$ R) - \$\ldots\ldots = \$ 0$

$\$ R = (\$\ldots\ldots + \$ 0)/\ldots\ldots$

$\$ R = \$\ldots\ldots$

SOLUÇÃO:

	Período 2	Período 1	Diferença
Receita (R)	$ 500	$ 300	$ 200
Custos Totais (CT)	$ 400	$ 280	$ 120
Lucro	$ 100	$ 20	$ 80

Como:

$CV/R = (\$ 400 - \$ 280)/(\$ 500 - \$ 300) = \$ 120/\$ 200 = 0,6$

COMPREENDENDO: o custo variável é 60% da receita:

$$CF = \$\ 400 - (\$\ 500 \times 60\%)$$
$$CF = \$\ 400 - \$\ 300 = \$\ 100$$

Demonstrativo de Resultado	
Receita (R)	$ R
(–) Custos Variáveis (CV)	0,6 × $ R
(=) Margem de Contribuição (MC)	0,4 × $ R
(–) Custos Fixos (CF)	$ 100
(=) Lucro (L)	$ 0

$$MC - CF = Lucro$$
$$(0,4 \times \$\ R) - \$\ 100 = \$\ 0$$
$$\$\ R = (\$\ 100 + \$\ 0)/0,4 = \$\ 250$$

17.8 Reforço do conhecimento

Uma estrada de ferro teve os seguintes resultados (em milhões de dólares):

	19x3	19x2
Receitas operacionais	$ 218	$ 196
Despesas Operacionais:		
Transporte	$ 87	$ 84
Manutenção de via e das estruturas	$ 34	$ 32
Manutenção dos equipamentos	$ 37	$ 34
Tráfego	$ 7	$ 6
Gerais	$ 12	$ 11
Contribuições sobre a folha de pagamentos	$ 9	$ 9
Impostos sobre a propriedade imobiliária	$ 7	$ 7
Aluguel de equipamentos e outros aluguéis	$ 13	$ 12
Despesas operacionais totais	$ 206	$ 195
Lucro operacional líquido da estrada de ferro	$ 12	$ 1

Obs.: Examine os números como um todo, e não item por item.

PEDE-SE:
- Qual é o ponto de equilíbrio?

RESPOSTAS:

Premissas do problema:

(a) os custos fixos (CF) se mantêm constantes;

(b) a relação CV/R (custos variáveis sobre receita) é igual para qualquer nível de atividade.

Informações relevantes a serem definidas:

(a) CV/R ou cv/p

(b) CF

Como mencionado anteriormente:

(a) $CT2 - CT1 = cv \times (Q2 - Q1)$

(b) $R = p \times Q$

(c) $R2 - R1 = (p \times Q2) - (p \times Q1) = p \times (Q2 - Q1)$

Como a relação CV/R se mantém constante, temos:

$(CT2 - CT1)/(R2 - R1) = CV/R = cv/p$

porque: $[cv \times (Q2 - Q1)]/[p \times (Q2 - Q1)] = cv/p$

como: $CT2 = CV2 + CF$; e: $CV2 = [R2 \times (CV/R)]$

temos: $CF = CT2 - CV2$

$$CF = CT2 - [R2 \times (CV/R)]$$

Assim sendo:

CV/R = ($............... − $...............)/($................... − $..................)

CV/R = $...................../$..................... = ... ou ....%

CF = $....................... − ($....................... × ....%)

CF = $..................... − $.................. = $......................

Demonstrativo de Resultado	
Receita (R)	$ R
(–) Custos Variáveis (CV)	.... × $ R
(=) Margem de Contribuição (MC)	.... × $ R
(–) Custos Fixos (CF)	$...............
(=) Lucro (L)	$ 0

$$MC - CF = \text{Lucro}$$
$$(\ldots \times \$ R) - \$\ldots = \$ 0$$
$$\$ R = (\$\ldots + \$ 0)/\ldots$$
$$\$ R = \$\ldots$$

A solução encontra-se na próxima página.

Resposta:

Assim sendo:

$$CV/R = (\$\,206M - \$\,195M)/(\$\,218M - \$\,196M)$$

$$CV/R = \$\,11M/\$\,22M = 0{,}5 \text{ ou } 50\%$$

$$CF = \$\,206M - (\$\,218M \times 50\%)$$

$$CF = \$\,206M - \$\,109M = \$\,97M \text{ (milhões de dólares)}$$

Demonstrativo de Resultado	
Receita (R)	$ R
(−) Custos Variáveis (CV)	0,5 × $ R
(=) Margem de Contribuição (MC)	0,5 × $ R
(−) Custos Fixos (CF)	$ 97M
(=) Lucro (L)	$ 0

$$MC - CF = \text{Lucro}$$

$$(0{,}5 \times \$\,R) - \$\,97M = \$\,0$$

$$\$\,R = (\$\,97M + \$\,0)/0{,}5$$

$$\$\,R = \$\,194M$$

17.9 Analisando a concorrência ou o investimento

A metodologia que aqui será apresentada, isto é, determinar o comportamento de custo, é muito útil para analisar concorrentes, bem como para investidores. Normalmente, tanto investidores como concorrentes não possuem informações detalhadas sobre o comportamento de custos da empresa em estudo. Mas, para estudar como seus custos se comportam em função da receita basta saber o valor da receita, por dois períodos, bem como os respectivos lucros líquidos.

Com base nesses valores, receita e lucro líquido para dois períodos, podem-se determinar a relação custo variável sobre receita (CV/R) e os custos fixos. Dessa forma, suposições como ponto de equilíbrio podem ser computados. E, em cima desse valor, pode-se computar quão distante o ponto de equilíbrio está do volume de venda operacional. Por exemplo, se o ponto de equilíbrio for $ 250 e a empresa estiver vendendo $ 1.000, pode-se dizer que o ponto de equilíbrio está com 25% da operação nominal.

O problema, quando nos informam as receitas em dois períodos e os respectivos lucros líquidos (LL), é que antes de procedermos teremos de computar o lucro antes do imposto de renda (LAIR) correspondente a cada uma dessas informações. A razão é que se empregarmos o LL haverá uma distorção de informação, visto este tornar a equação exponencial. Já aplicando o LAIR, esta manterá a sua linearidade. Para melhor elucidar o que estamos descrevendo, vamos empregar o exemplo da Loja do Vovô, cujos dados inicialmente estarão todos disponíveis.

Vovô, em um determinado período, vende 100 camisas ao preço de $ 10 a unidade. Cada camisa é adquirida do fabricante ao valor de $ 5,00; além do preço de aquisição da camisa, há uma comissão de vendas de 10% do valor de venda, que no caso será de $ 1 por camisa (10% de $ 10). Assim sendo, o custo variável de uma camisa é $ 6. Para operar a empresa, Vovô incorre em custos fixos no valor de $ 100. O governo cobra uma taxa de Imposto de Renda de 40%. O Demonstrativo de Resultado para 100 camisas, de acordo com as informações fornecidas, será:

Demonstrativo de Resultado		
	BASE DE CÁLCULO	VALOR
Receita (R)	$ 10 × 100	$ 1.000
(–) Custos Variáveis (CV)	$ 6 × 100	$ 600
(=) Margem de Contribuição (MC)	R – CV	$ 400
(–) Custos Fixos (CF)	$ 100	$ 100
(=) Lucro Antes do Imposto de Renda (LAIR)	MC – CF	$ 300
(–) Imposto de Renda (IR)	0,4 × LAIR	$ 120
(=) Lucro Líquido (LL)	LAIR – IR	$ 180

No período seguinte, Vovô vendeu 150 camisas. Dessa forma, o Demonstrativo de Resultado será:

Demonstrativo de Resultado		
	BASE DE CÁLCULO	VALOR
Receita (R)	$ 10 × 150	$ 1.500
(–) Custos Variáveis (CV)	$ 6 × 150	$ 900
(=) Margem de Contribuição (MC)	R – CV	$ 600
(–) Custos Fixos (CF)	$ 100	$ 100
(=) Lucro Antes do Imposto de Renda (LAIR)	MC – CF	$ 500
(–) Imposto de Renda (IR)	0,4 × LAIR	$ 200
(=) Lucro Líquido (LL)	LAIR – IR	$ 300

Imagine que, ao invés de recebermos os Demonstrativos de Resultados anteriores, fossem disponibilizadas as seguintes informações. No primeiro ano, a Loja do Vovô, com uma receita de $ 1.000, obteve um lucro de $ 180; no ano seguinte, o lucro foi de $ 300, com uma receita 50% superior. Analistas desejam saber quais são a estrutura de custo da empresa e seu ponto de equilíbrio? A taxa de imposto de renda é de 40% sobre o LAIR.

A pergunta que se faz é: por que empregando o LL ao invés do LAIR gera-se uma maior distorção?

É de conhecimento geral que **Receita** menos **Lucro Líquido** é igual a **Custos**, incluindo o custo com o imposto de renda. Portanto, se empregássemos o procedimento aplicado anteriormente à estrutura de informações disponível, sem a devida correção, teríamos;

$$CT2 = R2 - LL2$$
$$CT1 = R1 - LL1$$

Em outras palavras:

$$CT2 = \$ 1.500 - \$ 300 = \$ 1.200$$
$$CT1 = \$ 1.000 - \$ 180 = \$ 820$$

Sabemos, pela exposição anterior que a relação CV/R se mantém constante:

$$(CT2 - CT1)/(R2 - R1) = CV/R = cv/p$$

Assim sendo:

$$CV/R = (\$ 1.200 - \$ 820)/(\$ 1.500 - \$ 1.000)$$
$$CV/R = \$ 380/\$ 500 = 0{,}76 \text{ ou } 76\%$$

Voltando aos dados da Loja do Vovô, sabemos que a relação CV/R (Custos Variável sobre Receita) é 0,6, ou seja 60%. Basta voltar aos dois Demonstrativos de Resultado, que poderemos confirmar: (1) $ 600/$ 1.000; e, (2) $ 900/$ 1.500. A distorção na informação é que, ao determinar o **Imposto de Renda** (IR), empregamos um conceito exponencial em que o **Custo Total de Operação** (CT) é:

$$R - CT = LAIR$$
$$LAIR - [LAIR \times (\text{taxa do IR})] = LL$$

Substituindo LAIR por R menos CT, teremos:

$$R - CT - [LAIR \times (\text{taxa do IR})] = LL$$

Voltando a substituir LAIR por R menos CT:

$$R - CT - [\{R - CT\} \times (\text{taxa do IR})] = LL$$
$$R - CT - [(R \times \text{taxa do IR}) - (CT \times \text{taxa do IR})] = LL$$
$$R - (R \times \text{taxa do IR}) - CT + (CT \times \text{taxa do IR}) = LL$$
$$[R \times (1 - \text{taxa do IR})] - CT + (CT \times \text{taxa do IR}) = LL$$
$$CT - (CT \times \text{taxa do IR}) = [R \times (1 - \text{taxa do IR})] - LL$$
$$CT (1 - \text{taxa do IR}) = [R \times (1 - \text{taxa do IR})] - LL$$
$$CT = \{[R \times (1 - \text{taxa do IR})] - LL\}/(1 - \text{taxa do IR})$$

Assim sendo, quando a **Receita** for $ 1.000 e o LL for $ 180, sabendo que a taxa do IR é 40%, o cálculo do custo total será:

$$CT = \{[\$ 1.000 \times (1 - 0,4)] - \$ 180\}/(1 - 0,4) = (\$ 600 - \$ 180)/0,6 = \$ 700$$

O mesmo procedimento pode ser empregado, quando a **Receita** for $ 1.500 e o LL for $ 300, sabendo que a taxa do IR é 40%, o cálculo do custo total será:

$$CT = \{[\$ 1.500 \times (1 - 0,4)] - \$ 300\}/(1 - 0,4) = (\$ 900 - \$ 300)/0,6 = \$ 1.000$$

Outra forma de realizar o que foi feito é determinar o LAIR para as duas receitas e lucros líquidos. Para tanto, basta dividir o **Lucro Líquido** (LL) por um (1) menos a taxa do Imposto de Renda (taxa do IR), visto que LAIR menos IR é igual ao LL. E, IR é determinado multiplicando LAIR pela taxa do IR. Assim sendo:

- Quando o LL2 for $ 300; LAIR2 = $ 300/(1 − 0,4) = $ 500
- Quando o LL1 for $ 180; LAIR2 = $ 180/(1 − 0,4) = $ 300

O LAIR2 de $ 500 está relacionado com a R2 de $ 1.500; já LAIR1 de $ 300, a relação é com R1 de $ 1.000. Agora, o conceito de linearidade pode ser aplicado pois **Receita** (R) menos **Lucro antes do Imposto de Renda** (LAIR) é igual ao **Custo Total Operacional** (CT). Portanto:

$$CT2 = R2 - LAIR2$$
$$CT1 = R1 - LAIR1$$

Em outras palavras:

$$CT2 = \$ 1.500 - \$ 500 = \$ 1.000$$
$$CT1 = \$ 1.000 - \$ 300 = \$ 700$$

Como a relação CV/R se mantém constante:

$$(CT2 - CT1)/(R2 - R1) = CV/R = cv/p$$

Assim sendo:

$$CV/R = (\$ 1.000 - \$ 700)/(\$ 1.500 - \$ 1.000)$$
$$CV/R = \$ 300/\$ 500 = 0,60 \text{ ou } 60\%$$

Utilizando uma das receitas, R1, igual a $ 1.000, poderemos determinar o **Custo Variável** (CV) para esse volume de operação, visto que é 60% do valor da receita. E, nesse caso, será $ 600 ($1.000 × 0,6). Com o CV e a R, define-se a **Margem De Contribuição** (MC). Nesse caso, será $ 400 ($ 1.000 − $ 600). O **Custo Fixo** (CF) é computado subtraindo-se da **Margem de Contribuição** o LAIR. Lembre-se: LAIR para R1 de $ 1.000 = $ 300.

$$CF = \$ 400 - \$ 300 = \$ 100$$

Se desejarmos computar a RECEITA para o PONTO DE EQUILÍBRIO, basta estruturar da seguinte forma

Demonstrativo de Resultado	
Receita (R)	$ R
(−) Custos Variáveis (CV)	0,6 × $ R
(=) Margem de Contribuição (MC)	0,4 × $ R
(−) Custos Fixos (CF)	$ 100
(=) Lucro Antes do Imposto de Renda (LAIR)	$ 0

$$MC - CF = LAIR$$
$$(0,4 \times \$ R) - \$ 100 = \$ 0$$
$$\$ R = (\$ 100 + \$ 0)/0,4$$
$$\$ R = \$ 250$$

O exemplo a seguir é de informação retirada do jornal *O Globo*.

EMBRAER
Matéria publicada no jornal *O Globo* em 30/3/2000, p. 27

A Embraer teve no ano passado o melhor resultado em seus 30 anos de atividade. O lucro atingiu R$ 412 milhões, o que representou um aumento de 212,2% em relação aos R$ 132 milhões embolsados em 1998. Já a receita bruta chegou a R$ 3,378 bilhões, 114% a mais do que em 1998. Esses resultados foram embalados pelo desempenho da Embraer no mercado externo. As exportações somaram R$ 3,064 bilhões, o correspondente a 95% da receita bruta, conferindo à empresa o título de maior exportadora do país.

A empresa desfruta hoje de uma situação financeira sólida, demonstrada pelo resultado do balanço e pela carteira de pedidos – comemorou o presidente da Embraer, Maurício Botelho.

O sucesso da Embraer é amparado em dois modelos de aviões – o EMB-135 e o EMB-145 –, que viraram uma espécie de coqueluche entre as empresas de aviação que trabalham com jatos de porte médio. Em 1999, a Embraer entregou 124 aviões. Para os próximos anos, a carteira de pedidos da companhia brasileira soma US$18 bilhões, dos quais US$ 6,8 bilhões já confirmados pelos compradores.

PEDE-SE:

- Qual é o ponto de equilíbrio da Embraer em unidades monetárias?

O lucro descrito é o lucro líquido (LL), que empregado no processo apresentado gerará uma distorção significativa. Mesmo não tendo uma informação exata, a aproximação permite aguçar sentimentos quanto a desempenho e risco. Portanto, para obter uma função linear ou próxima da linear, deve-se determinar o Lucro Antes do Imposto de Renda (LAIR). Uma forma é: dividir o lucro líquido por um menos a taxa do Imposto de Renda (taxa do IR). No Brasil, onde do LAIR são deduzidos a Contribuição Social sobre o Lucro Líquido (CSLL) e o Imposto de Renda (IR), essas taxas aplicadas conjuntamente se aproximam a 30% do LAIR. Em outras palavras, se o LAIR for $ 1.000,00, a CSLL e o IR deverão ser $ 300 ($ 1.000 × 0,3).

INFORMAÇÕES RELEVANTES AO PROBLEMA: Os valores computados a seguir serão arredondados, visto que o objetivo numa análise similar é a aproximação.

- Receita$_{1998}$ = Receita$_{1999}$/(1,14 + 1) = $ 3.378 M/2,14 = $ 1.579 M
- LAIR$_{1999}$ = LL$_{1999}$/(1 − taxa do IR) = $ 412 M/(1 − 0,3) = $ 589 M
- LAIR$_{1998}$ = LL$_{1998}$/(1 − taxa do IR) = $ 132 M/(1 − 0,3) = $ 189 M

SOLUÇÃO:

O custo total é obtido subtraindo a receita do LAIR.

	1999	1998	Diferença
Receita	$ 3.378 M	$ 1.579 M	$ 1.799 M
Custo Total	$ 2.789 M	$ 1.390 M	$ 1.399 M
LAIR	$ 589 M	$ 189 M	$ 400 M

Como:

CV/R = $ 1.399 M/$ 1.799 M = 0,78 ou 78%
(os custos variáveis representam 78% da receita).

CF = $ 2.789 M − ($ 3.378 M × 78%)

CF = $ 2.789 M − $ 2.627 M = $ 162 M

Demonstrativo de Resultado	
Receita (R)	$ R
(−) Custos Variáveis (CV)	0,78 × $ R
(=) Margem de Contribuição (MC)	0,22 × $ R
(−) Custos Fixos (CF)	$ 162 M
(=) Lucro (L)	$0

$MC - CF$ = Lucro

(0,22 × $ R) − $ 162 M = $ 0

$ R = ($ 162 M + $ 0)/0,22

$ R = $ 736 M

ANÁLISE:

A receita da Embraer, em 1998, era duas vezes maior que a receita no ponto de equilíbrio, $ 736 M. Isso mostra a empresa numa posição de pouco risco e forte na sua estrutura operacional, pois em 1998, o ponto de equilíbrio era 50% da sua capacidade nominal; em 1999, o ponto de equilíbrio passou para 22% da capacidade operacional.

Bibliografia

ANTHONY, R. **Contabilidade gerencial**. Atlas, 1981.

_____; DEARDEN E BEDFORD, J. **Management control system**. 6. ed. Irwin, 1989.

ATKIN, B., editado por POCOCK, M. A.; TAYLOR, A. H. Financial planning and control, **Pricing Policy**. 2. ed. Gower, 1988.

ARROW, J. A. **The limitis of organization**. New York: Norton, 1974.

BAIN, J. **Industrial Organization**. New York: John Willey & Sons, 1968.

BARNARD, C. **Organization and Management**. Cambridge Harvard University Press, 1956.

BOONE, L. E.; KURTZ, D. L. **Contemporary marketing**. 6. ed. Dryden, 1989.

BRIGHAM, E. F. **Fundamentals of financial management**. 6. ed. Dryden, 1989.

BRITT, S. H.; BOYD, Harper W. **Marketing management and administrative action**. New York: McGraw-Hill Inc., 1978.

CAPLAN, E. H. **Management accounting and behavioral science**. Addilson-Wesley, 1971.

CHURCHMAN, C. W. **Introdução à teoria de sistemas**. 2. ed. Vozes, 1972.

DEARDEN, J. **Cost accounting and financial control system**. Addison-Wesley, 1973.

DECOSTER, D. T.; SCHAFER, E. L. **Management accounting**: a decision emphasis. Wiley/Hamilton, 1976.

DORFMAN, R. T. **Prices and markets**. New Jersey: Prentice-Hall Inc., 1967.

GALBRAITH, J. K. **O novo estado industrial**. São Paulo: Nova Cultural, 1985.

GARÓFALO, G. L. CARVALHO, L. C. **Teoria microeconômica**. 2. ed. São Paulo: Atlas, 1986.

GARRISON, R. H. **Managerial accounting**: concepts for planning, control, decision making. 5. ed. BPI, 1988.

GIL, A. C. **Métodos e técnicas de pesquisa social**. São Paulo: Atlas, 1987.

GITMAN, L. J. **Princípios de administração financeira**. 3. ed. Harbra, 1984.

HALL, R. L.; HITCH, C. J. A teoria dos preços e o comportamento empresarial, originalmente em **Oxford Economic Paper** nº 2, Londres, 1929.

HERZBERG, F. **Work and nature of man**. Cleveland, Ohio: The World Publishing Co., 1966.

_____. One more time: how do you motivate employees? **Harvard Business Review**, jan./fev. 1968.

HORNEGREN, C. T. **Introdução à contabilidade gerencial**. 5. ed. PHB, 1981.

LIVESEY, F. **Formação de preço**. São Paulo: Saraiva, 1978.

KAPLAN, A. D. H.; DIRLAM, J. B.; LANILLOTI, R. F. **Pricing in big business**. Washington, D. C.: Brooking Institute, 1958.

KAPLAN, R. S.; ATKINSON, A. A. **Advanced management accounting**. 2. ed. Prentice-Hall International, 1989.

KOTLER, P. **Marketing management**: analysis, planning and control. 2. ed. Prentice-Hall, 1972.

_____. **Administração de marketing**: análise, planejamento e controle. São Paulo: Atlas, 1981.

MASLOW, A. H. **Toward a psychology of being**. Princeton, New Jersey, D. Van Nostrand, 1962.

MOST, K. S. **Accounting theory**. Grid, 1977.

PORTER, M. E. **Vantagem competitiva**: criando e sustentando um desempenho superior. Editora Campus, 1989.

_____. **Estratégia competitiva**: técnicas para análise de indústrias e da concorrência. Editora Campus, 1986.

RIM, D. C.; MASTERS, J. C. **Terapia comportamental**: técnicas e resultados experimentais, Ed. Manole, 1983.

SARDINHA, J. C. O custo de capital na decisão de preço do produto... Um problema de assertividade, **Revista Brasileira de Mercado de Capitais** (RBMEC), v. 18, nº 44, jan./jun. 1992.

_____; CAMPELLO, M. Articulação entre práticas de decisão de preço e os fatores macroambiente: A Busca de uma Visco Contextualizante, **Anais da XVII Reunião Anual da ANPAD**, Salvador, 1993.

_____; MORENO, R. **As diferentes dimensões da decisão de preço**. Rio de Janeiro: PUC-Rio, 1993 (Mimeo).

SCHEWE, C. D.; SMITH, R. M. **Marketing**: conceitos, casos e aplicações. São Paulo: Mcgraw-Hill do Brasil, 1982.

SIMON, H. A. **O comportamento administrativo**. Rio de Janeiro: Fundação Getulio Vargas, 1965.

SWEEZY, P. Demand under conditions of Oligopoly, **Journal of Political Economy**, v. 47, Aug. 1939.

SYLOS-LABINI, P. **Oligopólio e progresso técnico**. 2. ed. Rio de Janeiro: Editora Forense-Universitária, 1984.

VAN HORNE, J. C. **Financial Management and Policy**. 2. ed. Prentice-Hall, 1971.

_____. **Fundamentos de administração financeira**. 5. ed. PHB, 1983.